U0894932

深圳市宝安区企业转型升级典型案例研究

SHENZHENSHI BAOANQU
QIYEZHUANXINGSHENGJI DIANXINGANLI YANJIU

王泽填 戚晓曜 毛蕴诗 主编 

中国财经出版传媒集团

图书在版编目（CIP）数据

深圳市宝安区企业转型升级典型案例研究/王泽填，戚晓曜，毛蕴诗主编．—北京：经济科学出版社，2019.7

ISBN 978-7-5218-0757-8

Ⅰ.①深…　Ⅱ.①王…②戚…③毛…　Ⅲ.①企业升级-研究-宝安区　Ⅳ.①F279.276.54

中国版本图书馆 CIP 数据核字（2019）第 170787 号

责任编辑：杜　鹏　张　燕
责任校对：郑淑艳
责任印制：邱　天

深圳市宝安区企业转型升级典型案例研究
王泽填　戚晓曜　毛蕴诗　主编
经济科学出版社出版、发行　新华书店经销
社址：北京市海淀区阜成路甲 28 号　邮编：100142
编辑部电话：010-88191441　发行部电话：010-88191522
网址：www.esp.com.cn
电子邮件：esp@esp.com.cn
天猫网店：经济科学出版社旗舰店
网址：http://jjkxcbs.tmall.com
固安华明印业有限公司印装
710×1000　16 开　20.75 印张　320000 字
2019 年 8 月第 1 版　2019 年 8 月第 1 次印刷
ISBN 978-7-5218-0757-8　定价：88.00 元

项目主持人

深圳市宝安区发展研究中心：王泽填　戚晓曜

中 山 大 学 管 理 学 院：毛蕴诗

项目组成员

深圳市宝安区发展研究中心：张文亦　熊雪如　朱东山

中 山 大 学 管 理 学 院：刘阳春　李　田　王　婕

王晓晨　刘欣欣　黄泽楷

前　言

2017年6月~2018年1月，“宝安区企业转型升级典型案例研究”课题组团队在深圳宝安开展调研，其中包括与宝安区经济部门开展座谈以及走访36家宝安企业进行实地调研。在前期的课题研究中，课题组团队通过与宝安区经济促进局、科技创新局、宝安区发展研究中心等经济部门开展座谈调研，初步了解了宝安区的经济发展现况、产业特点以及区内转型升级的典型代表企业。在此基础上，课题组进一步收集资料、走访企业、研究案例和归纳总结，最终写成企业案例。

课题组团队共走访了36家企业，它们分别是（按首字母排列）：格林美股份有限公司、广东百事泰电子商务股份有限公司、华测检测认证集团股份有限公司、华讯方舟科技有限公司、惠科电子（深圳）有限公司、跨越速运集团有限公司、领亚电子科技股份有限公司、鹏鼎控股（深圳）股份有限公司、深圳宝嘉能源有限公司、深圳古瑞瓦特新能源股份有限公司、深圳蓝猫均祥动漫科技有限公司、深圳联建光电股份有限公司、深圳诺普信农化股份有限公司、深圳市贝腾科技有限公司、深圳市大富科技股份有限公司、深圳市大族激光科技股份有限公司、深圳市帝晶光电股份有限公司、深圳市奋达科技股份有限公司、深圳市航盛电子股份有限公司、深圳市佳信捷技术股份有限公司、深圳市劲拓自动化设备股份有限公司、深圳市景旺电子股份有限公司、深圳市科聚新材料有限公司、深圳市群晖智能科技股份有限公司、深圳市赛亿科技开发有限公司、深圳市五鑫科技有限公司、深圳市欣旺达电子有限公司、深圳市信维通信股份有限公司、深圳市雅视科技有限公司、深圳市亿道信息股份有限公司、深圳市银宝山新科技股份有限公司、深圳市裕同包装科技股份有限公司、深圳市洲明科技股份有限公司、深圳一电航空技术有限公司、先歌国际影音有限公司、中源智人科技（深圳）股份有限公司。根据公司的经营现状、所收集到的资料和信息翔实程度，课题组从36家企业中选取了27家写成企业案例放入了本书中。

企业案例形成的过程：（1）企业的筛选。由宝安区相关经济部门推荐区内具有代表性的企业，宝安区发展研究中心初拟案例企业名单。在综合考虑企业规模、所属行业、发展特点等标准后，课题组进一步进行企业筛选，最终拟定对约40家企业开展研究。（2）基础资料收集。在企业走访前期，研究团队在网络（企业官网、上市公司年报、招股说明书/公开转让说明书）、报纸、杂志等信息载体上搜集企业现有的公开资料，初步了解企业发展历程和概况，做好企业基础资料的收集和整理工作。（3）企业走访。通过参观展厅和工厂，研究团队走入企业、实地调研，深入了解企业产品的生产流程、核心工艺技术、主营业务产品的特点等。在与企业高管座谈和交流的过程中，研究团队围绕企业发展历程、转型升级的阶段和特点、所拥有的关键资源和核心竞争力、企业绩效等方面开展访谈，并且从企业内部获得相关资料，全面掌握企业的一手资料和数据。（4）企业案例分析和撰写。企业调研结束后，研究团队将访谈录音整理成访谈记录，结合前期整理的基本资料，研究团队围绕企业展开讨论分析，最后根据案例分析的结论撰写企业案例。（5）信息核实。采用电话访谈的形式，研究团队成员与部分企业的高管或对接人就案例分析和写作过程中存在的疑问展开讨论，并且对案例中提到的一些具体数据进行核实。

本书的研究成果包括27家案例企业。其中，上市公司17家，非上市公司10家；大型企业22家，营业收入超过40亿元的大型企业9家；分布在消费类电子产品、电子产品零部件、农业生物产品、激光、精密模具、装备制造、高分子新材料、包装印刷、再生资源利用与电子废弃物回收利用、物流等多个行业。在这些企业中，有的通过聚焦专业领域实现企业的快速成长，有的通过研发创新实现技术升级并且技术走在行业前沿，有的企业通过工业设计实现转型并且提升产品附加值，有的企业则通过商业模式的创新推动企业转型……它们通过不同的模式和途径实现了企业转型升级，并且在不同的专业领域有着出色的表现，是宝安区企业转型升级的典型代表。

本书从调研到最终成稿历时1年多，基础资料主要来源为访谈实录、公司年度报告、企业官网等。初稿形成后反馈给企业进行了审核修改，不少企业提出了很多珍贵的建议，在此对它们表示衷心感谢！研究涉及面广，若有不当之处，敬请批评指正！

课题组

2019年4月

目　　录

1. 华讯方舟集团：坚持创新、持续变革的转型升级之路

一、公司简介

华讯方舟科技有限公司（以下简称华讯方舟集团）是全球领先的移动宽带网络综合服务商，专注于高频段频谱技术研究与应用，还是一家国家级高新技术企业。

华讯方舟集团 2007 年在深圳成立，拥有五大生产基地及包括华讯方舟股份一家上市公司在内的多家分公司、子公司；包括两个研究院和三个研究中心，其中有一家市级太赫兹研究院、一家通信技术研究院、一个省级研究中心和两个联合研发中心；拥有七个事业部，包括微波通讯事业部、太赫兹安检事业部、卫星通信产品事业部、微电子事业部、卫星通信运营事业部、教育科技事业部、湖北制造事业部。

华讯方舟的研发团队以技术创新为动力，以市场结果为导向，专注于高频段频谱技术的研发与应用。在微波、毫米波应用领域，华讯方舟拥有Ku/Ka频段完整的卫星通信全系统解决方案，致力于不断深化 Ku/Ka 频兼容的卫星地面网络产品，探索频段更宽的太赫兹领域。在太赫兹应用领域，华讯方舟成为世界上第一个用三种方式获得太赫兹源并制造出相应产品的公司，引领着太赫兹应用领域的发展。最近华讯方舟已经自主研发出了我国第一台主动式太赫兹圆柱形人体安检仪 TAI-40，这也是我国在太赫兹人体成像安检市场迈出的第一步。在军工领域，华讯方舟围绕太赫兹频谱，致力于推进国防与

军队信息化建设，是军民融合的模范企业。

基于明晰的频谱技术研发路径，华讯方舟集团聚焦卫星通信、太赫兹应用、军工三大智能科技主业，实现了从产品话语权到产业链话语权的过渡。未来，以高频段频谱为基石，华讯方舟集团通过建设 Ka 高通量同步通信卫星及卫星星座，致力于打造以太赫兹通信为主要载荷的卫星宽带网络，在全球范围内提供更加优质的卫星运营服务。

华讯方舟集团通过多年的努力，实现了跨越式的发展，得到了多项荣誉，受到社会各界的普遍认可。在国际层面，华讯方舟入选了国际信誉品牌和全球卫星竞争力 TOP10 公司；在国内层面，华讯方舟获得了中国民营企业 500 强、中国通信设备技术服务供应商 100 强、中国民营企业制造业 500 强、中国电子信息百强、中国对外贸易民营 500 强、中国软件业务收入百强、中国通信产业卫星通信贡献企业、德勤中国高科技高成长 50 强、国家税务总局推进的“千户集团”等多项称号；在省市层面，华讯方舟获得了广东省制造业百强、德勤深圳高成长 20 强、深圳市工业百强、深圳市市长质量奖等多项称号。

二、华讯方舟的成长历程和转型升级路径

（一）突破关键核心技术，提升卫星产品性能

华讯方舟集团的业务起初是提供通信终端设备，随着客户需求的增多，公司开始扩大业务范围，2007 年开始向系统服务商转型。这是应对激烈的市场竞争的必需之路，随着市场上设备数量的增多，市场会逐渐趋于饱和，传统的设备供应商由于不具备差异化的特征，将会失去市场竞争力而被市场淘汰。而在转型成为系统服务商的过程中，如何提升产品性能是重要的环节，需要突破关键的核心技术。

以前的卫星有 Ku 波段、Ka 波段、Q 波段，一个设备往往只能对应一个波段。华讯方舟集团组织人力、物力，花费了很长时间，通过技术攻关，研发出兼容 Ku 波段、Ka 波段、Q 波段的卫星地面系统和设备。华讯方舟正是因为这个技术上的重大突破而从传统的设备供应商转型成为系统制造商。技

术的变革带来了新的市场。解决了核心关键技术，2012 年卫星产品性能大大提升，满足了大部分客户的需求，产品的性价比提高了，转化时间加快，产品的竞争力增强了，市场占有率也随之大幅提升。华讯方舟集团的兼容产品在全球占有率排名第一。

目前，华讯方舟已经实现了使用一个地球站完成普通电视卫星接收超高清电视卫星接收和星地双向宽带数据传输的技术，是全球各大卫星通信运营商的地面接收设备供应商。民间卫星通信和商业卫星通信中有些卫星使用 Ku 波段传输信息，有一些卫星则使用 Ka 波段传输信息，而华讯方舟集团实现了 Ku 波段和 Ka 波段的兼容，生产出用于一星多用户卫星通信信号接收的双极化、双本振、多输出微波通信变频器，满足了客户的多样性需求，降低了客户成本。

在微波领域，华讯方舟已经形成了完整、成熟的一系列产品，形成了一套可兼容 Ku 波段、Ka 波段、Q 波段的完整大系统。在毫米波领域，华讯方舟已经研发出了将射频与天线融于一体的毫米波芯片；同时，华讯方舟还将滤波器直接镶嵌进了芯片，这也为将来平板式阵列天线的成功制造提供了可能性。

（二）持续技术升级，由微波、毫米波向太赫兹迈进

华讯方舟致力于技术研发与突破，2014 年底成功研发出太赫兹。这使得华讯方舟达到了新的高度，也为集团创造了更多的业务。华讯方舟获得的太赫兹技术，在世界范围内处于领先水平，使之成为电磁辐射技术创新的引领者。华讯方舟集团是世界上唯一可以使用半导体、光学、光学与电子学相结合这三种不同的方式获取太赫兹源的公司，集团现在已经能进行 750GHz 的测试，正在朝 1500GHz 的测试方向努力。华讯方舟集团计划致力于包括人体安检影像、太赫兹波谱生物检测、太赫兹深空探测等在内的，从电子学到光子学的 0. 1GHz ~ 10THz 范围的太赫兹有关产品的全面开发。目前，华讯方舟已经形成了比较完整的业务体系，包括半导体元器件、微波和毫米波大系统、太赫兹微电子系统等。

1. 应用于卫星通信领域。太赫兹微流控系统：华讯方舟集团实现了与货主、物流公司的信息资源流通，将互联网技术和管理模式与传统的物流运输业相结合，打造了全新的物流公共平台，实现了城市配送信息流与资金流的

规模集聚。大数据分析和卫星定位技术的使用，解决了货车分离问题，实现了最优配送，且能提供可视化、可互动的物流管理模式以及保险、签单、先行结算在内的多种增值服务。

2. 应用于检测、监控领域。金属安检门和手持式金属探测器等传统人体安检设备只能探测金属物品，效率低下，已经满足不了人体安检的发展需要。目前，华讯方舟把太赫兹技术主要用于人体安检仪，太赫兹可以穿透衣物，发现人体携带的隐匿物品，而且由于其光子能量较低，能快速映射人体，且对人体辐射危害极小，受到了广泛的关注和好评。采用 TAI-30 亚太赫兹人体安检仪后，每小时可通过安检人数将达 300～400 人，而且塑胶炸药、陶瓷刀等危险或违禁品将无所遁形。主动式毫米波圆柱形人体安检仪（模型），是人体安检国际换代产品，能够三维、无盲点、快捷定位及识别服装内的非金属危险品，而电磁辐射是手机辐射的千分之一以下。这种新型人体安检仪，能够定位和识别所有金属、非金属、粉末、固体、胶体、液体物品，包括化学毒剂、陶瓷刀具、胶体炸药、塑料炸弹、粉末颗粒状毒品等在内的危险品或违禁品。这种新型安检仪已经在深圳机场、图书馆、体育馆、宝安国际马拉松、中国排球全明星赛、福田交通枢纽（高铁、地铁、公交综合车站）、北京怀柔公安局看守所、兰州海关、江西分宜县法院等地投入使用。

除此之外，华讯方舟集团和深圳一家药厂正在合作开发可以对药品生产进行实时监控的太赫兹时域光谱系统。华讯方舟集团自主开发的新型台式太赫兹时域光谱分析仪，能对物质光谱特性、组成结构、分子振动转动特性进行有效的分析和深入的研究，已逐渐被广泛应用于光谱分析、生物医学、化学、农业、医学制药、材料、食品、药品和毒品检测等许多领域。该光谱分析仪具有探测波段宽、灵敏度高、响应度高、分辨率精细准确且性能可靠等特点，技术综合性能都已达到国际先进水平，部分指标和功能领先国际水平。

（三）收购恒天天鹅，发展军工业务

随着国家对“军民融合”战略的重视，华讯方舟集团很快便加快步伐进入军用领域。2015 年，通过收购恒天天鹅的军工业务，华讯方舟集团开始涉

足军工领域，让集团下的华讯方舟股份有限公司配合军民融合业务，负责所有涉军业务。以太赫兹频谱技术为中心，基于原有业务和技术，扩展至军工业务，全力推进国防与军队信息化建设，争取成为军民融合的典范。

华讯方舟股份2015年完成了重大资产置换，此后致力于军事通信应用领域以及军事配套业务，包括军事通信系统的研发、相关产品的研发、生产和销售。公司目前的主要产品有：智能自组网通信系统、信息安全系统、大数据系统、电磁信息系统、模块化产品、特种供电产品等，同时利用公司的电子和通信技术优势，不断地进行探索和整合，逐渐拓展并完善了涉军业务的产品体系，为公司后续的发展打下了基础，促进公司致力于成为推进国防与军队信息化建设的综合防务服务商的目标早日实现。华讯方舟股份主要子公司的主营业务情况如表1－1所示。

表1－1　华讯方舟股份主要子公司的主营业务情况

子公司名称	主营业务
南京华讯	以微波毫米波卫星通信系统、智能自组网通信系统、光学成像系统等作为主营业务，搭建了信息安全攻防对抗平台、作战指挥仿真系统、装甲车载传真系统、智慧物联、大数据管理等军工配套产品平台
国蓉科技	业务集卫星导航设备、特种电源电池、模块化产品、电磁信息系统、灭火无人机、仿真软件的研发、生产和销售于一体，产品广泛应用于电子信息、航空、航天等国家和军队的重点领域
北京华鑫	以无人化、精确制导为方向，确立了制导与控制、航空稳瞄、无人作战平台、智能信息系统等主打业务

资料来源：华讯方舟股份年度报告。

目前，华讯方舟股份构建了全新的经营格局：成立深圳总部管理平台，组建深圳技术中心和北京中央研究院，打造三个产业基地，构建数十个办事处。华讯方舟股份靠着电子和通信技术优势，不断地进行探索和整合，确定了以各家子公司为主体的业务体系，致力于无人机信息系统、飞行控制与导航系统的研究开发以及应用服务。

华讯方舟股份坚持产业互促、创新发展思路，通过体系内外技术的整合、注入、协同，研发产品从核心器件到关键设备，满足于信息化条件下陆、海、空、天、电等军事应用的需求。华讯方舟股份以提升军队装备信息化水平为目标，打赢信息化战争为宗旨，全面振兴集成化、信息化、网络化为特征的“数字军工”制造业，打造基于未来网络、无人化平台、精确打击为特色的产业生态链，最终实现从军事装备提供者，向未来全球国防平台服务商角色的转变，成为领先的国际综合防务服务商。华讯方舟股份主要从以下三个方面进行升级。

1. 开发军用产品和系统。针对公司发展战略所需要拓展的新业务与技术领域，华讯方舟大力推进与相关军方单位的合作，开发智慧军营、军用多功能一体机等军用产品。南京华讯新成立卫星产品事业部，专注于高科技卫星通信产品的研发与生产销售，其弹载通信产品在某空地战术导弹试验中得以成功应用，已实现了产品的小批量产，实现公司在卫星高科技领域的突破。在庆祝中国人民解放军建军 90 周年阅兵庆典上，由南京华讯研发的华讯 VrEarth 即插即用的通用视景仿真平台参与阅兵活动。该产品是由南京华讯完全自主研发的核心产品，产品性能和可扩展性极强，具备从太空到地面无缝漫游、真实气象人文环境和快速场景构建等特性，可快速部署于包括麒麟、安卓在内的各种操作系统；主要用于旅以下单位的仿真训练，用于单兵战术、班战术、连战术、营战术、特种分队战术①。

2. 开发海上装备运输设备。2016 年，华讯方舟股份设立了深圳市华讯方舟装备技术有限公司，旨在积极推进地效翼船的技术升级与市场推进工作。2017 年 5 月，由华讯方舟联合国外顶级地效翼船团队研制的首艘 HX50 地效翼船在深圳大鹏新区举行首发仪式，并在金沙湾海域成功首航。为尽快推进地效翼船的产业化，华讯方舟与中意宁波生态园管委会初步达成了合作意向，并于 2017 年 6 月在深圳签署了《中意宁波生态园华讯方舟地效翼船投资合作意向书》，将在中意宁波生态园建成以研发、设计、生产制造为主的有人/无人地效翼船产业基地，推动产业化应用及发展②。

地效翼船是新一代多用途的海上运输设备，是利用地面效应原理制成、

①② 华讯方舟. 2017 年半年度报告. 2017 - 8 - 29.

贴水飞行的船只，是可用于常规运输、观光、海上防御、监视侦察、物流运输、救援服务的先进解决方案，包括监视、反走私、军事应用、搜查和救援、商业运输和石油钻井平台操作等。华讯方舟该型号地效翼船的发布，标志着我国迈出地效翼船商用的第一步。地效翼船既可以在水里像轮船一样平稳航行，也能到空中像飞机一样展翅翱翔，俗称“会飞的船”。其将航空技术与船舶技术有机结合，既有航空的快速，又具有船舶的安全，而且使用维护简单，乘坐更舒适，同时具有军事隐蔽性等性能优势①。

3. 开发军民融合项目。国蓉科技是华讯方舟股份有限公司旗下子公司的高新技术企业，主要致力于推进国家与军队信息化建设。在军民融合国家战略的指引下，该公司业务包括卫星通信系统、电磁信息系统、特种无人机、特种电源电池灯等，产品主要应用于航空、航天等国家和军队的重点领域，其中，军用业务占85%左右。为了更好地落实军民融合的业务，国蓉科技进一步探索产品转型，从军工产品领域进入民用产品市场②。

国蓉科技的军民融合产业基地建设项目，在2017年下半年正式投入运营，基地的运营搭建公司在西部地区的军民融合协同平台，大大提升国蓉科技在军民融合产业发展方面的资源整合能力与企业形象。2017年6月，国蓉科技研制的无人机升空无线电监测测向系统和系留球无线电监测系统在新疆喀什装备应用。同月，国蓉科技参加“民用无人机监控术研讨暨设备展示会”，在活动现场成功展示了公司最新研发的“城市要地近距净空防御系统”。“城市要地近距净空防御系统”通过对无人机、航模、空飘气球、孔明灯、风筝等飞行物进行雷达探测、电子侦察、目标识别、光电跟踪、电子干扰、激光打击，可及时、快速、有效拦截“低慢小”目标③。

（四）重新定位，由设备提供商向IDC综合服务商升级

随着技术升级和产品的不断丰富，华讯方舟集团逐步具备了提供综合解

① 华讯方舟试航国内首艘商用地效翼船［N］．南京日报，2017－5－16.

② 华讯方舟集团．持续变革的人才哲学［J］．世界经理人，2017－8－2.

③ 华讯方舟．2017年半年度报告．2017－8－29.

决方案的能力。因此，完成了由为客户提供设备到提供系统再到提供整体解决方案的转型升级，将企业的品牌重新定位为全球移动宽带网络综合服务商。

1. 基于卫星通信产品和系统，提供综合解决方案。华讯方舟集团在卫星通信领域技术实力雄厚，涵盖卫星通信产品、卫星系统和网络的设计、开发、测试、安装、售后服务等方面，团队核心成员均有世界知名大型跨国企业如中兴、华为、西门子通讯、诺基亚等企业的多年工作经历，具备丰富的通信产品规划、设计、研发和销售经验，具有卫星通信天线、卫星通信调制解调器、卫星主站系统、3G/4G 移动通信网络、核心网络、集群通信系统、微波传输系统、移动互联网信息安全、电磁频谱监测系统等大型通信系统的成功经验，能够为客户提供量身定制的综合通信系统整体解决方案及相关产品和服务，包括平安应急、边境防控、电力、石油、海洋、智慧城市等解决方案及服务，满足各地区各专业领域的客户需求，持续追求最佳客户体验，为客户打造一个更优的通信网络。

（1）平安应急卫星通信综合解决方案。卫星通信作为多种通信手段中，受地理、自然等条件影响最低的通信手段，能够在种种特殊情况下打通通信链路，为尽快恢复正常生活、生产提供重要保障。在平时巡逻时，华讯方舟集团卫星通信综合解决方案同样可以提供安全保障，实时回传一线现场情况，并支持在公网关闭时，仍然保证专有的通信手段，满足相关部门执行任务的需求。在重大自然灾害和社会事件发生时，易导致公共电信网络信号中断，令当事群众无法求助、向外联系，相关救援部门无法及时、准确地提供救助，卫星通信作为多种通信手段中，受地理、自然等条件影响最低的通信手段，能够在种种特殊情况下打通通信链路，为尽快恢复正常生活、生产提供重要保障。在平时巡逻时，华讯方舟集团卫星通信综合解决方案同样可以提供安全保障，实时回传一线现场情况，并支持在公网关闭时，仍然保证专有的通信手段，满足相关部门执行任务的需求。该方案具备非常丰富的业务拓展性，可加配集群、图传、无人机等设备，充分满足“平战结合”的应用需求，在任何时刻、任何地点都可以使用。平安应急卫星通信综合解决方案的两个场景的具体描述如表 1-2 所示。

表 1－2　　平安应急卫星通信综合解决方案的两个场景

场景	具体描述
战时/突发应急	●在无网络覆盖区域、自然灾害网络瘫痪、公众突发事件限制通信等应急、维稳、救灾场景，快速响应、灵活部署； ●通信指挥车作为前指，提供集语音、视频、宽带接入一体化的现场综合指挥调度平台，在灾难救援、维稳处突等无线网络限制区域快速响应，构建强大的现场指挥平台； ●前线与指挥中心协同指挥作战，通过卫星与远程指挥调度中心相连，为后方指挥中心提供及时准确、内容丰富的视频协同指挥调度的现场信息，以便迅速做出准确、有效决策
平时/安全巡查	●在城区、偏远山区进行安全巡查，部分地区有公网信号，部分地区无公网覆盖，提供城区山区一体化卫星应用系统； ●3G/4G 移动公网与 LTE 专网、PDT 集群互为补充； ●通过固网专线、卫星固定站实现基站拉远覆盖； ●构建城区、重点区域指挥调度无死角、应急信息随时通

资料来源：华讯方舟集团官网。

（2）边境防控卫星通信综合解决方案。我国边境线漫长，边防区域地理位置复杂，边境监控重点区域分布较广，与监控指挥中心距离较远，甚至没有地面公网覆盖，现有的传统监控网络存在布网困难、难以维护的问题，不易实现监控管理；华讯方舟集团边境防卫星通信综合解决方案具备良好的覆盖性、实用效果佳，是解决当前边境防控所面临问题的先进通信技术。边境防控卫星通信综合解决方案的场景如表 1－3 所示。

表 1－3　　边境防控卫星通信综合解决方案的场景

场景	具体描述
实现边防线 2000 多千米的 130 个岗哨卫星站的无线网络覆盖	●固定站作为前指，提供集语音、视频、宽带接入一体化的现场综合指挥调度平台，在无线网络限制区域快速响应，构建强大的现场指挥平台； ●前线与指挥中心协同指挥作战，通过卫星与远程指挥调度中心相连，为后方指挥中心提供及时准确、内容丰富的视频协同指挥调度的现场信息，以便迅速做出有效决策； ●可选配应急通信车，可拓展使用集群、单兵、无人机等设备，与固定站相结合，覆盖更广阔的领域

资料来源：华讯方舟集团官网。

（3）石油行业卫星通信综合解决方案业务。一些作业区及管道运输等多位于偏远且交通不便的区域，当地通信条件非常有限，日常的生产数据获取及安全监控十分不便，通过建立华讯方舟集团石油行业卫星通信综合系统，可方便、快捷、稳定、有效提高石油作业及运输的安全，保证巡检质量。石油行业通信解决方案为油气田生产场景提供了多样化的通信网络、多媒体的数字集群和视频会议、智能的视频监控系统，有效地支撑生产过程数据和信息的实时、高速、可靠的传递，确保油气生产的安全和高效。

（4）海洋卫星通信综合解决方案业务。随着国家“一带一路”倡议的部署和落地，我国海上活动日益频繁，当前海洋上相对地面较为缺乏有效通信手段，现有的海事卫星通信资源有限，不仅无法满足海洋信息采集监测、海洋环境监测等行业的生产数据的传输需求，更无法满足船员在海上流畅的使用诸如微信等社交软件，与家人和朋友进行即时通信。华讯方舟集团海洋卫星通信综合解决方案通过建设海洋卫星通信系统，将其广泛应用于海上，可在海洋信息采集监测、海洋环境监测等领域为生产数据提供传输通道，为海上船员生活提供高速互联网服务，满足日益增长的海洋经济需求。

2. 扩展其他产品与服务。

（1）宝安通。华讯方舟软件信息有限公司结合宝安区政府的具体需求，开发“宝安通”App。“宝安通”App 集合了电子政务、网上办事、教育、医疗、文体、城管等多个板块，并融合了电子商务、社区 OTO 等 700 多项服务功能，是“智慧宝安”新型智慧城市综合管理平台的重要组成部分。作为连接“智慧宝安”和市民之间的一道桥梁，宝安区政府逐步将各级各部门审批事项全部纳入“宝安通”，成为全国首批构建智慧城市生态的示范区。运营以来，宝安通已被累计下载 70 余万次，并获得大量用户点赞①。

（2）智慧教育。华讯方舟积极扩展其他领域的产品和服务，联合宝安区政府、微软中国三方建设中国（深圳）微软教育信息技术生态产业联盟中心。该中心于 2016 年 10 月 28 日在深圳揭牌。中心充分利用华讯方舟集团在“智慧教育”领域的系统集成与开发能力，依托微软在品牌、技术、平台等方面的影响力和号召力，为全球教育机构培养和造就尖端人才提供综合解决方案。

---

① 展现自主创新实力 龙头企业华讯方舟亮相宝博会．深圳新闻网，2017－7－29.

三、华讯方舟集团转型升级的支撑

（一）坚持自主创新，以技术引领市场

华讯方舟集团所有技术成果的取得，都有赖于其强大的研发平台。目前，华讯方舟集团拥有两家研究院，即一家市级太赫兹研究院和一家通信技术研究院（下辖五家分院）；三个研究中心，即一个省级研究中心和两个联合研发中心（毫米波—太赫兹辐射源研究中心及无牙联合研究中心），拥有近千人的研发团队，包括以刘盛纲院士为首的科学家团队、以国内院士为代表的国内人才体系；定期开展国际化高水平的太赫兹国际会议及无牙研究论坛；拥有院士专家企业工作站及博士后创新实践基地、深圳市太赫兹科技创新研究院。

（二）文化与制度共行，打造“新T型人才”

作为一家以创新引领市场的高新技术企业，华讯方舟集团尤为重视人才的吸纳与培养。华讯方舟集团着力打造具有变革意识、适应转型升级战略的新T型人才（因“转型”英文首字母为T而得名）。

通过太赫兹科技创新研究院、通信技术研究院、太赫兹制造业创新中心、院士专家企业工作站、博士后创新实践基地等平台，建立了开放式的全球化人才体系。华讯方舟集团目前拥有2000多名员工，其中研发人员占员工总人数近75%，囊括了中科院院士、美国NASA实验室专家、中国国家千人计划学者、中国百人计划学者、孔雀团队、海内外人才以及世界知名院校专家在内的行业科技精英。

华讯尊重人才、发现人才、重用人才，为此建立了开放式的人才机制，为世界高科技人才的引进铺平了道路。作为一家技术引领市场的企业，其核心人才主要有三类，分别是研发人才、集成人才和领导转型升级任务的各级管理者。在人才机制上，华讯方舟集团形成了“海内外一体，老中青结合，在研研发人才一代、预备研发人才一代，还有瞄准未来技术方向的又一代”这样一种“三三制”的结合机制。为了让具有新T型人才潜质的人熟悉公司

更多的业务，华讯方舟集团会以岗位调配、外派等手段来进行人才培养。同时，吴光胜还特别强调，让具有新型人才潜质的人担任一定的市场先导性角色十分必要。“管理上，我们让具有市场意识和全球意识的人来指导后端，让听得见炮声的人指挥炮火，这也是我们较大的特色。”华讯注重共享，将企业的成长红利共享给员工，目前主要是对技术人才待遇的倾斜，主要体现在工资薪金、人才住房、政府支持补助上，对于他们来说，成长和收获感更重要地来自项目的成果。公司会保证项目研发的经费，能有足够的资源推进项目，促进项目顺利完成。在每个专利的申请或是论文的发表方面公司有政策，有具体的奖励，最高是10万元，对公司有重大贡献的还可以协商，促使员工做好自己研究方向上的研发，保证学术水平，提高研发积极性。公司大力推广研发应用，针对市场需求开展研发，使技术快速市场化。

2015年华讯方舟集团突破百亿产值后，吴光胜提出“二次创业”，倡导华讯人要用凤凰涅槃般的精神跟随集团二次创业，要保持住这种激情，保持住低调务实的作风。华讯方舟集团将“担当、引领、突破”树立为公司的核心价值观，积极开展了极具特色的文化活动。例如，华讯方舟每年八月都会举行一次“反省月”活动。所涉及的员工范围从基层员工到管理层，都要经历包括书面、培训、游戏、座谈会等各种形式的自我反省，时间长达整整一个月。

四、华讯方舟集团转型升级的绩效

（一）财务绩效

通过持续升级，华讯方舟集团实现了高速发展。成立于2007年的华讯方舟（集团）科技有限公司，曾创下连续三年年均400%复合增长率的纪录；2009年公司实现6000万元产值；2015年便突破上百亿元产值；至今，产值超过130亿元。现在，华讯方舟集团已拥有华讯方舟股份、国蓉科技等五十余家分公司、子公司。华讯方舟集团在2016年获得了突飞猛进的成长，全年实现产值近130亿元，纳税3亿余元，被列为深圳四大新税源之一，纳入国家税务总局推进的“千户集团”企业。华讯方舟集团在2016年获得业绩高速增长的同时，行业竞争力也进一步增强。

（二）非财务绩效

华讯方舟沿着“从微波到毫米波再到太赫兹”的通讯技术路线，在微波领域形成了一套完整的大系统。其在基于微波和特殊WIFI相结合所提供的移动宽带网络解决方案和行业应用，得到世界行业寡头及高端客户的广泛认可。在毫米波领域已经研发出具有颠覆性的毫米波芯片；在太赫兹领域，华讯的实验室已经能够进行750G的测试，处于世界领先水平。2016年全球卫星大会上，华讯方舟集团凭借在Ku波段、Ka波段及Q波段卫星通信地面网络和兼容系统产品世界量产第一，成功入选“全球卫星竞争力TOP10公司”，填补了国内民用商用通信卫星在该领域的空白。

在不断升级的过程中，华讯方舟集团得到了国内、国际重要客户的支持，提升了品牌知名度。国外的世界五大顶级民营卫星运营商、微软公司，国内的十大军工集团、三大电信运营商、两大石油集团等都是华讯方舟集团长期紧密合作的伙伴，他们见证了华讯方舟集团的成长，华讯方舟集团也从他们那里受益颇多。

2. 鹏鼎控股：PCB 生产企业的绿色升级之路

一、企业简介

鹏鼎控股（深圳）股份有限公司由原富葵精密组件（深圳）有限公司整体变更设立。公司成立于1999年4月29日，以生产制造各式印刷电路板为主营业务，致力于成为PCB相关产业的行业领导者，打造PCB及相关产业的全方位事业平台。目前，鹏鼎控股的PCB产品产值位列全球第一位①。鹏鼎控股的产业布局完善，分别在深圳、秦皇岛、淮安及营口四个地区建立了现代化制造基地，产品销售及服务范围遍及中国、日本、韩国、美国、越南等国内外地区。2017年，鹏鼎控股仅深圳厂营收就达到131.57亿元。鹏鼎控股2010～2016年深圳厂营业收入情况如图2－1所示。

在努力发展经济的同时，鹏鼎控股深知污染防治及资源再生对企业可持续发展的重要性，同时也是企业必须承担的社会责任，为此，公司将环保作为自身最重要的企业社会责任，营造绿色企业文化，并大力宣传环保理念。鹏鼎控股持续推动减碳管理，其下属生产企业均按照PCB新环保标准建立了示范生产基地，且其所有园区都通过了清洁生产审查，各项污染排放均能达标并且远优于政府排放标准。依托企业卓越显著的环保成效，鹏鼎控股连续多年获得各地政府环境保护“先进单位”等荣誉称号，2017年其深圳园区更

① 该排名为鹏鼎控股母公司臻鼎科技的排名情况，鹏鼎控股的营收占臻鼎科技的90%以上。

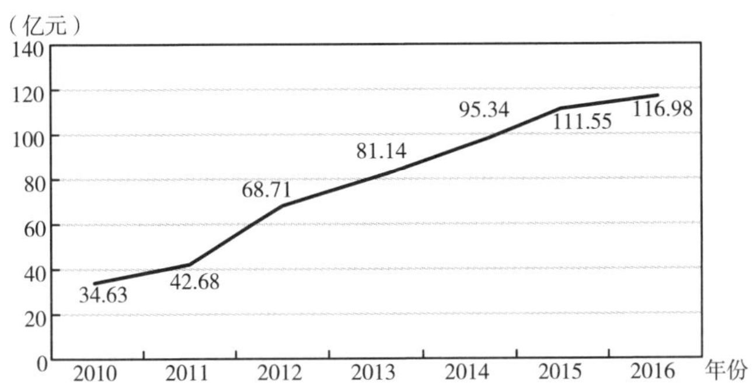

图 2－1　鹏鼎控股 2010～2016 年深圳厂营业收入情况

资料来源：根据相关资料整理。

获得了国家工信部第一批绿色示范工厂荣誉。

二、鹏鼎控股的升级路径与绩效

（一）环保节能的持续投入，领先于同行业，降低成本、提高产品附加值

为减少 PCB 造成的环境污染，鹏鼎控股自成立以来即依照“节能、减排、绿化、循环”四大方针推动环保工作，并提出鹏鼎七绿的绿色文化理念，包括绿色创新、绿色采购、绿色生产、绿色运筹、绿色服务、绿色再生、绿色生活七个主题，在各园区建设功能完善的污染防治设施、资源回收系统及环保管理体系，并致力于将传统末端污染治理转变为源头节能减排。

1. 废水处理。生产废水依水质特性详细分为 20～25 类，充分利用地形地势重力自流收集至废水处理厂，节省动力消耗。废水处理厂采用创新理念自行设计，按照废水特性共设计 10 大类废水处理系统，立体化布置各种废水处理单元，不但节约用地，同时可以降低废水处理过程中能耗需求。为确保废水处理效果，减少污染排放，鹏鼎控股采用先进处理设备及智能化控制系统，各类废水经多段调节，自动加药反应、沉淀、过滤及生化等不同处理单元后，目前放流水水质远优于国家管控标准；同时，每座废水厂设有水质化验室及线上水质、水量监测装置，公司废水排放口均安装在线水质、水量监测装置，

并联机环保机关进行全天候监控，确保处理水质稳定达标。

2. 水资源回收。“循环使用，一水多用”是各园区水资源利用的基本原则，浓度较低的各类废水经废水回收设备处理后，可直接循环回用于生产制造，其他各类废水依用水需求用于废气处理、冲厕、绿化、景观美化等用水环节，各园区目前水回用率可达40%以上。

3. 废弃物资源回收。各类废弃物自发生源即详细分类，可资源再生的废弃物充分回收，创造价值，无法回收的废弃物委托合法的专业厂商处理，目前各园区废弃物资源化回收率可达90%以上。除详细分类资源回收外，为进一步提高废弃物价值，降低委外回收运输能耗及风险，鹏鼎控股积极研发各种资源回收技术，尽量将废弃物于厂内就进行回收处理，目前已成功导入各类含铜废液、电解铜及氧化铜回收技术，废液中的铜资源几乎可以完全回收，回收率达到99%以上。此外，回收后的尾液经进一步处理后还可返回制程，实现循环再利用。

4. 节能减排。在最初建厂规划时，鹏鼎控股就以绿色建设为设计理念，并在引入生产设备前就进行环保节能评估，与设备制造商共同开发出各种省水、省电功能，使厂房能耗得以大幅降低。同时，鹏鼎控股还推动了锅炉、烤箱余热回收及大功率设备变频改善等专案，后续更将持续引进先进的节能技术和设备，进一步提升整体用能效率。此外，为强化企业用能管理，鹏鼎控股自2010年开始，就主动展开清洁生产审查，目前水、电能耗可达清洁生产一级标准。2013年，广东省发布电机能效提升计划，鹏鼎控股随即在内部制定采购电机管控制度，出资三百多万元购置电机能效在2级以上的新电机，对旧有的低效电机进行汰换。目前，公司的低效电动机已全部淘汰，并领先同业完成ISO-50001能源管理体系的建制和认证。为减少对气候的不良影响，2008年以来，鹏鼎控股一直进行温室气体盘查，并持续推动公司生产、员工生活中的节能减排，比如公司内部全面采用天然气作为锅炉燃料，从而降低二氧化碳排放量。2013年，鹏鼎控股积极响应深圳市政府进行碳交易政策试点，并能在此后的每一年按时保质完成碳盘查工作；同年，鹏鼎控股还主动参与国际碳揭露计划（CDP），向全世界分享节能理念和减排经验。

鹏鼎控股高度重视能源管理体系的建设工作，以建立新环保PCB标准示范生产基地为目标，建立能源管理中心，所有新购耗能设备均安装智能电表，实现用能单位、次级用能单位、主要耗能设备、用能单元的能源管理模式。公司还建立了企业能源基准，使管理人员能够对照能源绩效进行能源评审，从而持续改进、优化企业用能情况，实现能源资源的科学计划、合理调度和有效利用。为推动能源管理的有效实施，企业建立能源管理推行小组，由企业核心管理层和部门最高主管领导参与推动，并细化各部门职责要求。根据推行职责，企业环保节能处要定期收集国际、国内节能减排的法律法规、标准政策，规划制定公司内部的节能减排策略，引入国际先进节能减排技术进行测试，并在测试效果优良的情况下推广使用，并且还与国内外知名的节能减排公司共同研发节能减排技术。

在企业成立早期、国家对企业环保要求不严格的情况下，鹏鼎控股对于节能减排、绿色运作的持续投入增加了企业的运营成本，但公司依然秉持“发展科技、造福人类；精进环保，让地球更美好”的使命，大力推行鹏鼎七绿的企业文化，进行低碳绿色运作。2010～2015 年，鹏鼎控股投入资金 9000 多万元，实施节能减排技改项目 20 余项，其中包含冰水机添加极化油提升效率改善、冰水机冷凝器球式清洗节能改善、空压余热回收供应宿舍热水，集尘器 PID 控制系统、空调风柜、集尘器加装变频器改善、制造现场导入节能气枪、供水方式节能改造、空压机自动泄水器改造、T5 灯管改用 LED 灯、UV 激光工艺节能改造、烤箱余热回收等；2016 年投资 300 万元完成 42 台冰水机 AHU 空调回风节能，日均可节电 25000 度。随着国家对环保要求的不断提高，在环保方面领先于同行业的持续投入使得鹏鼎控股逐渐脱颖而出，各个园区连续多年获得环保奖项，长期绿色环保的运作方式为企业节省了资源能源、降低了生产成本，大大提高了产品附加值，实现了过程升级。

（二）研发与技术能力的持续积累，领先于客户需求，提高企业话语权

研发与技术能力的持续积累使鹏鼎控股得以用先进的生产工艺代替传统工艺，从而有效应对了工业用地、劳动力等成本上升的问题，提高了企业话语权和产品附加值。鹏鼎控股建立了研发技术的三阶金字塔：level 1 是通过满足主流客户需求创造价值，但需求创意来自客户，公司只负责实现创意；level 2 是在客户没有完整的创意实践方案时，鹏鼎控股通过与客户共同开发

进行技术创新来创造价值；level 3 是公司领先于客户需求建立自己的核心技术，从而引领业界，鹏鼎控股将这一层的技术方案开发整合好后推荐给客户。

通过最顶层的核心技术建设，鹏鼎控股实现了产品升级和功能升级。以线路板中的一个技术点为例，半导体是纳米级线路，线路板是微米级线路，正好差1000倍，而线路的粗细直接决定工艺的生产能力和技术的先进程度。鹏鼎控股则会领先客户一代进行研发设计，确保技术的领先性和独特性，既可以改进旧有产品，也可以为先进客户提供可靠的新产品。这是其他线路板厂商无法及时做到的，因而鹏鼎控股能够获得国内外一流客户订单，保证了较高的毛利率，并提高了企业话语权。截至2017年6月30日，鹏鼎控股已成功申请487项专利，其中90%是发明专利，拥有精密的Laser钻孔、PTH黑孔、影像转移、线路成形、表面处理、SMT等核心技术，生产各种类型的FPC，形成单面板、双面板、浮雕板、多层板等多个产品系列，是我国首家成功开发半加成先进制程的高密度连接板生产技术的企业。

自行监制的自动化设备帮助鹏鼎控股提高了生产效率和产品质量，实现过程升级。为了更好应对劳动力成本上升的问题，自2009年起，鹏鼎控股开始了自动化方面的尝试。鹏鼎控股成立了专门的自动化设计团队，公司的自动化过程经历了酝酿期、萌芽期、开发期、发展期、推广期、全面普及期。目前，公司的每一道工序、每一台设备都要经过智能化的评核与改装，考量其智能化、工业4.0和未来拓展的需求。通过生产自动化程度的不断提高，企业不再需要大量投入品质管理，保证设备准确的情况下就可以获得良好的品质，降低了生产成本，提高了生产效率，保证了产品质量；同时企业自行监制的自动化设备也形成了企业独特的竞争能力。

为保持技术创新的持续性，鹏鼎控股在深圳设立了技术中心，并于2015年获得深圳市市技术中心的称号。目前技术中心建有物理类（机械类）设计、化学类分析、环保类分析、可靠度类（热冲击高温高湿等）等全面的检测实验室，硬件设施共137台，硬件资源居国内同行业一流水平。

鹏鼎控股在不断培育自身研发实力的同时，也通过整合外部资源提高研发能力。一方面，与国际大厂合作，通过共同开发、人才技术交流、申请行业科研项目等加强创新材料与技术的开发；另一方面，通过共同开发、委托开发、合作培养等多种方式进行产学研合作，取得了可喜的进展。

（三）提供线路板的完全解决方案，开发全方位的 PCB 服务平台，向价值链右端上移

鹏鼎控股不仅为客户提供线路板，也为客户提供线路板的完全解决方案，开发全方位的 PCB 服务平台，使产品附加值上升。鹏鼎控股是全球唯一一家可以提供线路板完全解决方案的厂商，包括 FPC、HDI、R－PCB 产品的设计、研发、制造与销售，可以满足客户一站式采购需求。鹏鼎控股建立了全方位的 PCB 服务平台，比如运用大数据、云技术构建的“优客板”线上使用平台，可以实现客户线上下单、公司依据客户需求线上报价等。

（四）与优质策略伙伴合作，整合资源，促进产业链上下游企业升级

鹏鼎控股意识到必须有策略伙伴和核心供应商才能永续经营，于是建立了战略联盟的方式，通过与优质策略伙伴合作整合资源，获得战略性资产。比如自动化方面，鹏鼎控股就与优质厂商合作进行共同开发，并保证其只向自己供应；材料方面鹏鼎将自身优势与合作伙伴（材料、设备）优势相结合；在客户方面，鹏鼎控股选择的都是在各自领域最具竞争力的客户，与优质客户的合作也会促进鹏鼎控股的能力得到进一步提升。通过战略联盟，合作双方都得到了成长，鹏鼎控股在自身不断升级的同时，也带动了上下游企业的技术及管理能力升级。

三、企业升级的影响因素

（一）PCB 的产业特色要求企业进行持续的过程升级和功能升级

PCB 产业本身具有技术密集、制造流程长、定制化、资本密集、人才密集等特点，再加上 PCB 线路越来越密、孔越来越小导致其功能越来越复杂，自动化、物联网、大数据的运用导致 PCB 的价格越来越低，功能曲线的上升和价格曲线的下降促使企业进行功能升级提高研发和服务能力，提高产品附

加值。PCB 产业的功能曲线与价格曲线如图 2 - 2 所示。

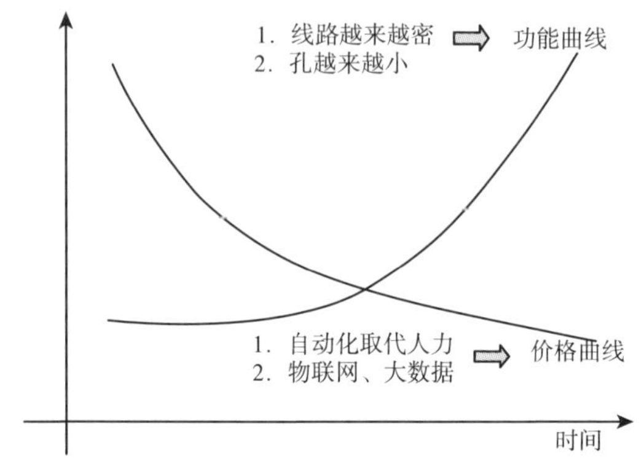

图 2 - 2　PCB 产业的功能曲线与价格曲线

资料来源：鹏鼎控股资料。

（二）注重人才的吸引和培养，为企业可持续发展提供保障

人才是企业发展的第一资源，鹏鼎控股始终秉承诚信、责任、创新、卓越、利人的核心价值，设置合理的人才选拔机制，并为公司各阶层员工开展适合的培训课程，全面提升员工素质与能力。公司也与各大高校或培训机构开展人才培养合作，除直属主管的传帮带养成培育外，公司还为员工进行第二专长培训，提供大专、本科、研究生等不同层次的学历再教育。在此基础上，本土化营运策略已成为公司人才主导策略，更多的本土干部晋阶到重要岗位，成为公司骨干。公司定期举办丰富的社团活动，保证员工的身心健康。鹏鼎控股也积极培养全体员工的环保观念，贯彻鹏鼎七绿的企业文化。鹏鼎控股将每年的 4 月 22 日 ~6 月 5 日设定为企业的环保节能月，通过由一系列的宣教活动培养全体员工的环保节能观念及素养。

（三）承担社会责任，树立良好企业形象

鹏鼎控股一直以来秉承着发展科技，造福人类；精进环保，让地球更美好的使命，以环保节能月及鹏鼎七绿为平台，打造优秀的绿色企业文化。鹏鼎控股在自身践行低碳运作的同时，也积极走进社区，将鹏鼎控股注重环

保的理念传递给更多的群众。2015 年，鹏鼎控股与松岗教育办联合举办“绿色校园行”活动，在辖区内所有小学、中学进行环保宣传教育，直接参与人数达 2000 人，得到社会各界的认可和肯定。2016 年，公司与松岗经科办联合举办“爱地球环保助洁行动”。2017 年，鹏鼎控股再一次走进社区，开展环保知识竞答、环保酵素制作、垃圾分类等活动，与市民互动，让更多的市民朋友参与到环保队伍当中，一起保护地球家园。2018 年，鹏鼎控股联合陶园中英文实验学校举办“绿色校园行，争创环保小卫士”活动，全校 4800 余名师生参与争创环保小卫士宣誓仪式，同时，还举办环保常识课程、垃圾分类游戏互动等活动，寓教于乐，组织学生参观燕川污水处理厂，让孩子们了解环境保护的重要性，并付诸行动，在孩子们的心中种下绿色的种子。

四、事实发现

（一）匹配对偶微笑曲线，围绕价值链各环节低碳运作，是实现升级的有效路径之一

根据对偶微笑曲线理论，通过减少制造环节的投入，降低制造成本和污染，提高资源利用效率，同样可以提升产品附加值，并使微笑曲线得以上移（毛蕴诗、熊炼，2011）。企业在高耗能、高污染产业中进行生产时，往往会产生负外部性。如果企业可以通过采用绿色设备、优化生产工艺节省能耗，通过资源回收再利用、使用绿色原材料与环保采购来降低成本，即低碳运作就可以使对偶微笑曲线整体下移，从而使微笑曲线上移。在本案例中，鹏鼎控股自建设初期就将绿色建筑作为目标，对各项生产设备进行环保节能评估后再引进，并与设备制造商共同开发，大幅降低厂房能耗；公司持续推行节能减排制度，并不断引入先进的节能减排技术，根据实际情况进行测试评估和推广运用。这些低碳运作行为不仅为企业树立了良好的企业形象，也使企业的长期生产成本下降、资源利用率提升，从而提高了产品附加值，实现了企业升级。

（二）对技术和设备进行持续投入及研发，掌握核心技术，是实现升级的有效路径之一

对技术和设备进行持续研发和投入，掌握领先于市场需求的核心技术，能够有效提高企业的话语权，获得较强的议价能力，并降低制造成本，从而提高产品附加值、实现升级。鹏鼎控股根据客户层次建立了技术研发的三阶金字塔，并对独有的核心技术不断投入，领先先进客户一代进行研发设计，保证技术的成熟性和可靠性达到客户需求，从而使公司获得了许多国内外的一流客户，提高了企业话语权。鹏鼎控股还成立了自动化方面的专业设计团队，为企业设计监制独有的自动化设备，降低生产成本，提高产品品质，保证了较高的毛利率，提高了产品附加值。

（三）由单纯制造商向方案解决商转变，提供增值服务，是实现升级的有效路径之一

由单纯制造商向方案解决商转变，加大对服务的延伸和投入，也是实现企业升级的有效路径。鹏鼎控股不仅是线路板制造商，也是全球唯一可以提供线路板完全解决方案的服务提供商。通过建立全方位服务平台，提供一站式解决方案，鹏鼎控股逐渐形成了提供线路板完全解决方案的能力，实现了产品附加值的有效提升。

（四）通过战略联盟等方式，以大企业带动小企业的产业集群整体升级是重要趋势

在当前经济形势下，单个企业升级的力量是有限的，企业之间通过战略联盟等方式带动产业集群整体升级可对经济发挥更强劲的推动作用。产业整体升级具体体现在三个方面：首先，产业内的主要成员企业实现升级并成为全球产业领导者，市场地位在全球产业中位居前列；其次，成为全球产业领导者的企业利用自身的资源和能力带动整个产业或产业内其他企业升级；最后，产业通过有效地优化价值链各环节，其技术含量和竞争力全面提升，并实现微笑曲线的整体上移。[①] 鹏鼎控股实现企业自身的升级、成为全球 PCB 行业的领先者后，通过与优质策略伙伴合作，共享资源，降低交易成本，带动了产业链上下游企业进行升级，有助于促进产业集群的整体升级。

① 毛蕴诗. 重构全球价值链——中国企业升级理论与实践［M］. 北京：清华大学出版社，2017.

3. 格林美：打造“城市矿山”的循环产业链

一、企业简介

深圳格林美股份有限公司（以下简称格林美）于2001年12月28日在深圳注册成立，主要从事废旧电池、电子废弃物、报废汽车与钴镍钨稀有金属废弃物等“城市矿山”资源的循环利用与循环再造。公司于2010年1月在深圳证券交易所中小企业板上市（股票代码：002340），是中国开采“城市矿山”资源第一支股票，也是再生资源行业和电子废弃物回收利用行业的第一支股票，总股本38.16亿股，净资产70余亿元，公司员工总数5000余人。2017年，公司营业总收入107.52亿元，2010～2017年复合增长率达到54.70%。

格林美创始人许开华开创性地提出“开采城市矿山”的思想以及“资源有限、循环无限”的产业理念，并在湖北、江西、河南、天津、江苏和山西等地建立了16个循环产业园，打造以钴镍钨锗铟稀有金属资源、动力电池材料、电子废弃物、报废汽车资源为主体的城市矿山资源综合利用产业链体系。如表3－1所示，从资源回收到技术开发再到资源化利用，格林美各循环产业链都取得了不俗的成绩，年处理废物总量300万吨以上，最终可实现钴镍、铜钨、金银、钯铑、锗铟等37种资源的回收再利用。

表3-1　　　　格林美五大循环产业链表现

五大循环产业链	业务表现
废旧电池与动力电池材料大循环产业链	每年回收处理废旧电池量占中国总报废量的10%以上，循环再造的新能源钴镍电池原料占中国市场的20%以上
电子废弃物、废五金、废塑料循环利用产业链	每年回收处理废旧家电1000万台以上，占中国报废家电中处理量的15%以上
报废汽车循环利用与汽车零部件再造产业链	年处理能力达到30万辆以上
钴镍钨资源回收与硬质合金产业链	每年回收的钴资源超过中国原钴开采量；循环再造的超细钴镍粉末占中国市场的60%以上；每年回收钨资源占中国原钨开采量的8%
危险废物与废渣、废泥循环利用产业链	每年回收锗资源8吨以上，占世界锗产量的6%以上

资料来源：由格林美企业社会责任报告及年度报告整理而得。

自成立以来，格林美牵头并参与起草了160余项中国自主制定的废弃电池、废弃钴镍钨资源、废弃电器电子产品、废五金、废塑料和报废汽车等“城市矿产”资源循环利用的国家及行业标准，创建了“城市矿产”资源循环利用的技术和标准体系，申请了近1200件专利，是中国再生资源行业第一家在欧美等国家拥有核心专利的企业。先后被授予国家循环经济试点企业、全国循环经济工作先进单位、国家技术创新示范企业、国家循环经济教育示范基地、国家“城市矿产”示范基地、国家电子废弃物循环利用工程技术研究中心等荣誉与资质。①

二、格林美转型升级路径

（一）开采城市矿山，通过技术积累，实现产品升级

在格林美注册成立初期，瞄准国内钴镍废弃资源回收利用的市场潜力，选择进入钴镍废弃物与废旧电池处理链。在当时，国内对于电子废弃物这座

① 资料来源：格林美官网。

"城市矿山"的再利用尚无人问津。而在国际市场钴镍的供应上，2003 年以来，全球再生镍占镍的总供应量的比例达到 30%，再生钴占钴的产量的比例大约有 18% ~20%。国内企业多数从国内外购买钴镍原矿资源，而中国的钴镍废弃资源具备高储量、高品位、低成本的特征，大部分却没有得到充分回收利用。"开采城市矿山"不受中国钴镍原矿资源稀缺的限制，格林美希望能从这些废弃钴镍资源中提取钴镍粉体，替代原矿产品，甚至加工成国际认可的名牌产品。

钴镍粉体是钴镍产业链中高附加值、高技术产品，广泛应用于电池行业和高端硬质合金行业，其市场及技术主要被世界级大公司所垄断。对于刚刚进入该领域的格林美来说，废弃钴镍循环利用技术是全新的、陌生的技术领域。因此，企业积极推进技术创新，2002 年 5 月 1 日，格林美以首批孵化企业的身份进驻深圳宝安区桃花源科技创新园，正式开始对技术进行研究孵化。格林美先是利用废弃钴镍资源生产与以原矿为原料生产的产品性能一致的钴镍产品，再之后经过多次技术学习与加工技术深化，格林美生产出了高附加值的超细钴粉、超细镍粉，实现产品升级。2002 年 10 月，深圳市科技局组织的专家鉴定格林美的无铅焊料、超细镍粉等三项科技成果为国际先进水平。虽然格林美已经有了一定的技术基础，但是市场一开始并不信任格林美从废弃钴镍资源里再造的钴镍产品，因此，格林美决定免费给客户提供产品，并将制造出来的样品与原矿产的性能参数进行比对，随后因此逐渐积累了客户资源。2008 年，由于金融危机，加拿大的镍粉供应商生产陷于停顿，全球矿业巨头力拓公司尝试向格林美进行小批量采购，在肯定其产品质量后于 2009 年 10 月将格林美纳入合格供应商，格林美循环再造的超细镍粉正式进入国际市场。

格林美的技术水平不断提升，截至 2016 年底，公司在镍钴回收领域共申请专利 136 件、授权 67 件，牵头参与制定和修订的镍钴回收相关标准共有 52 项。格林美通过完全自主知识产权的循环技术，建成了以废弃钴镍资源为原料的超细钴镍粉体的全流程生产线，生产的产品在质量和性能上达到了原矿产品水平。且钴镍粉体的毛利率达到 20% 以上，历年营业收入如图 3 - 1 所示，呈现上升趋势。同时，格林美打破了国外在超细钴镍粉体技术的垄断，其生产的类球状超细钴粉是可与国外品牌直接竞争的高端产品。2009 年 12 月，通过自主技术创新，格林美第一条废旧家电与电子废弃物处理生产线正式投入运行，该生产线与世界先进水平接轨，标志公司进入电子废弃物和废旧家电处理链，从最初提取钴、镍等到覆盖 30 种以上的金属、非金属，极大地提升了电子废弃资源的利用效率。

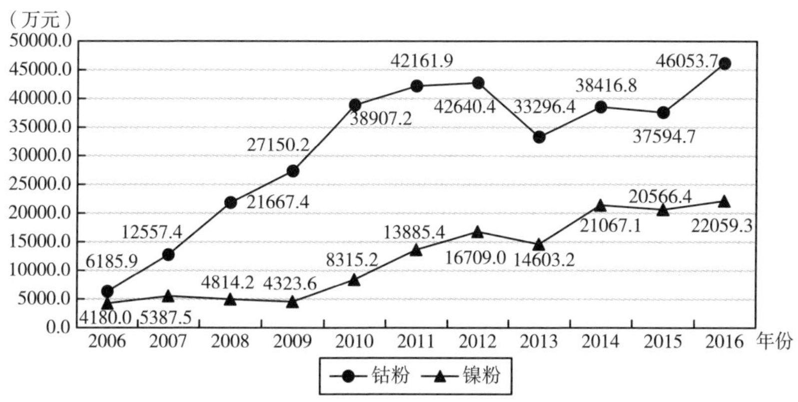

图 3-1　格林美 2006～2016 年钴镍粉营业收入

资料来源：由格林美公司年度报告整理而得。

（二）回收渠道线上线下并举，创新回收模式

对于再生资源处理企业，回收体系的建立和完善是其开展各项业务的基础。传统回收企业主要是从产生废料的制造型企业、从事废料收购的回收公司、从事废料分类处理的公司和区域个体收购商处回收废料。格林美在此基础上自建回收体系，包括废旧电池回收体系、电子废弃物回收体系等，从而覆盖了回收、检验、拆解、产品提炼及制备再到产品销售的全过程。企业拥有国内规模最大的废旧电池回收体系，帮助中国废旧电池回收率从 2006 年的不到 1% 提升至 2013 年的 10% 以上①。此外，格林美将政府、商场、企业、学生都纳入回收活动当中，扩展参与采购的团体。

格林美在回收模式上也积极推进创新。长期以来，废旧电池与电子废弃

① 资料来源：格林美 2013 年企业社会责任报告。

物回收保持着一种无序的状态，废弃物的运输与储存难以规范，无法对废弃物进行信息化管理。一方面，自2009年起，格林美在线下的五个城市建设了废旧电池回收箱与电子废弃物回收超市，对电子废弃物进行大规模大范围的集中处理和规范运输，开辟了电子废弃物回收的新模式。另一方面，格林美通过移动终端，推出“回收哥”App，创新“互联网+分类回收”的新模式。居民、政府、企业可以通过手机终端与格林美之间实现废弃物资源的信息共享，有利于解决城市垃圾分类回收难题，实现废旧商品分类回收模式的创新，进一步拓展了格林美废弃物回收的渠道建设。通过引入物联网，使得企业、工商业和个体回收者的市场集中在一起，将消费环节引入，让回收循环成为一种商业与消费行为，实现可持续的良性发展。2014年12月，企业与“爱回收”签署战略合作协议，双方建立长期品牌合作关系，格林美成为该线上回收平台优先指定的中国境内环保处理合作企业。“爱回收”拥有较大的二手电子产品回收渠道和电子平台，与格林美的合作是将其报废的手机、笔记本、电池等电子产品及配件交给格林美进行无害环保处理。这将有利于强化公司电子废弃物等城市矿山循环产业的原料保障体系建设，进一步提升公司的盈利能力与核心竞争力。

格林美通过自建回收网络，以及线上线下的回收模式创新，完善了原材料采购渠道，有效地降低了原材料的采购成本并提高了原材料供应的稳定性，同时也提高了企业节能环保的品牌形象，完善了城市矿山开采与利用的模式。

（三）借助技术研发、收购等方式，实现从材料制备到器件制备，产品进一步升级

许多再生资源企业局限于低附加值的生产活动，即回收拆解到材料制备的过程，没有对提炼出来的材料进行进一步的加工。该类型企业往往过度依靠政府政策补贴，缺乏自主创新能力。因此，一旦原材料价格出现波动，将对该类企业的营业收入造成较大影响。格林美则是借助技术研发、收购等方式延伸产业链，即在原本较短的产业链（回收拆解—材料制备）基础上进行延伸（回收拆解—材料制备—器件制备），生产出附加值更高的产品，实现进一步的产品升级。该过程主要体现在塑木型材和动力电池材料两类产品上。

2008 年 7 月，格林美启动塑木型材的研究。在研究投入不到一年的时间里，于 2009 年 6 月正式投入小规模生产，逐步创造出企业效益。企业通过自主创新和技术研发，实现关键技术的突破，使废塑料处理的产业链得以向下延伸。原本的塑料材料生产得以延伸至塑木型材产品的生产，其中 70% 的产品出口，销往全欧洲及东南亚。2014 年，塑木型材在新产品开发上取得进一步发展，格林美推出了 PE 共挤地板、PVC 室内装饰产品以及 PVC 共挤地板等技术含量更高的新产品。如表 3 – 2 所示，塑木型材的营业收入呈现稳步上升的趋势。

表 3 – 2　　格林美塑木型材和电池动力材料历年营业收入　　单位：万元

年份	塑木型材	电池动力材料
2009	1416. 52	—
2010	4158. 01	—
2011	7756. 33	—
2012	6574. 79	7152. 17
2013	6906. 24	98783. 78
2014	14013. 19	123299. 21
2015	13473. 68	152888. 62
2016	12555. 21	206969. 18

资料来源：由格林美历年年度报告整理而得。

新能源汽车的商用化增加了对动力电池原料的需求，结合自身技术优势，格林美开始布局新能源汽车用动力电池材料领域。2012 年，格林美收购了凯力克，覆盖了从氯化钴、电积钴到四氧化三钴等电池材料的纵深产业链。动力电池材料中的三元系材料（镍钴锰材料）及单元系材料（四氧化三钴、球形氢氧化钴）是钴镍细粉进一步加工形成的产品。格林美通过收购凯力克，获得在电池材料领域技术、人才、市场渠道等资源，使动力电池材料的产业链向下延伸，生产出附加值更高的动力电池材料产品，产能提高近 1 倍。2016 年动力电池材料产品的毛利率达到 22. 32%，营业收入实现逐年增长，如表 3 – 2 所示。

格林美通过技术研发、收购等方式，进行产业链向下延伸，实现了产品的进一步升级，生产附加值更高的产品，提升企业的竞争力，改变了长期以来大众认为循环再造产品即为低端产品的刻板印象。同时，这有利于丰富企业的产品组合，提高企业的抗风险能力。

（四）瞄准汽车报废市场和新能源汽车领域，通过战略合作，实现跨产业升级

国外的废旧汽车的回收已是相当成熟的行业，但中国整个汽车报废回收及处理的产业环境及政策环境并不成熟，国内的报废汽车行业还比较分散，多为简单的粗拆。同时企业仍面临着报废汽车业务的地域和资质的限制，这对于格林美既是机遇也是挑战。

许开华团队预测未来报废汽车数量将大幅提高，报废汽车回收处理市场空间巨大，提前在全国各地布局报废汽车回收处理产业。2013 年，格林美在江西建成报废汽车循环产业园，年综合处理报废汽车与各种复杂金属废料能力可达 30 万吨。格林美通过自主技术研发，首创了“流程化、机械化、无害化、资源化、信息化、教育化”的中国报废汽车处理模式，对报废汽车和各种复杂金属废料进行分类回收，实现报废汽车的整体资源化利用，同时建成了国内第一条与世界先进水平接轨的报废汽车处理示范线，之后，武汉、天津、江西、仙桃等地的报废汽车处理基地也相继建成，为格林美进入报废汽车行业奠定了坚实的基础。2016 年，江西、武汉、天津基地已进入产业运行阶段，共计处理报废车辆 5. 8 万余辆。

2014 年 11 月，格林美与日本三井物产、HONEST 在武汉签约，共同合资投建汽车零部件再造项目。联合日本企业的技术优势与人才体系，格林美目前已与日本三井完成日系车发电机、启动马达、涡轮增压机等 8 个核心报废汽车零部件的再造生产线，打通公司从报废汽车回收处理到零部件再造的产业链。此举有效增强了格林美报废汽车产业链的技术水平，提升了竞争力与盈利能力，对在全国范围内的报废汽车循环利用产业的布局具有深远的战略意义。

此外，格林美预测随着公众环保意识的日益提升，加之国家政策扶持，未来市场对新能源汽车、储能电站和新能源动力材料需求将大幅增加。2015

年9月，格林美与比亚迪合作探索储能电站在全循环经济行业以及规模化工业园区使用的示范模式与盈利模式，进军储能电站和光伏电站领域。目前共安装了4个光伏电站，总容量19 MW。借助在电池材料领域的技术基础，此次合作将打通废弃材料—新型电池材料—储能电站的大产业链，有利于进一步拓展业务领域，提升公司产业链的核心竞争力和盈利能力。

格林美通过战略合作进入汽车零部件再造领域以及开拓储能电站和光伏电站业务，并不是简单的废弃资源回收、提炼及深加工，而是涉及新领域的终端再造，使格林美实现跨产业升级，进一步提升企业在研发设计、生产制造和营销服务方面的能力。根据工业和信息化部公布的数据，2015年我国新能源汽车生产34.05万辆、销售33.11万辆，分别同比增长3.3倍、3.4倍；2016年我国新能源汽车生产51.70万辆、销售50.70万辆，同比增长51.70%、53.00%。2016年底，国务院办公厅也发布了《生产者责任延伸制度推行方案》，明确“建立电动汽车动力电池回收利用体系”。企业进驻的新领域未来市场空间巨大，预计未来政府出台相应政策后，企业将在汽车拆解业务有杰出的财务绩效。

三、格林美转型升级的影响因素分析

（一）自主创新能力和生产制造能力的提升

1. 自主创新能力。格林美注重研发投入和自主创新能力的培养。企业研发方向主要集中在电子废弃物的新型拆解技术、稀土、稀散、稀贵金属回收利用、报废汽车拆解技术、硬质合金、新型电池材料和新型塑木产品等方面。如表3-3所示，企业每年用于研发投入的经费逐年增加，历年来研发投入占营业收入的比例为3%~6%。如图3-2所示，企业拥有一支高素质的研发团队，研发人员数量从2008年的40名增加到2017年的845名。此外，格林美先后在深圳、荆门两地设立博士后科研工作站。在研发人员中，博士共有23人，本科及以上学历607人，占总数的71.83%。该研发团队支撑着企业的技术创新及产品升级，不断紧跟新兴废弃物处理技术的发展趋势，通过技术学习与技术积累，适应行业发展的需要。

表 3-3　　格林美 2008~2017 年研发投入情况

年份	研发投入（万元）	营业收入（万元）	占比（%）
2008	1309.8	30438.46	4.30
2009	1406.8	36772.60	3.83
2010	3842.08	57000.40	6.74
2011	5242.09	91861.44	5.71
2012	7159.2	141842.10	5.05
2013	9399.24	346925.07	2.71
2014	12923.04	390885.63	3.31
2015	16454.45	511716.65	3.22
2016	20341.71	783589.85	2.60
2017	36523.82	1075214.30	3.40

资料来源：根据格林美公司招股说明书、历年年度报告整理。

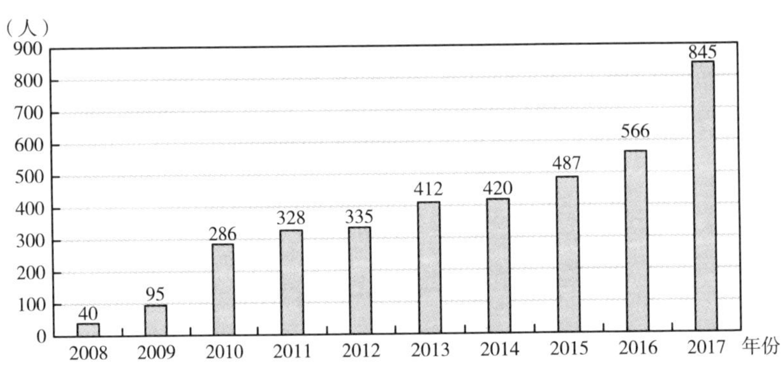

图 3-2　2008~2017 年度格林美研发人员数量

资料来源：由格林美历年年度报告整理而得。

2014 年 11 月，国家电子废弃物循环利用工程技术研究中心在格林美成功挂牌。作为唯一的国家级再生资源处理技术平台，该中心的建立增强了格林美在电子废弃物行业的主导地位。为增强企业的研发能力，格林美联合北京工业大学、中南大学、清华大学深圳研究生部、清华大学环境学院、上海交通大学、华中科技大学、香港城市大学、中国家用电器研究院及中国资源综合利用协会共同成立了格林美电子废弃物整体资源化产学研创新联盟，开展多种形式的产学研合作。企业自主创新能力和技术研发能力由此进一步得到提升，为企业新产品的研发和市场竞争力提供了保障。

2. 生产制造能力。格林美的快速发展离不开生产制造能力的不断提升。企业不断提升和改进回收拆解与产品制造的工艺流程、增加产能和提高生产效率，推动了企业的过程升级及产品升级。

此外，格林美拥有多处废弃物回收处理基地，形成了以中部为中心，连接南北、东西的城市矿产资源循环产业布局。目前公司产业园区总占地面积一万余亩，包括 2 个废旧电池与废弃钴镍钨稀有金属处理中心、1 个报废汽车零部件再造基地、3 个工业固废处置中心、3 个废塑料再造中心、1 个动力电池材料循环再造中心、7 个电子废弃物处理中心和 6 个世界先进的报废汽车回收处理中心，各基地废弃物处理情况如表 3－4 所示。

表 3－4　　格林美回收处理基地情况

基地/处理中心	废弃物处理能力
废旧电池与废弃钴镍钨稀有金属处理中心	年回收处理的小型废旧电池占中国处理量的 10% 以上；年回收钴资源是中国原钴开采量的 200% 以上；年回收钨资源占中国原钨开采量的 8%；年回收锗资源占世界开采总量的 6%；年循环再造钴镍铜钨、金银钯铑等 20 余种稀缺资源 5 万吨以上
工业固废处置中心	垃圾与工业废泥填埋中心库容量 40 万 m^3，年处理危险废弃物 2 万吨、一般固废 4.5 万吨；废渣废泥综合利用中心年处理废渣、废泥 7 万吨以上
动力电池材料循环再造中心	中国最大的含钴电池原料的制造中心，年循环再造动力电池钴镍原料占中国市场的 30% 以上
3 个废塑料再造中心	将各种塑料完全分开并提纯，使分离出的塑料纯度达到 95% 以上，从而将其从低价值的废塑料提升为高价值的高纯度塑料，并且将塑料循环再造为高技术的塑木型材
8 个电子废弃物处理中心	引领世界电子废弃物处理潮流，建成 8 个电子废弃物处理中心与 1 个报废线路板处理中心，每年回收处理 1000 万台以上废旧家电，占中国报废家电中处理量的 15% 以上；年处理报废线路板占中国报废总量 20% 以上
1 个报废汽车零部件再造基地/5 个世界先进的报废汽车回收处理中心	联手三井物产、HONEST，建设世界先进的报废汽车零部件再造基地，打通报废汽车循环产业链，形成报废汽车拆解回收利用到零部件再造全产业链。先后在荆门、武汉、天津、江西、河南等地建成了 5 个世界一流、中国领先的报废汽车处理中心，年处理能力达到 30 万辆以上

资料来源：公司官网及年报资料整理得出。

（二）关键资源的获取助力企业转型升级

1. 资本筹集能力。较强的资本筹集能力能够为企业转型升级提供坚实的保障，格林美通过内部资本积累、上市融资、合理的资本运作等方式，获得了较好的资金实力，有助于企业提高技术创新水平、提前布局前景产业，提升企业的核心竞争力。格林美资本积累情况如表3－5所示，企业各项主营业务收入情况良好，近年来实现了资本的迅速积累，保障了公司的正常有序运营，助力格林美转型升级。

表3－5　深圳格林美资本积累情况

年份	营业总收入（亿元）	归属净利润（亿元）	毛利率（%）	总资产（亿元）
2017	108	6.10	6.07	222.5
2016	78.4	2.64	15.71	190.7
2015	51.2	1.54	17.12	159.4
2014	39.1	2.11	18.63	115.9
2013	34.9	1.44	16.57	77.4
2012	14.2	1.35	25.82	63.5
2011	9.19	1.21	31.68	39.3
2010	5.70	8569	35.65	19.3
2009	3.68	5698	33.97	7.83
2008	3.04	4134	28.48	4.82

资料来源：东方财富网。

此外，格林美不断拓宽资金渠道，通过IPO以及两次定增，分别募集7亿元和10亿元，已基本形成了100亿元的产能规模。除此以外，企业还专门设置了资金管理部，加大了与银行的合作和沟通，实现集团资金的统一规划及调度。国家也大力通过补贴政策扶持节能环保企业，格林美在2017年共获得政府补贴2415.4万元，与政府补助相关的递延收益期末余额仍有1.3亿元。这些都为格林美获得较强的资金实力打下坚实基础。

2. 通过收购、战略合作等方式获取外部资源。产学研合作、联盟、并购是企业获取外部资源的重要手段，对企业实现产品升级与功能升级有重要的促进作用。表3－6展示了格林美的联盟、并购、战略合作活动，这些活动对格林美获取技术、人才等资源以及实现产业链向下延伸、开拓新领域具有重要的推动作用。比如格林美通过对凯力克公司的收购，在电池材料领域获得技术、人才、市场渠道上的资源，使原有生产基础材料的产业链得以延伸，进入电池动力材料的制备，实现产品的进一步升级。此外，通过与爱回收等企业以及政府机构、学校、商场的合作，格林美丰富了废弃物采购渠道的建设，实现回收模式的创新，实现功能升级；通过与日本三井物业、HONEST、比亚迪等企业的合作，格林美成功进入储能电站及光伏电站、汽车零部件再造两个领域，实现跨产业升级。

表3－6　格林美的联盟、并购、战略合作活动

相关企业	时间	活动类型	升级活动	获取的互补性资源
荆门格林美公司	2004年	合资	过程升级	获得湖北荆门的低成本优势
荆门德威格林美钨资源循环利用有限公司	2011年	合资	基于产品线延伸的产品升级（延伸稀有金属处理链）	进入钨资源回收处理领域
力拓公司	2011年11月	战略合作	无	获得稳定的客户
凯力克	2012年	收购	向产业链下游延伸	在电池材料领域获得技术、人才、市场的协同
扬州宁达贵金属有限公司（60%股权）	2014年7月	收购	功能升级（进入服务环节：工业固体废弃物填埋）、基于产品线延伸的产品升级（延伸至锗等稀贵稀散金属）	获得新的业务（工业固体废弃物填埋）、新的市场及新的客户（长三角核心地区）
ECOPRO	2014年11月	战略合作	无	获得订单，在NCA动力电池材料的技术研发、产品供应、材料检测评价、新产品开发等方面展开合作
深圳市汇丰源投资有限公司、中植资本管理有限公司	2014年9月	战略合作	无（成立中植格林美环保产业并购基金）	获得并购重组的机会及战略投资

续表

相关企业	时间	活动类型	升级活动	获取的互补性资源
日本三井物业、HON-EST	2014 年 11 月	合资	跨产业升级（汽车零部件再造）	获得技术、资本
爱回收	2014 年 12 月	战略合作	功能升级（线上回收网络）	获得双方在业务结构及回收渠道上的整合
浙江德威硬质合金制造有限公司	2015 年 10 月	收购	向产业链下游延伸	获取下游硬质合金相关的生产、销售业务
比亚迪	2015 年	战略合作	储能电站和光伏电站领域	拓展公司业务领域
蜀金属（香港）有限公司	2016 年 10 月	收购	无	打通超细钴粉的国际化市场通道
邦普公司	2017 年	战略合作	向产业链上下游延伸	保障公司三元电池材料发展的战略市场

资料来源：根据相关资料整理。

（三）企业家的创新精神与前瞻意识

早在 2000 年，大学教授出身的许开华在日本访问研究时，受到山本良一教授和同行的影响，敏锐地认识到电子废弃物的回收及再利用在国内尚无人问津，是潜力巨大的绿色产业。随后，许开华创新提出“开采城市矿山”的思想以及“资源有限、循环无限”的产业理念，致力于电子废弃物等资源的回收再造，一方面降低了对矿产等原始资源的依赖程度，另一方面改变了过去资源再造行业简单的拆解回收模式，成功循环再造出附加值更高的材料与器件。

此外，许开华研读国家政策，发现市场契机。2014 年和 2015 年的政府工作报告提出，两年内淘汰 2005 年底前注册营运黄标车的任务。同时，汽车注销数量逐年上升，许开华看到未来报废汽车回收处理市场空间巨大，便提前在全国各地布局报废汽车回收处理产业，为格林美进入报废汽车行业奠定了坚实的基础。报废汽车处理在国外已经发展得较为成熟，但在国内尚缺乏相关政策及行业标准。因此，许开华积极推动报废汽车处理的相关政策的出台，这体现了其前瞻性的特征，为企业获取先发者优势打下重要基础。

（四）创新绩效管理与激励模式，打造人才体系

2017年，格林美成功实施首次股权激励计划，对433名为企业发展做出突出贡献的核心管理层、技术与管理等相关业务骨干进行激励，激励对象授予限制性股票2444.6万股。此外，成功开展了以格林美（江苏）钴业股份有限公司为主体的股权分红激励机制，与员工分享公司发展成果，增加核心员工凝聚力。

2017年，格林美创新开展“领军人才—优才—技能人才”三级人才体系建设。在2018年创新大会上，格林美颁布了《格林美股份有限公司技术创新奖励制度》，规定“做研发就有奖励”“成果转化就有分红”。根据研发项目的大小，项目负责人和参与人在研发项目结题后将获得2万~30万元的创新奖励。一旦研发成果产业化，公司将奖励研发团队或者个人最高20%的成果产业化利润分红，时间最长可达10年。为了更好地发挥领军人才的“头雁效应”，格林美每年还将给予领军人才200万元的可自由支配经费，让领军人才当科研老板，自选课题、自组团队，释放领军人才的创新才能，为公司发展提供智力保障。

四、事实发现

（一）格林美打造“开采城市矿山”新模式

由于资源再生行业的特定性质，企业从环境中获取的支持企业成长及升级的资源较为丰富，如拥有更多的低成本的原材料与政策补贴、税收减免。但是资源再生企业不应只局限于从回收拆解到材料制备的生产方式，通过产量产能的扩充来获取政策红利，这样实际生产出来的产品附加值较低。若仅仅局限于这种简单模式，一旦原材料的价格出现波动，或者政策红利不再持续，低附加值产品的收入将受到大幅度的影响。从长远来看不利于企业的可持续发展。

如图3-3所示，格林美创新提出了“开采城市矿山”的新模式。在回收

环节通过线上线下回收模式的创新，有效降低原材料的采购成本及提高原材料供应的稳定性。而在生产制造环节，公司不断提高研发创新能力和生产制造能力，以推出更多更高附加值的产品。通过与外部资源的合作，一方面可向下游延伸企业的产业链，从材料制备到器件制备，获取更高的产品附加值；另一方面可发掘市场前景好、附加值高的新产品或新领域，实现产品升级和跨产业升级。

“资源有限、循环无限”的产业理念，加之“开采城市矿山”的新模式，首先，降低资源再生行业对矿产等原始资源的开采程度，提高资源利用效率。其次，改变了过去资源再造行业低附加值的生产模式，致力于循环再造高附加值、高技术含量的新产品。最后，有利于政府、企业、消费者共同参与到废弃物循环再造的流程中，有利于社会整体环保意识的提升，符合循环经济的要求。

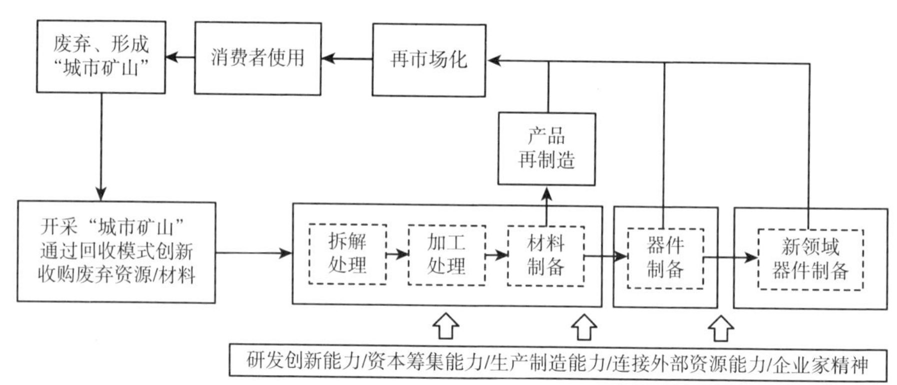

图 3－3　格林美“开采城市矿山”模式

资料来源：在国信证券研究报告《格林美（002340）：2010 年中国循环经济第一股》基础上修改而得。

（二）战略合作、并购等方式有助于企业连接外部资源，实现转型升级

企业在进行转型升级时，若仅仅依靠自身去获取技术、建立渠道，或是采取常规的跟随战略，将面临较大的进入壁垒、承担较大风险，同时消耗较多时间与资金，让企业处于被动的局面。案例中格林美通过战略合作、联盟、

并购等方式连接外部资源，获取技术与生产制造优势，成功进入储能电站及光伏电站、汽车零部件再造两个新的领域，实现企业的跨产业升级。通过收购、战略合作等方式，可以帮助企业快速获取原有企业的技术能力与生产能力，同时也获得相应的客户资源与渠道资源，对企业开拓新领域有推进作用。

企业可积极通过战略合作、联盟、并购等方式，开展技术交流、客户走访，不断加强探索性学习和挖掘性学习，跨越技术壁垒。从而实现生产流程的优化，提高产品的附加值，创造出持续的竞争优势，不断扩展企业在产业链上的活动范围，推动企业升级。

（三）企业家的创新精神与前瞻意识，助企业获取先发优势

企业家的创新精神和前瞻性特质对企业升级发挥了引导作用。随着市场需求的变化和技术的变革，企业也面临各种转型升级的机遇与挑战。企业家的创新精神会为公司发展注入动力，企业家敏锐的市场触觉使得企业不安于现状，在看似稳定的市场环境中发现可能存在的问题，积极开拓新市场，推动业务多元化发展。企业家的前瞻意识，使企业对未来的经营状况和未来市场前景有较为准确的评估，有利于企业获取先发优势。

创始人许开华意识到国内电子废弃物的回收及再利用有较大的市场空间，并认为环保企业不应只做资源处理、销售材料的减量过程，可以更进一步开发深度加工，获取更高的产品附加值。这使企业积极连接外部资源，让产业链得到延伸，从而对产品进行深加工，甚至是进入新的业务领域。如许开华是在研究美国报废汽车市场容量、分析市场前景，做好充足准备后，才开始投入布局各地的报废汽车回收处理产业。

（四）通过产学研合作等方式，提升技术研发能力，推动企业转型升级

过去的研究表明，企业升级与企业的技术研发能力息息相关，持续地技术积累与研发创新是企业转型升级的重要支撑。由于国内资源再生行业起步较晚，与国外先进资源再生企业存在较大的技术差距，难以对废弃物进行充分的回收提取，更难以循环再造出高技术含量与高附加值的产品。此外，国外的先进技术往往处于垄断状态，国内企业面临较大的技术壁垒。格林美通

过与国内外大学、科研院、国际知名企业进行技术交流与学习，大大提升了公司在废弃物循环再造领域的技术研究能力，保障在行业的技术领先地位。因此，国内的资源再生行业应加大研发投入，通过产学研合作、企业间合作等方式，提升企业自身的技术研发能力，进而实现产品升级，生产出附加值更高的产品，掌握行业话语权。

4. 欣旺达：锂电池模组生产企业的转型升级

一、公司简介

深圳市欣旺达电子有限公司（简称欣旺达）创立于 1997 年 12 月 9 日，总部位于深圳宝安石岩街道，目前有三大园区：深圳宝安石龙仔工业园、深圳光明工业园和惠州博罗工业园。公司以锂离子电池模组的研发、设计、生产及销售为主营业务，是国内领先的锂离子电池模组解决方案及产品提供商。2011 年 4 月，“欣旺达”（300207）作为创业板第一家以“锂电池模组整体研发、制造及销售”的企业在沪上市。

手机数码类产品作为支撑欣旺达的主要业务，一直以来占公司总营收的 40% 以上。在手机数码类电池模组、笔记本电脑类电池模组和动力类电池模组的电源管理系统的生产和研发方面，欣旺达一直处于国内同行业领先水平。在 3C 类锂电池市场中，欣旺达出货量全球排名第一，是第二名的 2 倍多。在高端手机电池市场中，欣旺达国内市场占比 40%，全球市场占比 20%。换言之，在全世界的中高端手机中，每 10 台手机有 2 台手机电池来自欣旺达；在全中国的中高端手机中，每 10 台手机有 4 台手机电池由欣旺达制造。此外，公司还从事结构件（主要为精密结构件、薄膜开关）的研发、设计及生产。在巩固自身产品优势地位的基础上，根据市场需求，欣旺达近年来开始加大对智能制造、储能系统、电动汽车动力电池、汽车动力电池 BMS、VR 无人机等智能硬件领域以及其他能源行业新产品、新材料和新技术的研发投入，并且经过几年的积累已在这些领域形成较强的竞争力。目前，欣旺达已成为国内锂能源领域设计能力最强、配套能力最完善、产品系列最多的锂离子电池模组制造商之一，如今，欣旺达已逐渐发展形成以“智能硬件、动力电池、储能业务、智能制造、检测服务”为主的五大业务格局。2016 年，欣旺达在中国电子信息百强中排名第 79 位。

欣旺达的产品主要销往国内，出口占比一直以来都不超过总营收的 1/2，出口所占份额自 2012 年上升后又于 2015 年开始下降，其中国内市场以华南地区市场为主，如表 4 - 1 所示。为了紧跟客户和市场，欣旺达于 2007 年成立了香港欣旺达，2008 年成立了台湾欣旺达分公司。近年来，欣旺达又进一步在海外设立了印度分公司、德国子公司，以对接新兴国家市场和德国先进制造。

表 4 - 1　　2008 ~ 2016 年欣旺达的地域收入构成　　单位：万元

地区	2008 年	2009 年	2010 年	2011 年	2012 年	2013 年	2014 年	2015 年	2016 年
西南地区	2112	376	86	113	6	35	2317	4427	6588
华中地区	9	1543	496	3954	1353	7247	31904	44106	36928
华南地区	31656	30123	44680	59103	58479	100047	140567	253462	474679
华东地区	8201	2822	10541	13617	21541	49227	22729	7907	26478
华北地区	2028	4696	2714	1665	4761	13816	66681	83394	87322
东北地区	852		188	6	21	—	3	—	
西北地区			2348	—					
其他（补充）				403	33	41	427		
出口	3962	6922	16390	24290	54984	49926	163292	253861	173201
出口占比（%）	13.01	17.3	17.47	18.97	40.16	33.57	49.91	26.88	28.78

资料来源：根据欣旺达招股说明书和历年年度报告整理而得。

二、企业成长阶段

（一）创业阶段（1993 ~ 1999 年）

1993 年 6 月，26 岁的王明旺在香港精森（深圳）电子有限公司辞职后创业，与兄弟王威在深圳白手起家，进入电池行业。1993 年 11 月，兄弟两人在深圳创办佳利达电子加工厂，王明旺担任总经理，先后在广州、杭州、南京、上海等多个城市开设商铺，专门从事手机电池的生产、批发和零售，是国内最早一批从事手机电池生产和经销的人员。1995 年，佳利达电子合伙人退出，创业受挫。但兄弟二人并不因此而丧失奋斗的激情，坚持第二次创业。1997 年 12 月，欣旺达公司成立，主要从事镍氢电池、锂离子电池模组等二次电池模组的研发和销售，王明旺担任执行董事。成立之初，欣旺达规模较小，公司仅有三四名员工，但经过兄弟二人的艰苦创业、勤奋经营，欣旺达的规模不断扩大，并且取得“旺达”牌电池商标。

（二）稳步发展阶段（2000～2010 年）

2000 年开始，欣旺达从 OBM 向 ODM 转型，并且成为多家知名品牌的供应商。2003 年之后，欣旺达进入了稳步发展和扩张阶段。2003 年，欣旺达新建了模具制造、精密结构件和表面处理生产线，主要生产锂离子电池模组的结构件及手机外壳等精密结构件产品。该生产线的建设提高了欣旺达锂离子电池模组的整体设计与配套能力，满足了客户快速交货需求。同年，欣旺达通过 ISO9000 认证。2004 年，欣旺达收购了旺博科技 70% 股权和欣威电子 100% 的股份。旺博科技的主营业务是电器视窗、屏幕、手机镜片、平板显示保护触摸屏的生产和销售；欣威电子则主要从事锂电池、充电器、电子产品的生产和销售。两次收购增强了欣旺达的电池制造能力和研发能力，并推动其多元化发展。2005 年，公司技术中心被认定为“深圳市企业技术中心”。为进一步满足客户一站式采购的需求，欣旺达收购了汇创达 60% 的股权，汇创达的主营业务是薄膜开关的生产与销售。为了布局笔记本电脑类、动力类锂离子电池模组，集中力量投入核心业务的研发，欣旺达决定剥离技术门槛较低的次要及辅助性业务。2008 年，欣旺达转让了陷入亏损状态的旺博科技 70% 的股权。同年，公司更名欣旺达电子股份有限公司，成功研发出适用于笔记本电脑类和动力类锂离子电池模组的电源管理系统，推出笔记本电脑类和动力类锂离子电池模组产品，并且作为主要起草单位之一参与了由国家工业和信息化部电子工业标准化研究所组织的《便携式电子产品用锂离子电池安全要求》国家标准的起草工作。2009 年，公司笔记本电脑类锂离子电池模组、动力类锂离子电池模组均实现批量生产。欣旺达“锂离子电池”被认定为深圳市重点自主创新产品，公司成为先进电池与材料省部产学研创新联盟的创始成员。2010 年，“欣旺达”被评为广东省著名商标。由于优秀的技术和研发能力，公司于 2010 年 11 月获得国家高新技术企业认证。

这一阶段，欣旺达不仅加强巩固公司电池在手机数码领域的优势地位，同时不断扩大公司在笔记本电脑、电动工具等其他领域的市场份额。由于出色的锂离子电池模组整体开发与制造能力，欣旺达进入了康佳、飞利浦、海尔、NEC、联想、ATL、松下、中兴、海尔、SanDisk 闪迪、顶星、华硕、凌海达、海洋王、迈瑞、亚马逊、通用等国内外知名品牌厂商的供应链体系。欣旺达给苹果 iPhone、iPod 电池的供货量约占其总额的 20%，给联想、OPPO、海尔产品的电池供货量分别约占 45%、50%、30%。一些重要客户为了实现一站式采购，开始委托欣旺达生产 3C 类智能终端产品硬件。此外，欣旺达更进一步拓展了结构件（主要为精密结构件、薄膜开关）的研发、设计及生产。这不仅提高了欣旺达核心产品的整体开发、设计、生产及配套服务能力，同时也满足了客户一站式采购的需求，充分挖掘了客户价值。

（三）转型发展阶段（2011～2016 年）

锂离子电池模组生产属于劳动力密集型产业，虽然欣旺达的利润水平在行业内已处于较高水平，但净利润只有 5%。此时的欣旺达意识到人工制造和单纯的 3C 数码电子类产品业务已无法推动欣旺达更进一步的发展，公司需要转型，寻找新的业务增长点。这一阶段，欣旺达开始探索无人工厂，成立自动化事业部，实现上市融资，同时积极拓展新的产品线，进入新能源产业、动力电池和储能行业，向先进制造转型，谋求更大发展。

2011 年，欣旺达进入华为、小米、微软等大型国际品牌企业的供应链，同时成立自动化事业部，开发和引入自动化生产设备和自动化检测设备，进行工业化改革，并且实现了整体上市。2012 年，欣旺达投资成立欣旺达电气技术子公司，启用 7 万平方米的深圳宝安石龙仔新能源产业基地。2013 年，欣旺达被评为宝安区战略性新兴产业百强企业。2014 年，公司成立了欣旺达电动汽车电池有限公司和“博士后科研工作站”。2015 年，欣旺达光明新能源产业基地建成使用。同年，欣旺达荣列深圳工业百强企业榜第 38 位和广东省制造业企业 500 强第 68 位。2016 年，公司投资成立欣旺达综合能源有限公司，惠州博罗产业园投入使用。2016 年 6 月，欣旺达在河南禹州自主开发设计的 50MW 光伏发电站正式发电并网。2017 年，欣旺达投资成立欣旺达动力电芯子公司。

2011 ~2016 年，欣旺达的主营业务收入从 10 亿元增长到 80. 82 亿元，增长了 8 倍。高速成长的背后是欣旺达不断转型升级的步伐。公司一方面不断加强自身的产品研发能力、制造能力，拓宽与客户合作的广度和深度，保持公司稳定快速发展；另一方面不断完善产品及业务结构，优化公司战略性的产业布局，提升公司核心竞争力。从传统的 3C 类外部构件、电池，到动力电池、储能系统、检测服务，再到全面展开 VR& 穿戴设备、无人机、电子笔等新兴智能硬件业务，欣旺达不断布局新兴战略性产业，为公司的健康持续发展培育新的利润增长点。

三、转型升级特点

（一）专注于锂离子电池模组产业，以优质的产品作为发展的基础

作为国内第一批从事锂离子电池模组生产的企业，在发展的前期，欣旺达走的是专而精的发展道路：专注锂离子电池模组制造，长期服务于全球领先的电子厂商。经过长期的电池制造与研发，公司现已积累了丰富的制程管理经验，建立了完善的质量管控体系，目前在国内锂离子电池模组的整体开发与设计、电源管理系统的研发与制造、结构件的精密制造等领域处于国内领先地位。

通过自主研发，欣旺达掌握了多项先进的锂离子电池模组的生产技术。2008 年，凭借自主研发电源管理系统、测试技术及相关制造工艺，欣旺达进入笔记本电脑锂离子电池模组市场，打破了日本和中国台湾地区企业在该领域的垄断地位，并且成功开拓了动力类锂离子电池模组的市场。2009 年，公

司在笔记本电脑类锂离子电池模组领域获得 3 项专利技术，并且承担了国家工业和信息化部电子信息发展基金“便携式计算机电池研发与产业化”项目。此外，欣旺达拥有属于公司的锂离子电池模组产品方案数据库，其中包括全球 18 家主要锂离子电芯厂 1000 余种型号的锂离子电芯，3000 余种电池模组方案数据以及上百种成熟的产品模块设计方案，涵盖了目前市场上大多数的锂离子电芯产品，可供客户甄选或者向其提供性价比最优的电芯方案。欣旺达还拥有一批长期从事锂离子电池模组设计开发的高管和业务骨干，熟知各种电子元件/组件特别是各类锂离子电芯的性能、特性和可靠性。

从电池的物料选择、生产、储存到运输、销售等，欣旺达在全产品生命周期都有一套非常严谨的制造和检测标准，以促进实现生产成本有效控制和产品质量提高。虽然大品牌客户在采购时通常通过多个供货商供货，但客户普遍对欣旺达的产品评价最高。截至目前，欣旺达已成为华为、vivo、OPPO、小米、联想、魅族、金立、苹果、微软等国内外一线移动终端厂商的主要供应商。

（二）重视自动化改造及工艺流程创新，不断推动流程升级

为了顺应“中国制造 2025”的发展趋势和潮流，把握工业 4.0 的发展机遇，欣旺达全面打造自动化工厂，加快在智能制造领域业务的布局。欣旺达的自动化及智能制造的发展思路是：在自动化生产的过程中实现数据的信息化和数字化，数字化产生的大数据最终推动生产实现智能化。欣旺达设有智能和自动化事业部与智能制造研究院两大部门，以及一家主营自动化生产的全资子公司“深圳市欧盛自动化有限公司（下称欧盛）”。智能制造研究院的主要职能是智能和自动化生产前端的研究开发，自动化事业部和欧盛则主要负责智能自动化设备的投入使用和集成，共计拥有 800 多名员工。目前，欣旺达工厂的自动化覆盖率达到 62%，自动化生产水平已处于行业领先地位。欣旺达所采用的自动化设备大多为自主研发，包括惠州工业园在内的新建成生产线基本上都实现了全自动化。在自动化设备方面，欣旺达拥有专为锂离子电池模组结构件配套的模具车间与注塑车间，并且从日本、瑞士、德国引进了先进的模具制造设备、电源管理系统的核心生产设备贴片机，以及 80 多

台日本法兰克、德国德玛格和海天等注塑机。目前，欣旺达已实现多项自动化生产设备的自主研发和生产线合理规划，自行开发的自动编带机、自动贴胶纸机、压合机等自动化设备已投入使用。在工厂里，6 条全自动锂离子电池模组电源管理系统生产线的综合产能为 22 万点/小时，公司模具制造能力为 70 套/月，综合产能折算成手机锂离子电池模组结构件约为 30000 件/小时。原来一条产线需要 40 名员工，采用自主开发的自动化设备后，每条生产线平均仅需 1 ~2 人进行管理。

在工艺流程方面，欣旺达也不断优化创新。公司通过对锂离子电池模组封装工艺进行改造，克服了聚合物锂离子电芯在低压注塑时由于注塑温度高、压力大，容易造成聚合物锂离子电芯损伤从而不能使用低压注塑进行封装的难题，保证了聚合物锂离子电芯低压注塑封装时的安全性和可靠性。结合公司的“薄壁注塑模具”发明专利，通过改良锂离子电池模组的焊接工艺，欣旺达突破了普通的超声波焊接封装工艺要求精密结构件焊接部位的塑胶厚度至少在 1. 2mm 以上的局限，保证薄壁型精密结构件（0. 5mm）在焊接后与厚壁型精密结构件拥有相同的焊接效果和结构性能，有效减小了锂离子电池模组的体积，提高了电池模组的比容量。

工艺流程的优化提升了公司的生产效率，推行自动化生产则有利于公司降低人工成本、提升产能、稳定品质、节能减排、提升产品盈利能力。智能制造和流程创新增强了欣旺达的订单承接能力，支撑公司能够快速响应客户需求、快速组织生产并及时交货。通过完善工艺流程、提升自动化生产的能力，欣旺达巩固并提升了自身的竞争优势，同时也促进了公司在智能制造产业的发展。

（三）持续投入研发，打造自主创新能力

欣旺达自成立以来始终高度重视公司的研发和创新。2016 年，欣旺达研发人员 2026 人，占比达到 12. 58%。自 2010 年以来公司研发人员的数量及占比始终保持增长，具体如表 4 –2 所示。公司的研发设计团队具有多年锂离子电池模组研发和设计的经验，对于市场的变化趋势、技术进步、上游原材料性能及下游客户需求均有深刻的理解和把握。在研发投入方面，研发投入占

营业收入比例始终保持在3%以上。自2010年以来兴旺达的研发投入逐渐上升，平均增长率高达50.44%，其中2014年的研发投入较2013年增长了117.64%，并且突破1亿元。在国内，欣旺达建立了多个研发平台：深圳研发中心、实验检测中心、电芯研究院、智能制造研究院、动力电池实验检测中心、无线充电Qi实验室、深圳市锂电子电池安全技术标准服务平台等。欣旺达还与清华大学、北京大学、南开大学、华南理工大学、重庆大学等多所国内知名院校在电动汽车电池、石墨烯、电池材料等新兴领域开展了产学研合作。由于良好的研发基础和出色的研发能力，欣旺达承担了多项国家级、省级的产业化项目，包括国家工业和信息化部电子信息发展基金“便携式计算机电池研发与产业化”项目（2009年）、广东省高新技术产业化项目“电动汽车锂离子动力电池新型电源管理系统研发及产业化”（2010年）……在国外，欣旺达设立了多个全球研发中心，包括美国硅谷研发中心、德国汉堡研发中心、以色列研发中心。

表4-2　　　　2010~2016年欣旺达研发投入情况

年份	2010	2011	2012	2013	2014	2015	2016
研发人员数量（人）					1061	1376	2026
研发人员数量占比（%）					10.74	11.06	12.58
研发投入金额（万元）	2962	3765	4680	7054	15352	22809	30628
研发投入占营业收入比例（%）	3.82	3.65	3.32	3.20	3.59	3.52	3.80
研发投入金额较上年增长（%）		27.11	24.32	50.71	117.64	48.57	34.28

资料来源：根据欣旺达招股说明书和历年年度报告整理而得。

在研发产出方面，欣旺达通过自主研发掌握并拥有了多项技术专利和发明专利，包括基于充放电保护、电池参数智能管理、电池保护模块温度调节、数据传输、电池安全保护监控和多电芯平衡等。以公司在国内首创的“主动式”能量转移型均衡技术为例，该技术在电池模组充电、放电两个过程中，主动地在锂离子电芯间以能量转移的方式进行电量均衡，从而促使均衡电流从普通的0.2A~0.4A提升约20倍到5A~6A、能量的转换效率从普通的≤80%提高到≥85%、电压精度从普通的0.05V～0.1V提高到小于0.01V、均衡完成时间从普通的20～30个充放电循环减小约10倍至2～3个充放电循环。公司还在国内首创了“降低电池管理系统功耗的方法与低功耗电池管理系统”技术。该技术使电源管理系统每天的自耗电量从普通的3mA～5mA降低到0.03mA～0.05mA，大幅提高锂离子电池模组无负载状态下的电量保持时间。在锂离子电池模组结构件研发设计方面，公司主要采取差异化技术竞争策略，在结构件产品的模具制作、注塑成型、表面处理、加工组装四个生产阶段均形成差异化技术，从而保持技术领先和市场占领优势。在锂离子电池模组结构件领域，公司的优势主要体现在电池模组结构件模具的研发设计和精密结构件的注塑工艺方面。其中，“薄壁注塑模具”专利通过在模具精密度和注塑技术方面的突破，能使电池模组结构件的厚度从1.2mm降到0.5mm以下，最薄时可达0.2mm，有效提高了电池模组产品能量，达到增大电池模组容量的作用。

经过多年积累，欣旺达已在行业内具备雄厚的技术优势。截至2016年末，欣旺达拥有和申报的专利共计217项，其中获得授权120项、申报专利97项。目前，公司在手机数码类电池模组、笔记本电脑类电池模组和动力类电池模组的电源管理系统研发、电池模组智能制造等方面均处于国内领先水平。

（四）重视人才的引进和培养，打造欣旺达的软实力

欣旺达认为，企业从100亿元到1000亿元的成长，需要的不仅是技术的革新，人才战略同样非常重要。根据公司战略与业务发展需要，欣旺达持续不断地营造创新氛围及加强企业文化建设，完善人力资源管理制度。2016年，欣旺达制定了《欣旺达基本法》，推进集团化管控。在人才队伍的组建方面，公司通过外部引进、内部培养相结合的方式搭建人才队伍，以适应公司快速增长的需求。目前，欣旺达的高管团队中，有来自内部培养提拔的公司员工，也有来自西门子、IBM、华为等供应商、客户、友商的顶尖人才。欣旺达还成立了欣旺达大学，培养电池模组、智能制造、动力储能方面的研发、设计、生产及销售人才。与此同时，公司不断完善和优化用人机制，搭建合理的初、中、高人才梯队；完善薪酬体系，制定有竞争力的薪酬水平，实施利润考核

激励计划，提高关键岗位、核心人才的稳定性。欣旺达上市后，欣旺达又面向高管和员工实施股权激励，以此方式引进员工持股，激励员工长期稳定工作和激发员工的创造热情。特别在研发人才的引进和培养方面，欣旺达更是不断搭建公司的百人研究团队，以此作为欣旺达未来发展成为千亿元企业的重要支撑力量。

（五）围绕核心业务优化产品组合，开展战略性产业布局，推动产品升级

锂离子电池是欣旺达的传统核心业务，近年来作为新能源领域的重要组成部分正受到社会各方面的高度关注和大力支持，广泛应用于手机、笔记本电脑、VR、可穿戴设备、能源互联网、动力工具、电动自行车、电动汽车动力总成及储能等领域。IDC 发布的报告指出：2016 年全球智能手机发货量达到 14.7 亿部，与 2015 年相比仅增长 2.3%，而智能可穿戴设备、VR/AR 设备、智能家居设备、无人机等新兴智能硬件产品将成为消费电子行业的全新增长点。据 IDC 预测，到 2020 年之前，全球可穿戴设备的出货量将达到 2.136 亿台；全球 VR/AR 行业收入将从 2016 年的 52 亿美元增长到 2020 年的 1620 亿美元，年复合增长率高达 136%。同时，市场对新能源和环保的关注也促进相关动力工具、电动自行车、电动汽车及储能锂电池领域的发展。

因此，基于战略考虑，欣旺达加大研发投入，围绕电池核心业务大力拓展相关业务板块，产品涵盖了锂离子电芯、精密结构件、电源管理系统、智能制造类（含自动化设备）、检测服务、储能等多个领域。目前，欣旺达“智能硬件类、动力电池、储能业务、智能制造、检测服务”五大产业群已初具雏形。关于这五大板块的战略定位，欣旺达内部有一个形象的比喻：欣旺达的产品组合就像一支足球队，相互配合得分。3C 类电池及智能终端产品发展稳步、增长稳定，一直以来手机数码类业务占欣旺达总收入四成以上，是整个团队的后卫，给其他产品线提供充足的现金流；自动化和智能制造是中场，为“前锋”和“后卫”提供技术和设备支持；动力电池和储能业务是前锋，不断进行探索和创新；检测服务则是技术规范和标准的裁判。2009～2016 年欣旺达的产品收入构成如表 4－3 所示。

表 4－3　　2009～2016 年欣旺达的产品收入构成　　单位：万元

产品类型	2008 年	2009 年	2010 年	2011 年	2012 年	2013 年	2014 年	2015 年	2016 年
薄膜开关	3914	4219	5483	5168	3915	2760	3251		
精密结构件类	11043	6504	10133	10165	9450	13435	29580	34666	40147
笔记本电脑类	15	5718	13323	29434	55582	66500	51842	25829	38803
手机数码类	29906	26561	40895	47944	56515	110411	260282	501771	614316
动力类	1187	1312	4739	6776			35047		
动力类锂离子电池模组					7654	18789			
锂离子电芯							1895	9424	15585
电源管理系统							35396	30077	10360
汽车及动力电池类								38685	51418
智能制造类（含自动化设备）								250	5310
智能硬件类（含无人机、VR）								755	18045
储能系统类								1146	6404
其他	2754	2168	2870	3260	8030	8403	10201	4553	4808
其他（补充）				403	33	41	427		
手机数码类业务占比（%）	61.26	57.14	52.81	46.48	40.03	50.11	60.82	77.53	76.29

资料来源：根据欣旺达招股说明书和历年年度报告整理而得。

智能硬件产品主要包括手机、智能终端/智能硬件（如 VR/VA）、平衡车、无人飞机等。公司拥有国内一流的光学实验室、专业检测设备及专用无尘组装车间，可为客户提供声光电整体解决方案，产品涵盖 VR 手机盒子、VR 一体机、PC 端一体机等，现已与微软、华硕、英特尔、惠普及联想等客户达成合作。2016 年，欣旺达组建研发团队成立了公司的 VR 和智能穿戴事业部，现已与多家专业机构实现合作研发。在无人机业务方面，欣旺达与大疆、小米、零度等开展深度合作。电子笔、智能家居（包括扫地机、智能插座，空调伴侣，温湿度感应器等）、智能手环、故事机等项目也在陆续实现量产。智能硬件类（含无人机、VR）业务板块于2015年开始纳入欣旺达的产品业务构成，当年即实现755万元营业收入，2016年增长至1.8亿元，增长非常迅速。

近年来，动力电池成为欣旺达发展的重点业务，主要包括电动汽车电池、电机控制器、动力总成系统、动力电池检测。经过20多年的发展，欣旺达已拥有较强的电池PACK系统集成能力和平台资源，而后又投资成立了动力电池研究院，研制和开发动力电池系统和动力电芯，现已具备批量生产和供货的条件和能力。此外，在BMS系统、先进PACK工艺、电池系统综合测试及评价、动力智能化工厂、全生命周期电池监控以及梯次利用解决方案等技术领域，欣旺达都已积累了符合市场需求的技术能力。目前，欣旺达动力电池的业务实力和发展潜力已得到国内外多家知名新能源车企的认可，在多个新车型上与客户建立了电池系统的联合同步开发机制。公司目前已与吉利、东风柳汽、北汽福田、东风汽车、陕西通家等核心客户均开展了业务合作，持续获得了大量稳定的订单，实现了汽车电池业务的稳定持续增长。此外，欣旺达还拥有小牛科技、沪龙、纳恩博、速珂、美尔顿、爱玛等众多优质电动自行车客户。以新能源动力电池为出发点，欣旺达迅速拓展动力电池产业链，进入电机、电控领域，逐渐发展起新能源汽车动力总成业务。同时，公司以汽车电子、OBD盒子、充电服务、分时租赁等应用为切入点，打造新能源汽车动力总成及新能源汽车运营平台。汽车及动力电池类业务板块于2015年开始纳入欣旺达的产品业务构成，收入3.87亿元，2016年增长至5.14亿元，增长率达到32.91%。

储能业务是欣旺达能源战略的重要组成部分，主要提供公共事业和商业储能系统、家电和小型商业储能系统、网络和工业后备电源、同行电源系统方案。公司下设深圳市欣旺达综合能源服务有限公司，产品和解决方案覆盖电网储能、大规模工商业分布式储能、风光储微网储能、家庭储能以及光伏发电等业务领域，现已成为行业领先的综合储能解决方案提供商。储能系统类业务板块于2015年开始纳入欣旺达的产品业务构成，收入1146万元，2016年增长至6404万元，增长率高达459%。为了完善公司能源互联网的布局，公司在新能源领域加速布局光伏电站。欣旺达在禹州建立的禹科光伏电站已并网发电，还完成了国家电网吉林电科院“移动式兆瓦级调频储能系统”、江苏南瑞淮胜电缆有限公司“大规模储能需求侧商业应用”等多个项目。同时，欣旺达积极拓展全球销售渠道，成立了美国分公司，并且在欧洲和澳大利亚积极拓展分销商合作渠道等。在国家能源互联网储能支持政策的指引下，欣旺达从综合储能解决方案提供商进一步升级为融合多种储能的区域能源服务商。

智能制造作为欣旺达重点布局的战略性业务板块，公司持续对其增加相关技术、人才、产能、供应链资源等方面的投入，进行自动化产线升级改造和核心装备研发，实现全自动高柔性自动化装配生产线、充放电测试类设备、AGV 自动物流系统、MES 系统、大数据采集及分析系统等环节的有效整合，全面打造智能化工厂，降低成本，提升产品盈利能力。2016 年，博罗基地多条全自动 Pack 产线陆续投入使用。此外，欣旺达积极整合国内外的自动化和智能制造行业资源，积极布局商业智能 BI、基于物联网的云计算和大数据技术，构建工业互联网平台，持续提高核心竞争力，努力成为行业内领先的智能制造装备和解决方案企业，推动智能制造领域的业绩增长。智能制造类（含自动化设备）业务板块于 2015 年开始纳入欣旺达的产品构成，收入 250 万元，2016 增长至 5310 万元，增长了 21 倍。

检测服务则包括电芯材料测试、各类电池产品测试、电池多国安规划认证化学环保检测等。欣旺达旗下的全资子公司深圳普瑞赛思检测技术有限公司，主营业务是检测服务，目前已通过国家 CNAS 第三方实验室资质认可，是 WPC 世界无线充电联盟国内仅有的两家 Qi 认证认可实验室之一，2016 年在 WPC 全球 Qi 认证业务中排名第一。普瑞赛思拥有 100 余名行业专业人员组成的团队，分布在新能源材料、电池及模组、动力电池、电机电控及失效分析等新能源汽车的核心领域，为多家全球知名企业提供电池和材料的性能、安全、可靠性等测评及分析服务。2016 年，普瑞赛思与 TUV 南德联合成立了华南区测试能力最齐全的动力电池检测中心。该中心具备美国、德国、国产等门类齐全的先进电池检测设备，可以对各种规格的电池单体、电池模组、电池包电池系统进行测试评价。此外，欣旺达还参与起草、编制了近 30 项国家标准、地方标准及协会标准。实验室检测业务的发展，一方面有利于欣旺达巩固自身的产品优势，助力产品销售；另一方面有利于促进公司参与行业标准的制定，推动公司业务的增长与行业地位的提升。

四、转型升级的成果与启示

欣旺达自成立以来一直表现出良好的成长性，在2011年上市后开始实施转型并进一步得到发展。如图4－1所示，2011年，完成上市并开始向先进制造转型的欣旺达主营业务收入破10亿元；2014年，主营业务收入42.8亿元，净利润破亿元；2016年，主营业务收入80.5亿元，净利润4.5亿元。自2010年以来的主营业务收入平均增长率达到51.71%，净利润增长达到50.8%，增长非常迅速。其中，2014年的增长最快，较2013年主营业务收入增长94.21%，净利润增长107.29%。

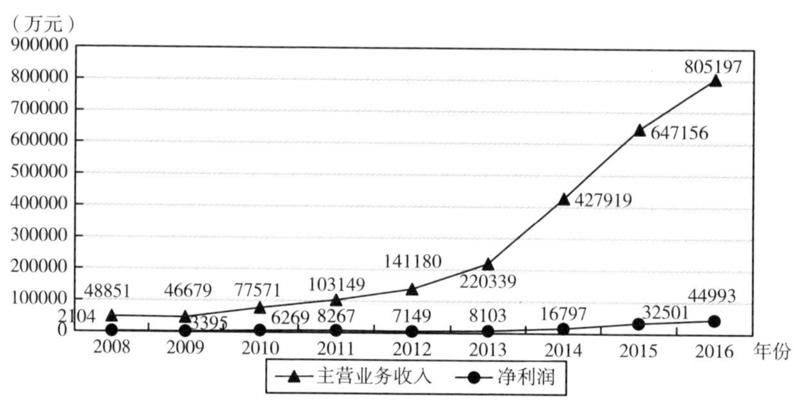

图4－1　2008～2016年欣旺达主营业务收入和利润增长趋势

资料来源：根据欣旺达招股说明书和历年年度报告整理而得。

从白手起家到逐见规模，从锂电池小作坊到行业龙头企业，从民营企业上市成为公众公司，欣旺达是我国传统制造企业创业并成长为大规模企业的典型案例。随着传统电子产品、全球新一代智能手机、互联网、数字化娱乐便携设备、新能源市场的成长、爆发、成熟，欣旺达乘着产业发展的东风即将成长为百亿元企业。在20年的发展历程中，欣旺达始终扎根锂离子电池模组产业，持续培育锂离子电池模组整体开发、制造、设计与研发能力，重视人才的引进与培养，不断探索流程工艺的优化及技术创新。在锂离子电池模组研发、设计、生产方面，欣旺达已成为行业领先者。但具有80亿销售额的行业龙头企业净利润仅有4.5亿元，较低的产品附加值及趋于饱和的锂电池市场制约着欣旺达向千亿元企业迈进。因此，2011年以来，受市场环境的影响，欣旺达开始向相关产业和服务延伸，根据市场需求加大对储能系统、电动汽车动力电池、汽车动力电池BMS、智能制造、检测服务以及其他新产品、新材料和新技术的研发，丰富产品线，探索产品升级，打造战略性产业布局，以期进一步实现由传统锂离子电池模组解决方案及产品提供商向“智能硬件类、动力电池、储能业务、智能制造、检测服务”五大产业群解决方案提供商的转型升级。

5. 跨越集团：以物流为核心持续升级

一、企业简介

跨越速运集团有限公司于2007年8月13日正式成立，主营业务是提供“国内限时”服务，是一家现代化的大型综合速运企业。公司采用直营模式，全国3000多家服务网点均统一管理，网络遍布全国32个省级行政区、500多个城市。当前公司已拥有11架货运包机、1.5万台运输车辆、4万名员工，日均货运处理能力达10万余票。跨越集团的运输时效及服务质量远高于行业水平，被誉为中国限时速运领导者，物流快递行业的一匹黑马。跨越集团是行业中首家向客户提出“限时未达，全额退款”承诺的公司，并率先推出了当天达、次日达、隔日达三大时效产品，并为客户推出24小时取派件的贴心服务。目前，跨越集团的公路运输量和航空运输量都保持直线增长，每年营收保持百分之百的增长率，已成为业内最大的现代化综合速运集团。2016年，集团营业收入超过70亿元，缴纳税收8000余万元。

跨越集团坚持“勇于跨越、追求卓越”的企业精神，肩负“为客户提供高效的品质服务、为员工谋取良好的福利保障、为社会创造持续的卓越价值”的企业使命，打造良好的企业口碑，树立负责任的品牌形象，得到了客户的一致认可和肯定。公司成立以来，先后荣获国家级高新技术企业、国家AAAA级物流企业、深圳市高新技术企业、深圳市重点物流企业、中国物流行业30强优秀品牌、中国著名品牌、广东省物流协会副会长单位等几十项荣誉资质。在2016中国物流业大奖、金马奖颁奖盛典中，跨越集团一举斩获中国最具社会责任物流企业和中国品牌价值榜百强物流企业两项物流业大奖。

二、跨越集团的升级过程

（一）定位高端市场，注重快捷性、安全性、服务性，积累品牌知名度（2007～2010 年）

跨越集团以速度为基石、服务为核心、安全为本质，在创业初期取得了阶段性成功，树立了良好的企业形象，获得了客户的一致好评。

我国快递行业起步于 1979 年，到 2007 年，国内快递市场已经形成了以 EMS 为代表的国有企业、顺丰为代表的民营企业与四大国际快递巨头为代表的外资企业三大市场主体①。电子商务的兴起推动了快递行业的高速增长，各种物流公司顺势成立，刚刚成立的跨越集团如何获得市场成为创始人徐军面临的难题。经过创业团队的慎重讨论，最终跨越集团定位于 B2B 高端市场，并成为包括外资企业在内的国内第一家实行限时承诺的公司，在国内率先独特推出 8 小时跨省当天达、16 小时次日达、36 小时隔日达，开创国内限时速运的先河，并且敢于承诺，限时未到，全额退款。在当时，大多数快递企业都主要通过降低价格、压缩成本来扩大市场份额。尤其是 2008 年金融危机之后，为控制成本，每辆货车一定会装满再进行配送。而跨越集团从创立之初就秉承服务优先的原则，为了缩短贸易周期，满足客户对快件高时效的需求，即使只送一封信，只要有货就会配送，晚到或丢货还会全额退款甚至赔付。在大家保证企业生存的时候，跨越集团保证的是服务质量，差异化使跨越集团在激烈竞争中脱颖而出。

对于快递服务来说，“快”是检验服务质量的一个重要因素，并且将成为快递服务企业的重要竞争优势甚至核心竞争力。为了提高速度，跨越集团成立之初就陆续与国内十余家航空公司达成战略合作伙伴关系，到现在跨越集

① 王菲菲．国内外快递行业发展模式比较研究［D］．河北工业大学，2015.

团已经在华南地区抢占了非常可观的腹舱资源。2008 年，跨越集团分别在深圳、上海、北京开通三大机场操作中心——华南机场操作中心、华东机场操作中心、华北机场操作中心；2009 年，开通深圳往返上海、深圳往返宁波的夜航包机服务，成为行业内第一家可以做到“夜发晨至”的物流企业；2010 年，开通上海往返北京、南京往返天津的夜航包机服务，再次显著提高了华东、华北地区的速运时效。跨越集团在全国各地的分公司和营业网点，也保证了空运与陆运的无缝对接，不浪费一分一秒。

除了速度，安全性是评价快递服务的又一个重要因素。为了保证货物安全送达，跨越集团为所有货车都安装了 GPS 定位，做到对车辆、对货物的实时监控，并定期对员工进行消防安全培训，全方位保障货物安全；为了保证客户的信息安全，公司建立并完善了信息管理系统与 360 度保障系统，派件司机必须经过统一培训才能上岗。

除了推出限时服务产品，跨越集团还为客户提供了多种增值服务，真正实现“按需派送”。如 7 × 24 的全天候服务，无论是寄方还是收方，公司每天都提供 24 小时收派件服务，免收多余服务费用，且保证时效一致；免费防水包装，免费为每批货物防水包装，阴雨天气客户也不必担心；等通知派送，当快递到达目的地时，配送员向客户发送派送通知，客户同意后才安排交付；免费短信服务，在快递签收后 15 分钟内，寄方客户将被自动短信通知何时何地由何人收到货物；签署回单，根据客户需求，将配送时签收或盖章的回单交还给寄方客户。

（二）增加技术投入，进一步提高服务质量与效率，实现升级（2011 ~ 2016 年）

信息技术的研发、创新和应用，可以使业务操作更加便捷、可靠，提高快递作业效率，提供优质的服务保证。很多人提起物流行业，觉得这是一个依靠高成本人工作业的行业，但是跨越早就开始注重公司的 IT 信息化管理。为提高物流效率，跨越集团自建了 IT 团队，目前该团队规模已超 500 人。

2011 年，跨越集团内部实现三大系统对接：内部系统与机场航空系统和电信 GPS 系统相对接，以便更准确地实时定位每批货物。2012 年 5 月，通过集团官方网站的全面升级，实现了系统的无缝对接以及在线自助查单、下单、取件定位等功能。2012 年 11 月，新型巴枪正式推出并投入使用，更新后的产品通过及时上传运单和货物的照片，大大缩短了总部输入运单和确认货物的时间，同时简化了流程，提高了工作效率。2013 年 3 月，呼叫中心系统全面升级，通过呼叫中心实现多方呼叫或自动转接，减少了客户服务部门成员的呼叫量，为客户提供更好的服务。2013 年 6 月，实现了货物跟踪和定位，以改善客户货物安全，使跟踪和定位功能能够在货物因丢失或落货无法找到时及时定位货物。2013 年 12 月，跨越集团的物流系统得到了全面更新和升级，可以同时容纳 30 万在线用户，跨越集团荣获 ISO 质量管理体系认证证书、中国民用航空运输销售代理业务资格认可证书。2014 年，推出手机、平板电脑应用和客户系统界面，实现手机查询、订单、办公系统界面、数据同步等功能，智能化的自助服务和人性化的功能设计使客户使用更加方便、亲切。

通过建立完善的信息系统，引进自动化、智能化的快递设备，跨越集团得以及时处理快件传递过程中的各种信息，建立信息共享平台，提高了员工的工作效率，优化了企业的内部运作流程，实现了“信息流超过货物流”的经营理念，依托强大的信息技术软件，为客户提供专业化、快捷化、个性化的高效物流。

（三）打通整个供应链，提供一体化解决方案，以物流为核心持续升级（2017 年至今）

随着网络经济的蓬勃发展，我国的快递行业发展十分迅速。然而，快递业的快速发展也带来了客户投诉率的增加，诸如服务延误、交货中断和货物损坏等问题十分突出，大型促销活动也总是导致快递爆仓现象，这一切都反映出目前我国快递业的服务水平还很低，发展还不够成熟。跨越集团在为客户服务的过程中也渐渐发现了客户的痛点，很多客户在仓储方面并没有专业的管理知识，只是寻找低成本或者交通方便的仓库进行存储，并不知道怎样进行专业化选址，也不知道在发货时什么货车应该先进来、什么货物应该先被拉走，这就导致在大促销期间，所有仓库前都有很多货车被动排队。甚至有很多大企业，每个门店的仓储信息都不同步，仓储信息管理十分落后。跨越集团发现了这一商机后，2017 年开始致力于打造从仓储到运输的整个供应链体系，并积极跟随网络经济，围绕物流本质发展电商业务，从而为客户提供一体化解决方案。

在仓储方面，跨越集团全部采用智能云仓储。云仓储可以整合全国的优质资源，节约成本，实现配备优化，在物流的各个环节都可以做到基本的人工智能化，摒弃掉多人作业的原始操作方式。未来跨越集团还将继续引进无人机、机器人等更加智能化的设备助力云仓储建设。目前，跨越集团已经在成都、佛山、肇庆、嘉兴、武汉、天津实施了运营项目，仓储面积达 28 万平方米，并且在未来五年的规划中，预计这个项目将在全国范围内进行复制，形成覆盖全国核心区域的智能仓储网络。跨越集团采用的仓储基本全部租用普洛斯物流园仓库。普洛斯物流园是全球排名第一的仓储地产供应商，其仓库的选址与装修都是世界领先水平。选用普洛斯仓库能够使跨越集团的服务质量更有保障，反映出了跨越集团以品质为准的服务理念。

在运输方面，跨越集团仍将继续加强 IT 建设，以科技改变传统物流，代替大量人工作业的方式，提高作业效率，促进企业发展。同时，跨越集团也在想办法促进共享物流概念的实现，当前跨越集团正在寻找控制终端服务质量的运营管理措施。跨越集团的最大优势在于航空，但是陆地运输较为薄弱。因而跨越集团在考虑更加专业化的物流分工——落地配或同城配，即跨越集团只负责航空配送，货物落地后从机场仓拉到最终目的仓的事情由更为专业的运输公司比如货拉拉等负责，但是客户看到的是跨越集团的品牌与服务。共享物流不仅可以提高跨越集团的配送效率和质量，而且会进一步增强客户满意度与忠诚度，从而促进企业持续发展。

在电商方面，跨越集团搭建了一个信息化的电商服务平台，主打生鲜、医药等高时效类商品。随着经济水平的提高，人们越来越注重对于生活品质的追求。比如，2017 年 9 月全国掀起了一场吃大闸蟹的热潮，但是这种生鲜类产品对于快递物流的要求极高。20 世纪 90 年代以来，信息技术革命推动了快递物流向高附加值方向发展，电子、医药、生物技术等高科技产业都产生了巨大的快递服务需求。这也使得跨越集团发现，由于对运输时效性的要求提高，用户对快递价格并不敏感，服务质量才是企业选择快递的首要因素。基于这样的用户需求特点，跨越集团开始做电商平台，比如微信小程序、App等，在所有终端改善客户体验，以服务为导向，通过增加科技投入，不断提高快递速度，为用户提供多种时效性很强的快递服务，保证在规定的时间内送达物品，其快递服务的价格也相对较高。值得注意的是，跨越集团的电商平台并不是自营性平台，该平台不收取任何平台费用，而是仍然围绕物流本质，发挥自身“快”的优势，帮助一些客户打开销售渠道，提供物流的增值服务。未来跨越集团可能还会基于此类市场需求向物流相关方向发展，如货物同城调度的优化等。

2017年，跨越集团还在香港收购了两家公司，开设了海外事业部。未来，跨越集团将响应“一带一路”倡议的海路布局，以亚洲金融中心香港地区作为支撑点，发挥经济集聚和辐射功能，收购两家以上香港地区公司，建立港澳台地区及东南亚等地区专线，并计划三年内开通国际速运航线，进军国际市场。跨越集团将持续优化资源配置，坚持创新驱动发展，促进科技同产业深度融合，加速集团的品牌化、规模化、国际化扩张，成为更具规模优势、实力更强、服务更好、自动化水平更高的现代化限时速运领军企业。

三、跨越集团的升级特点

（一）采用直营模式，对服务质量严格把控

我国快递企业的经营模式可以分为直营模式和加盟模式。直营模式是指快递企业自己投资建设运营整个快递网络，包括分拨中心和各城市的网点等基础设施的模式。直营模式利于管理，便于企业保证快递服务的水准，也便于融资。加盟模式是通过加盟形式吸收其他参与者共同组建快递服务网络的经营模式，被加盟人主要负责企业总部基础运营管理平台的建设，加盟者与被加盟者之间是独立的企业主体，通过加盟协议约束彼此行为。加盟模式能够满足配送范围广和网点密度高的要求，能够迎合快递企业发展初期低成本的需要。目前，除了EMS、顺丰等采用直营模式以外，“三通一达”等众多民

营品牌企业都以加盟模式为主。[①]

自成立以来，跨越集团一直坚持直营模式。直营模式的最大特点是公司总部掌握所有权和经营权，直接投资、管理各分公司，其核心优势是管理严格、控制力强、服务统一、水平较高，从而确保客户利益最大化。由于加盟模式中加盟者与被加盟者之间相互独立，只有利益关系，因而经常会导致货物丢失、暴力分拣作业、货物延时送达、泄露客户信息等不良现象。正是对于加盟模式弊端的清楚认知，跨越集团从创立起就采用直营模式，对快递服务的每个环节实现层层的管理和把控。

跨越集团坚持以直营模式发展也为公司带来了管理统一、服务水平高、信息化程度高等竞争优势。公司统一制定经营战略，并分解到各分公司，统一开发市场、进行技术研发，统一调动资金，统一市场业务流程和服务标准，杜绝参差不齐的快递服务，同时也有助于各地区之间快速响应、相互支撑、相互合作，不会出现管理不统一、标准不统一乃至全国加盟商的利益不统一导致客户体验度很差的情况。公司实行统一管理，不仅便于自上而下的指令执行，也促进了各分公司的横向合作，员工统一着装标准、服务标准，保持良好的品牌意识，使公司的服务水平高而统一。总公司统一实施经营战略，在技术引进和开发方面较加盟模式有很大优势。总公司还可以无障碍地获取各分公司的信息，优化资源配置，创建“样板模式”，快速开展市场活动和获得效益，使整个集团实现规模经济。

（二）不断提高运输能力，通过战略合作与投资获取关键资源，形成核心竞争力

伴随着人们生活水平的提高，市场对快递服务的高端需求越来越多。航空运输作为最快捷的运输手段发挥着重要作用，快递行业的全球四大龙头企业，都选择了航空运输作为最重要的运输手段。跨越集团拥有无与伦比的航线，与中国南方航空公司、中国国际航空公司、中国东方航空公司和其他主要国内航空公司有着深入合作，并且不是第三方合作，市面上最好的第三方

① 徐强．物流快递（跨越速运集团）直营模式的探讨［J］．现代商业，2016（6）：123－124.

软件也只能做到每 10 ~ 15 分钟更新一次，跨越的航班飞行系统可以实现每五秒钟进行一次数据更新，企业 ERP 系统与机场航空信息系统的无缝对接成为跨越的绝对优势。2017 年 10 月，跨越速运的波音 757 全货机进行了正式首飞。波音 757 是一架重达 30 吨的大货机，它的启动，让跨越速运的时效创立了行业内的新标杆，已经从以前的跨省八小时提升到了跨省六小时。

除了在航空方面的绝对优势外，跨越集团在速运上的另一个明显特征是终端派送全部为车辆，没有电动三轮车等其他快递公司的常见配送工具。目前跨越速运拥有运输车辆 1.5 万台。2016 年，跨越集团速运又投入数亿元购置了 1550 台干线运输车辆，其中 50 台是有着“公路之王”称号的斯堪尼亚顶级货车，不断提高跨越速运的运输能力，其航空 + 公路的运输方式也迅速得到市场的认可。

（三）技术投入，开发业内领先的 ERP 物流系统，提高物流效率

技术是快递服务企业提供快捷、及时、优质服务的保证。建立全面直接管理的大型信息系统，使快递全过程公开透明，保证及时、快速地跟踪、部署和反馈货物信息。通过客户观念里系统跨越集团可以快速响应并最大限度满足市场需求，而且很好地控制了成本，提高了效率。通过不断帮助客户提高业绩，实现了跨越集团和企业客户的双赢。

跨越集团的 IT 团队开发出了业内领先的 ERP 物流系统，并实现了 GPS 全球定位系统、中国电信系统、ERP 物流系统、机场航空信息系统的全方位无缝对接。各种信息技术系统的应用使跨越速运的作业效率与快递质量、服务质量大幅度提升，快递业务的时效性、准确性得到保障。先进技术不仅能够为用户提供可靠的快递服务，而且便于跨越集团对自身业务进行管理和改善，确立竞争优势。

（四）为客户提供增值服务，实现价值链延伸

基于市场定位，跨越集团不断提高业务服务的专业化水平，开展基于核心业务的增值服务。2017 年，跨越集团开始打造从仓储到运输的整个供应链体系，并积极跟随网络经济，围绕物流本质发展电商业务，从而为客户提供

一体化解决方案。在仓储方面，采用智能云仓储，整合优质资源，节约成本，帮助客户解决仓储管理落后问题；在运输方面，以科技代替大量人工作业的方式，提高作业效率，促进共享物流概念的实现；在电商方面，搭建信息化服务平台，为生鲜类、医药类等高时效产品企业打开销售渠道、提供平台服务，保证在规定的时间内送达物品，收取较高的物流费用。跨越集团通过为客户提供一体化解决方案的增值服务，有效延伸了企业价值链，进一步提高了快递服务的附加值。

（五）构建完善合理的业务网络，减少运营成本，实现规模经济

快递业的发展离不开完善的运输配送网络，网络组织已成为快递企业参与国际竞争的关键资源。建设完善的交通网络、管理网络和信息网络对企业来说至关重要，依靠密集的网络效应，可以充分利用各种资源，从而降低运营成本，实现规模经济。跨越集团在构建仓储—运输网络时，会根据业务特点进行动态规划，将服务辐射范围全部都覆盖之后倒推回来，考虑堵车时段、丁字路口需绕路等异常情况，选定终端网点形成网络，确保在某地区范围内所有的网点结构实现整体最优。目前，跨越集团在全国形成了以深圳为核心的华南区域、以上海为核心的华东区域以及包括陕西等中原地区在内的华北京津冀区域等三大全国性网络。

（六）严格的员工培训，保证高质量、高水平的客户服务

快递企业的员工尤其是配送员工作在与客户接触的第一线，是保证高质量、高水平服务的重要因素，不断提高服务质量是获得快速运输长期竞争优势的保证。高素质的员工能够快速响应客户需求，为客户提供更及时、更安全、更便捷的服务。在 B2C 市场中，一个消费者的投诉可能不会对企业声誉造成很大影响。但是对定位于 B2B 高端市场的跨越集团来说，所有客户都是长期合作，服务质量是建立和维持客户满意度与忠诚度的关键。因而跨越集团在快递物流中采用全面质量管理，将业务流程进行细分，为每一项具体的环节订立十分详细的要求，制定工作标准并严格落实，在任何环节出现配送延迟或快件丢失问题，都要责任到人。注重对每个业务员基本素质的培训，

要求他们时刻牢记服务质量的重要性。比如终端派送的司机师傅，在岗前有全国统一的上岗标准，在岗中有统一的跟踪标准，在岗后有统一的考核标准。对于难以控制的三四线城市及县城，跨越集团采取伙伴计划，并对合作企业进行严格的合同约束，出现丢货、送达延时严重等一系列有损跨越品牌形象的情况时，跨越集团会及时解约，并进行严格的处罚。即使亏钱，也绝不损坏服务质量。跨越认为，只有采用这样的模式，才能够打造出真正高时效、高质量的速运军团，从而获得客户的信赖。

（七）企业家精神

一切企业的升级过程都是源于企业家通过对企业内外部环境的判断，发挥企业家精神，选择合适的升级路径，实现企业的升级。跨越集团创始人毕业后就进入顺丰当操作工，后来负责顺丰的 IT 系统建设。在顺丰离职后创立跨越集团，投入自己的全部资金以促进企业发展。正是有在顺丰的工作经历，跨越集团创始人深刻了解国内快递物流行业的现状，看到了客户的痛点，同时也十分了解物流各环节的操作与优化。因而在创立跨越集团后，就定位于高端市场，以服务质量为最高准则，以快为核心竞争力，用技术推动企业发展。正是创始人的出身背景、战略眼光和务实作风，造就了跨越集团多年来的不断升级。

6. 裕同科技：由传统印刷厂向中国印刷包装第一品牌持续转型的升级之路

一、公司简介

深圳市裕同包装科技股份有限公司（以下简称裕同科技）是国内领先的高端品牌包装整体解决方案提供商，总部位于深圳。其前身裕同印刷包装厂成立于 1996 年。裕同科技于 2016 年在深交所成功上市。2017 年实现营业收入 69.48 亿元，净利润 9.32 亿元。

目前，裕同科技服务于数十家世界 500 强客户及数百个高端品牌，为消费电子、大健康、烟酒、化妆品、食品等行业客户提供专业的、有竞争力的包装产品、解决方案和服务，并致力于持续提升品牌价值。

裕同科技提供的产品和解决方案包括彩盒、礼盒、说明书、不干胶贴纸、纸箱、纸托以及智能包装、环保包装、功能包装等，同时提供创意设计、创新研发、一体化制造、自动化大规模生产、多区域运营及就近快捷交付等专业服务。裕同科技设计的作品多次获得德国的红点奖、iF 设计奖、美国莫比斯广告奖等世界顶级工业设计奖项。

裕同科技实行集团化管理，截至 2018 年 12 月，已拥有 53 家子公司和 8 家分公司，在珠三角、长三角、华东、华南、华北、越南、印度等地区设有生产基地，并在美国、中国香港等地区设有服务中心，就近为全球客户提供服务。裕同科技始终将“坚持自主创新，保持技术领先”作为核心战略，设立了裕同研究院，拥有丰硕的具有自主知识产权的研发成果，累计有上百项行业领先技术，为公司的持续发展提供丰富的创造力和强大的技术支持。

近年来，裕同科技先后获得了“2016 年、2017 年、2018 年中国印刷包装企业 100 强第一名”“中国优秀包装品牌”“国家印刷示范企业”“国家文化出口重点企业”“广东省著名商标”“深圳市百强企业”“深圳市文化创意产业百强企业”“宝安区科学技术奖区长奖”等荣誉。

二、裕同科技的成长历程

1996 年，裕同印刷包装厂在深圳市松岗镇成立，主要从事纸箱业务的生产和销售。

2000 年，裕同规模不断扩大，但利润来源主要为中小企业客户，抗风险能力较差。因此，裕同一直希望打开大客户市场。索尼公司为其新游戏机寻找印刷包装供应商，为裕同带来了新的机会。尽管当时的裕同在技术能力方面还无法完全满足索尼的要求，但为了能够获取国外一流客户的订单，裕同采取与符合条件的厂家进行合作生产的方式，边学边做，反复打磨，不断提高产品质量。

2006 年，裕同科技的营业收入创下历史新高。然而，成本增加、员工流失率增长、生产效率下降等粗放型管理模式带来的问题逐渐显现。为此，裕同科技开始推行“嵌入式”服务，把包装盒直接送到客户的生产线上，为客户节约了时间和成本，也实现了零库存。同年，裕同科技启动了 IE 管理、成本管理、现场改善管理、质量改善管理、培训管理及绩效管理六大管理项目，并从外部引入高级管理人才，进一步夯实了企业基础。

2008 年，受金融危机的影响，国际、国内环境发生了巨大的变化。裕同科技的订单急剧减少，业绩大幅下滑。不少业内企业为了生存选择打价格战。然而，裕同科技则从提升自主创新能力以及提供整体解决方案两个方面入手，重新定位企业，提出“制造 + 服务”战略。不断加大内销市场客户的开发，由产品制造商向服务及整体解决方案提供商升级。

2010年，裕同开始全球化布局，成立越南裕同。随后在印度、印度尼西亚等地设立生产基地，以便更好地服务向东南亚扩展的大客户企业。

2015年，裕同科技再次启动升级，以“环保+科技+文化”为核心，加大研发投入、应用环保材料和工艺，生产环境友好型印刷包装产品。同时，裕同科技全力布局和推进“互联网+”智能包装。

三、裕同科技的转型升级路径

（一）基于过程升级，为客户提供“嵌入式”服务，提升产品附加值

为改变原有粗放型管理模式，裕同科技引入IE管理、成本管理、现场改善管理、质量改善管理、培训管理及绩效管理六大管理项目，推行“嵌入式”服务，把包装盒直接送到客户的生产线上，实现了无缝衔接。在为客户节省时间和成本的同时，实现了企业自身的零库存。

在此基础上，裕同科技强化内外部集成化的供应链管理，从一单到底、MRP物料规划、与供应商及客户的系统接口、内部制造管理、储运管理、以PMC为中心的计划与排产等多个维度对其ERP系统进行持续改造。通过整合供应商、客户的信息，通过其信息化系统和弹性生产方式，持续提升对客户的及时响应能力。

随着智能制造的不断发展，裕同科技进一步改善信息化系统，提升服务水平。基于在订单导入、生产、采购、储运等各环节留下的必要信息，利用物联网和数字化的技术和设备加强信息管理和服务，掌握产销的整个流程，提高生产过程的可控性，减少生产线上人工的干预，及时正确地采集生产线数据，合理地编排生产计划与生产进度。同时，配合引进及自行开发的柔性化、自动化的数字生产设备，实现在多样化产品生产过程中的快速自动切换，具有较高的生产效率。

（二）认识传统产业的新特点、新需求，坚持技术创新，向高端产品升级

随着人民生活水平的大幅提升，消费者的需求结构正在转化升级，对包

装产品的需求也从原来的简单包装保护功能到体现产品质量、消费档次的转换。在新的消费趋势下，下游客户对印刷包装企业提出更高的要求。裕同及时认识传统产业的新特点、新需求，加强研发能力，与其他行业的高新技术相结合，不断提升产品的技术含量。由生产传统的印刷产品向功能包装、智能包装和环保包装产品升级，极大地提高了产品附加值。

1. 功能包装。裕同科技坚持技术创新，设立了集团印刷技术中心、包装技术中心和包装科技研究院等，研发出“材料型、结构型和信息型”功能包装。通过跨越多个技术领域，在传统包装中加入机械、电气、电子和化学等的新技术成分，提升包装产品的附加值。利用新型的包装材料、结构与形式对商品的质量和流通安全性进行积极干预与保障，使其既具有通用的包装基本功能，又具有一些特殊的性能。例如，裕同科技研发的智能缓释微胶囊保鲜包装材料，具有强大的吸附力，可吸附乙烯及有害气体，延长水果保鲜时间 1 ~3 倍，解决果蔬在储存和运输过程中保鲜效果不佳的现象，广泛应用于农副产品保鲜包装领域。

2. 智能包装。裕同科技全力布局和推进“互联网 +”智能包装。智能包装可以实现产品信息溯源、生产管理、与消费者互动等功能，以后消费者只需要通过产品包装上的标码，就可以了解到产品的原料产地、使用说明书甚至是商场积分等丰富的信息。

一方面，裕同科技通过云计算、移动互联网、物联网等技术，在产品包装上使用二维码、AR 增强现实（图像识别）、隐形水印、数字水印、点阵技术、RFID 电子标签等技术，对产品全生命周期的信息进行采集，进而构建智慧物联大数据平台，实现产品防伪、追溯、移动营销、品牌宣传等功能，增强消费者的体验感，提升企业的品牌宣传力度。例如，针对东阿阿胶公司对于有温情的定制化产品，给客户更多的用户体验，提升品牌形象，裕同集团研究院研发出了桃花姬智能包装整体解决方案。以桃花姬外包装作为社交入口，基于一物一码，进行心意的传达，实现包装与顾客、商家之间的互动体验，赋予产品新内涵。再如，针对无限极公司提出的产品外包装信息输出仍停留在纸质上、缺少最新的数码化应用、顾客体验有待加强等问题，裕同集团研究院开发了一套切实可行的无限极产品外包装数码化解决方案。以无限极（萃雅）外包装设计为例，基于云计算、大数据、移动互联网等技术，实现以外包装为入口的无限极产品防伪、追踪、推广等功能。可以知道手机购买的相关信息，比如购买地点、消费习惯（购买时间间隔、产品品种）等，进而进行数据分析，帮助零售商做精准营销。

另一方面，在满足大客户需求的同时，裕同设立全资子公司云创科技，通过自主研发的线上平台以及线下配套的专属生产车间，为普通消费者提供个性化定制服务，为大量中小微企业客户提供包装产品解决方案，使他们能够获得快速便捷、价廉质优的包装服务。同时，裕同科技在上游整合中小印刷包装企业资源。通过战略合作，按照裕同科技的标准统一改造中小印刷包装企业的生产车间，并制定统一的品质要求和服务规范，共同向中小微企业客户提供高效服务。云创科技线上平台的开发，能够在一定程度上解决印刷行业集中度低、运营效率低、生产成本高等问题。目前，裕同的智慧物联大数据平台包括裕同云创盒酷平台、文化产业云平台、化妆品溯源营销平台、大健康产品溯源营销平台、食品药品溯源营销平台、农产品云端溯源营销平台等。

3. 环保包装。随着社会环保意识以及企业社会责任感的提升，裕同科技又率先启动升级，加大研发、应用环保材料和工艺，生产环境友好型印刷包装产品。

裕同科技采用环保材料和工艺，应用数字工作流程，如无醇印刷技术、应用 CIP3 流程、自动扫描色彩控制系统、计算机配色系统及节墨软件等。积极实施并推广绿色印刷，推行清洁生产，实现制造全过程的绿色环保，从而打造低碳的“绿色工厂”。通过引入 CTP 数字制版设备、按需印刷的数码印刷等环保型设备，减少生产环节中的能耗及污染。同时，拥有与国际接轨的成熟的环保及安全测试技术如 RoHS 等，严格控制产品中的 VOC、重金属及卤素的含量。

遵循“减量化、再利用、可回收、可降解”的原则，通过开发新材料、新工艺，不断提高印刷包装技术，生产环保包装，为客户设计与提供绿色解决方案。例如，研发生物质基可降解环保包装材料，100% 从生物质中提炼，废弃后可自行分解，有效契合客户对绿色包装的要求，减少不可降解包装材料对环境产生的污染，能广泛用于餐具、购物袋、食品保鲜膜、快递包装袋等多种类型产品，为食品、商超、物流企业的环保宣传提供技术和产品支持。为顺丰快递设计研发可降解的快递袋，实现半年可堆肥降解的效果。又如，纸浆模塑技术，采用天然纤维作为原料，具有原料来源丰富、可回收再利用、减震效果好等优势，而且实现了产品内托的一次成型，有效简化包装组装工艺，同时节省大量人力、物力和时间成本，可以替代包装产品中的塑胶托，用于电子产品、烟酒、化妆品等高价值商品的内托包装中，能对产品起到良好的缓冲保护作用。

（三）重新定位企业，由产品制造商向服务及整体解决方案提供商升级

裕同在长期服务客户和产品创新的基础上，将企业的发展定位转型为高端品牌包装整体解决方案提供商，提出了“制造 + 服务”战略，致力于为高端品牌客户提供包装整体解决方案，为客户量身打造专属的、个性化的包装综合服务。裕同科技从创意设计、研发创新、生产到交付等各环节均紧密围绕客户需求，优化供应链效率并降低成本，提供“服务一体化”“产品一体化”“布局一体化”的整体解决方案，从而为客户创造最大价值，有效增强了高端品牌客户黏性，逐步成为高端品牌客户供应链中重要的合作伙伴。具体而言，公司为高端品牌客户提供的包装整体解决方案包括三个类型：创意设计与研发创新解决方案、一体化产品制造和供应解决方案、多区域运营及服务解决方案。

1. 创意设计与研发创新解决方案 。客户对包装产品要求不断提高，要求印刷包装企业具备服务前置能力，将提供印刷包装服务的能力提前到包装产品的开发和设计阶段，通过创意设计和研发创新，将包装产品与终端产品更紧密地契合在一起，提升包装产品的品质、功能性和精美度，从而不断提升终端客户的品牌形象和产品附加值。

创意设计与研发创新解决方案包括品牌策划、平面与结构设计、工艺设计、材料研发、可溯源及防伪方案。裕同科技创意设计与研发创新解决方案如表 6 – 1 所示。

表 6－1　　裕同科技创意设计与研发创新解决方案

阶段	具体服务内容	为客户创造的价值
创意设计	公司基于客户潜在消费群体分析、市场营销策略和品牌定位，给客户提供从企业品牌形象设计到产品终端视觉表现的规划，突显产品特色与品牌个性。 公司主要运用计算机辅助系统进行包装系统的结构设计、形象设计，通过造型、色彩、图案、材质的使用提升产品包装的整体价值	一方面对客户的包装方案进行整体规划，使客户减少在包装上的设计、采购、运输等供应链上的成本，提升管理效率；另一方面在外延设计上提高产品的包装认知度，满足客户的个性化包装需求，提升产品的形象与层次，从而提升客户品牌的知名度与市场竞争力
研发创新	根据纸包装行业所应用的材料及工艺特点，对各种新型及环保材料、创新印刷工艺进行研发 通过在传统二维码上植入隐藏的数字水印，经过给烟酒、高档奢侈品提供包装防复制可变印刷，实现一物一码。溯源时通过手机 App、产品追溯、市场监管的功能。识别嵌入在二维码中的数字水印，判断真伪，通过二维码 ID 进行溯源查询	满足客户对材料轻质化、环保和可回收利用的要求提供材料替代解决方案，同时通过工艺进步提高生产效率，降低客户成本。 给烟酒、高档奢侈品提供包装防复制、产品追溯、市场监管的功能

资料来源：裕同科技招股说明书。

2. 一体化产品制造和供应解决方案 。一体化产品制造和供应解决方案，具体包括全系列产品生产和第三方采购，帮助客户实现“一站式采购”。

全系列产品生产是指公司能够针对下游客户各业务领域中不同型号的商品，模块化提供多种印刷包装产品，具体包括：从产品类型看，公司具备生产及提供彩盒、说明书、纸箱、不干胶贴纸、缓冲材料、礼盒等各种纸质印刷包装产品的能力，在提高客户采购效率的同时，也便于优化包装材料的搭配，提高客户产品整体包装设计水平；从产品型号看，公司采用柔性生产方式，在客户指定的产品类型中，提供符合客户产品需求的多种规格尺寸的包装材料，从而最大程度上适应客户产品的差异化特点；从产品领域看，公司能够满足客户各个业务领域的产品包装需求，如手机、游戏机、电脑、烟酒等，大幅节约了大型客户的供应商管理成本。

作为自产品的有益补充，公司大力发展第三方采购业务，根据客户总采购订单的要求，与各种辅助包装产品供应商组成专业的第三方采购服务网络，代替客户作为购货方向各个辅助包装产品供应商发出订单。购得相应辅助包装产品后，与公司提供的包装产品进行组合后一并交给客户。使客户实现采购的规模化与配送的及时性，实现采购成本 和管理费用的降低，帮助客户实现了各种包装产品采购工作的精简和效率的提升。

3. 多区域运营及服务解决方案。多区域运营及服务解决方案包括多点布局、就近供货和全球服务支持。为满足国际知名品牌客户大批量采购需求，公司在国内外多点布局，已具备跨区域制造能力和就近交货能力。在我国印刷包装行业仍处于“碎片化”的格局下，公司的一体化多点布局策略具有明显的先发优势，不但可为客户提供及时、快捷和个性化服务，并且大大降低了采购、生产、物流和库存成本，提高公司利润率。为贴近客户，提高对客户的响应速度，并最大限度地降低物流成本，公司已在深圳、苏州、烟台、许昌、武汉、成都、合肥、廊坊等国内重点工业城市均设有完善的生产服 务基地，上述城市人口密集、消费能力旺盛，且消费类电子产品制造企业云集。在我国 已成为世界第二大包装大国、第二大消费类电子产品消费国以及全球消费类电子产品主要生产基地的大背景下，公司全面的区域布局可为下游客户提供完善的就近交货服务，更好地为客户提供印刷包装整体解决方案。

另外，公司已经在香港地区设立营销服务中心，在越南北宁省建立了生产服务基地，向客户在海外提供印刷包装整体解决方案。公司也积极筹划在台湾地区成立设计及技术服务中心，在美国和欧洲等地设立营销及技术服务中心，进一步提升公司在全球范围内为客户提供整体解决方案的服务能力。

四、裕同科技转型升级的支撑

（一）坚持自主创新，保持技术领先

公司拥有完整的研发组织体系和较强竞争力的技术研发团队，核心研发

成员拥有较强的专业知识和10多年行业工作经验，整体技术研发实力已经稳居国内全行业先进水平。公司设计中心为客户提供专业的结构设计、平面设计服务；技术研发中心为客户提供工艺开发、材料研发、样品试制、技术检测等全方位服务；专门设立包装科技研究院，聘请行业顶尖专家担任技术创新委员会委员。公司重视研发团队建设，核心研发成员拥有较强的专业知识和多年行业工作经验，整体技术研发实力已稳居国内全行业先进水平。公司研发人员主要来源于公司内部锻炼成长的业务骨干及技术专家、社会招聘的经验人士以及校园招聘的高学历人才三条途径。除此之外，公司还聘请在国内外包装技术方面享有盛誉的国家级专家作为常年技术顾问，对公司科研团队进行新材料、新技术、新产品等方面的技术指导。

裕同提出并践行“坚持自主创新、保持技术领先”的战略，持续关注行业的最新技术动态，不断引进并吸收国内外先进技术，同时积极自主创新。经过长期的经营和积累，公司建立了对包装产业的深刻理解，在印前、印中、印后、检测和新材料应用领域均积累了一系列先进的、有机配合的、具有较大用户价值和市场价值的核心技术，成为公司在激烈的市场竞争中能够保持领先优势并进一步发展的基石。目前已具备整合材料、设计、工艺、制造、检测等环节的系统性研发能力。裕同已大规模运用的印刷及色彩技术、产品工艺技术、生产自动化和信息化技术等多项技术均处于行业领先水平。2015年裕同设立了“深圳3D印刷技术工程实验室”，开展了“智能缓释微胶囊”保鲜包装材料的研发，并初步完成了UV胶印油墨、微透镜3D印刷技术和全降解材料等新型环保印刷包装材料研发。

裕同于2009年首次被评为国家级“高新技术企业”，2012年通过复审。裕同于2015年再次通过认证；子公司苏州裕同及烟台裕同于2011年被评为国家级“高新技术企业”，并于2014年通过复审。裕同于2011年被中国包装联合会认定为“中国纸包装印刷材料研发中心”；2013年被深圳市包装行业协会评选为“行业研发领军企业”“科技创新领军 企业”等；2016年，公司获得中国合格评定国家认可委员会颁发的《实验室认可证书》；同时公司还参与15项国际标准及行业标准的起草。公司目前拥有多项核心技术，主要产品的生产制造技术水平在国内处于领先水平，部分技术先进程度已跨入国际先进行列。公司已拥有93项实用新型专利、12项发明专利和7项外观专利，并有多项专利正在申请中。

公司的研发投入主要有两个方面：一是技术研发，即对现有的生产工艺进行改进；二是新产品研发，即产品性能、外形等的发明或改进。近年来公司逐步加大研发力度，研发投入费用和占比不断增加。

（二）建立激励机制，营造创新氛围

公司鼓励创新，形成激励创新的工作环境和文化氛围。为实现全球布局，成为客户信赖、员工爱戴、行业尊重的国际化印刷包装领先企业，奠定了坚实的基础。

1. 建立奖励激励机制。公司开展各种形式的创新活动，建立合理化建议制度，通过开展技能和创新竞赛，合理化建议等活动，同时在培训、晋级、薪酬等政策上，对研发人员予以倾斜，营造良 好的技术创新环境，建立专利激励、奖励机制，完善研发人员绩效考核管理制度、职称 评审及薪酬管理实施办法，最大限度地激发和调动研发人员技术创新的激情和活力，鼓 励研发人员不断开发新品。为了鼓励研发团队在新材料、新工艺、新技术上攻克难题，公司自2006年起针对研发团队及相关岗位设计了一整套绩效考核机制和项目奖励办法，经过不断实践、调整，公司的激励制度已经把研发团队引入良性循环的轨道上。

2. 营造良好创新环境。公司位于深圳龙大高速与机荷高速交会处的石岩镇石龙仔工业区，总占地约10万平方米。办公环境优雅，研发人员的办公区域设计宽敞，办公设备齐全，研发人员所用 的电脑均采用高端配置，办公系统、设计软件均引进正版，安全、可靠、稳定性高。公司大力引进高端印刷包装行业中有多年技术研发经验的高素质专业人才，在逐步完善硬件设施的同时，不断改善公司福利待遇，为高新科技人才解决子女读书入学、配偶户口迁移等问题，解决其后顾之忧。同时，公司允许失败和尝试，通过设立中标奖、专利奖等激励办法，给予额外物质奖励，从而激发员工勇于挑战困难、开拓创新的积极性。

3. 积极开展产学研合作。公司不断创新，坚持走技术创新可持续发展道路，积极开展与上下游企业、科研院 校的合作。公司与海德堡公司、北大方正公司等达成合作，既有利于本公司技术的开发、市场的开拓，也有利于客户率先应用先进技术，达到“共赢”目的。同时，公司注重与科研院所、大专院校的合作，已经采取“实验田 + 研究基地”的模式与北京印刷学院、湖南工业大学、西安理工大学等开展合作，发挥其在研发领域的资源 优势及技术力量，配合公司生产的实验场所，进行研发创新，提高企业的技术水平，并将新技术及时转化成成果，创造社会价值。

4. 注重人才培养。公司与高等院校紧密联系，培养、聚集、输送高层次、高质量的工程技术研发人才和技术管理人才。公司要成为全球一流、知名的印刷包装整体解决方案供应商，就必须坚持“人无我有，人有我优；走出去，引进来”的双向伸展策略，与国内、国际知名企业开展多种形式的国际合作与交流。公司一方面努力培养高素质的专业人才和拔尖的创新人才；另一方面广纳人才，为海外留学生及技术领军人才创造宽松、合理的发展机制和环境，致力于成为客户信赖、员工爱戴、行业尊重的国际化包装印刷领先企业。

（三）严控品质体系，保障产品质量

为满足高端品牌客户严格的质量要求，公司始终秉持高质量的产品战略，对产品质量实施严格的管控。国际、国内的知名高端 IT 类客户有着先进的管理方法和理念值得学 习，通过长期的合作，公司在高标准质量管理方面积累了丰富的经验，并曾参与国家标 准的制定工作，在行业内有一定的影响力。为满足高端品牌客户严格的质量要求，树立 行业品牌，公司也始终秉持高质量的产品战略，对产品质量实施严格的管控。公司通过了包括 ISO9001 质量管理体系、ISO14001 环境管理体系等七大体系在内的一整套完善的质量控制体系，使质量管理更加系统化、规范化。公司内部建立了持续改善的机制并持续推动，生产过程严格执行 IE 制定的标准进行作业，现场运用“及时化生产”“流程布局”“物流动线优化”“作业动作简化”等精益生产方法进行持续改善，质量方面全过程进行监控与持续改善，

员工品质意识及作业技能提升持续培训。通过内部持续改善的不断实施，不但提高了生产效率，而且产品质量不断稳步提升。公司始终坚持客户至上的服务理念，经过多年的践行及积累，产品质量在业界享有较高的声誉，在高端品牌客户群中也有良好的口碑，成为持续赢得高端品牌客户长期信赖的重要因素。公司连续几年被多家客户如三星、华为等授予优秀供应商称号。

五、裕同科技转型升级的绩效

（一）财务绩效

1. 经营业绩。持续的转型升级不断激发企业活力，裕同科技营业收入从2008 年不足 10 亿元到 2015 年的 42.9 亿元，保持快速稳定增长，2013 ~2015 年的营业收入年均复合增长率达到 28.59%。2016 年实现营业收入 55.42 亿元，同比增长 29.20%；公司荣获权威杂志《印刷经理人》组织评选的“2016 年度中国印刷企业 100 强”排行榜第一名，成为包装印刷这个传统行业中少有的“高速列车”。

通过不断升级，产品的附加值不断提升，单价也不断增长。以彩盒为例，2013 年来自每个彩盒 10 元以上的收入为 8.36 亿元，2015 年来自每个彩盒 10 元以上的收入达到 18.55 亿元，是彩盒销售收入增长的主要来源。该部分收入增长主要得益于富士康、和硕以及广达代工的高档终端品牌客户的业务增长，其产品包括智能手机、平板电脑和可穿戴设备，由于其产品定位高、单品价值大，包装盒单价均超过 10 元/个，其他 10 元/个彩盒主要来自华为、泸州老窖、古井贡等客户的高端产品。

2. 市场份额。我国纸质印刷包装行业企业众多，竞争激烈，行业总产值巨大，市场集中度低，因此即便是行业领先的企业，其市场占有率绝对数也较低。作为整体解决方案服务模式的先行者和领导者，裕同市场占有率位不断提升，2016 年营业收入位居我国纸质印刷包装行业第一位，市场竞争优势明显。

表 6－2　　裕同科技 2013～2015 年市场占有率

年度	2013	2014	2015
公司营业收入（万元）	259419.67	366543.93	428963.06
占我国纸质印刷包装行业市场份额（%）	0.39	0.53	0.58

注：市场份额＝公司营业收入/我国纸质印刷包装行业总产值。

资料来源：裕同科技招股说明书。

（二）非财务绩效

通过持续升级，提供优质的产品和服务，裕同逐步实现了消费类电子行业客户的全面覆盖，品牌知名度不断提升。主要客户涵盖了该行业的主要领域，包括移动智能终端、计算机、游戏机、通信终端产品等，且均为各自领域内全球首屈一指的知名企业。在移动智能终端领域，裕同科技是华为、联想、三星、索尼认证的合格供应商并已保持多年业务合作，直接或通过仁宝、富士康、捷普、纬创资通、和硕、广达等知名代工厂商为终端客户提供产品和服务；在游戏机领域，裕同科技是任天堂、索尼的主要供应商；在计算机领域，前三大厂商戴尔、惠普、联想也是裕同科技的重要客户。同时，裕同科技积极向烟酒、食品等领域拓展，与红塔集团、泸州老窖、古井贡、玫琳凯、雀巢等国内外高端食品、化妆品和烟酒制造商保持稳定合作。

裕同通过为高端产品的跨国制造商提供优质的纸质印刷包装产品，有效地为客户树立市场形象，节约生产成本，提高生产效率，深受客户好评。2012 年，公司获联想颁发的“最佳合作奖”；2013 年，公司获三星“供应商评审 A 级认证”，并获索尼“绿色合作伙伴认证”；2014 年，公司获华为颁发的“2013 年度质量管理优秀奖”，获联想颁发“2014 年联想全球供应商技术创新奖”。公司的品牌知名度亦随着客户群体的扩大和满意度上升而不断提高，2015 年公司再次获得三星“供应商评审 A 级认证”。2013 年，公司被广东省新闻出版局评选为“广东省首届十大最具竞争力印刷企业”；2014 年，公司被评选为“2013 年广东省十佳优秀设计企业”，被深圳市市场监督管理局评为“2013 年度广东省重合同守信用企业”，被国家新闻广电总局评为

“国家印刷示范企业”，被包装联合会认定为“2014 年度中国包装百强企业”，公司商标被评为“广东省著名商标”；2015 年，公司获得深圳市企业联合会颁发的“深圳百强企业”称号，根据权威杂志《印刷经理人》组织评选的“2015 年度中国印刷企业 100 强”排行榜，公司位列全国印刷企业第二名并获得“2015 年中国印刷业最佳雇主企业”“中国包装优秀品牌”“2015 年中国制造业 500 强企业”等荣誉称号，2016 年，公司获得“2016 年中国制造业 500 强企业”“深圳知名品牌”等荣誉称号，并被权威杂志《印刷经理人》组织评为“2016 年度中国印刷企业 100 强”排行榜全国印刷企业第一名。

7. 大族激光：装备制造企业转型升级的典范*

一、企业简介

大族激光科技产业集团股份有限公司（简称大族激光）于1996年在深圳成立，2004年在深圳证券交易所上市（股票代码：002008），是世界知名的高端激光装备制造企业。大族激光为全球客户提供激光、机器人及自动化技术在智能制造领域的系统解决方案，业务覆盖激光标记、激光切割、激光焊接设备、PCB专用设备、机器人、自动化设备及为上述业务配套的系统解决方案。产品主要应用于消费电子、显示面板、动力电池、PCB、机械五金、汽车船舶、轨道交通、厨具电气等行业的金属或非金属加工。大族激光拥有完善的营销服务网络，在国内外设有100多个办事处、联络点，并成立了专门的行业服务部门，为不同行业的客户提供激光加工工艺分析和全方位的激光应用解决方案，使激光技术与各行业制造工艺无缝对接。

创业至今，大族激光实现了连续21年的营业收入增长。2017年，大族激光销售额115.6亿元，同比增长66.12%，净利润16.65亿元（见图7－1）。大族激光服务于世界500强和中国规模以上工业企业等大型客户，大族激光的产品已受到国际、国内一流企业的广泛认可。在全球激光上市公司中，大族激光销售额、净利润均排名第二，设备市场占有率达40%以上，国内激光

* 本章数据无特别说明均来自大族激光年报。

设备市场占有率排名第一①。其中，公司的高功率光纤激光切割机等产品产销量居世界第一。②

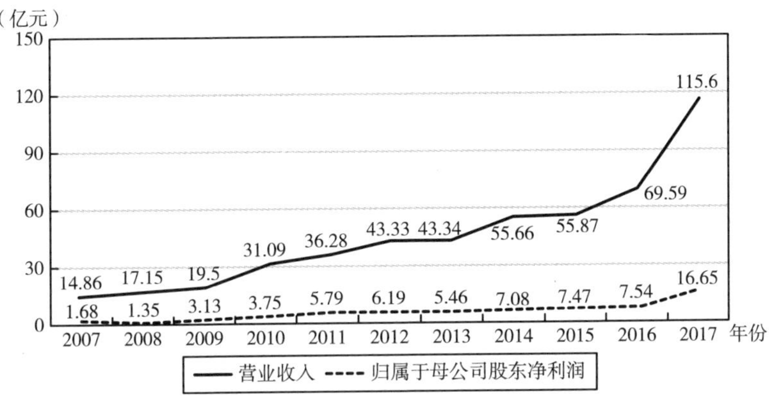

图 7－1　大族激光 2007～2017 年营业收入和净利润增长情况

资料来源：2007～2017 年大族激光历年年度报告。

目前，公司总人数 12000 余人，拥有一支超过 4000 人的涵盖激光光源、自动化系统集成、直线电机、视觉识别、计算机软件和机械控制等多方面的复合研发队伍。公司在技术研发方面优势明显，是行业内唯一入选国家工信部智能制造试点示范项目名单的企业。2015 年，大族激光获“中国智造百强企业”称号，2017 获得“CCTV 十佳上市公司”“全国质量标杆”等荣誉称号。截至 2017 年 12 月 31 日，大族激光已获得专利 2486 项，其中发明专利 712 项、实用新型 1417 项、外观设计 357 项，掌握全球最领先的紫外激光、半导体泵浦激光、光纤激光应用技术。

二、大族激光的升级路径与绩效

（一）通过技术积累、能力演进，突破关键技术壁垒，提高附加值和话语权

通过研发拉动，突破关键技术壁垒，不断积累技术能力是提高企业话语

① 根据访谈记录整理。

② 新闻联播——用激光雕刻“中国梦”，http：//tv. cntv. cn/video/C10437/47878dceb0ab47f0a35-701e302d84a39。

权、实现企业升级的重要途径。十多年前，激光加工设备行业的关键部件和技术还被发达国家的跨国企业所掌控。2000 年，大族激光发现半导体晶片激光切割机的市场潜力巨大，而研发这种设备需要攻克紫外激光器技术。为此，大族激光利用国内大学实验室的研究成果研制了一台样机，但测试数据并不理想，离产品商业化所需的“高稳定性、高抗干扰性”要求还有一定距离。大族激光为解决这一问题，直接在意大利购买了专利技术，但是引入后却因“技术不对板”而未能解决实际问题。这使大族激光意识到：超越国外巨头构筑的技术壁垒要靠自主研发。大族激光从国外引进了一位华人技术专家，在这位专家的带领下，研发团队艰苦攻关，不仅突破了关键技术瓶颈，还拥有了自主知识产权，并且申请到国际专利。随后，大族激光又与下游的芯片厂商、芯片封装切割厂商密切合作，生产出国内首台商用紫外激光器芯片切割机，顺利投入芯片厂的工业化生产。

2006 年以前，大族激光主要通过外购获取激光设备的核心部件——激光器，但成本极高。从 2006 年开始，大族激光投入大量资金，引进高端人才进行自主生产。2009 年，大族激光与瑞士一家公司合作，彻底解决了公司生产的大功率 CO_2激光器输出功率不稳定的问题，成为国内唯一一家可以自制大功率 CO_2激光器的生产商。2009 年以后大族激光相继开发出绿光激光器、紫光激光器等小功率激光器，并实现了批量销售，使公司在小功率激光加工设备业务得到了极大拓展。公司突破关键技术壁垒，逐步实现了核心配件的自产或由子公司生产，摆脱了重要零部件对进口的严重依赖，大大降低了产品成本，提高了销售毛利率。如在成套产品中同等售价的情况下，成本较外购降低了六成左右，在国内的同行业中处于领先水平，大大提高了企业在行业中的地位、话语权和产品附加值。大族激光切割机主要核心部件自主研发同行业比较情况如表 7 -1 所示。

表 7 -1　大族激光切割机主要核心部件自主研发同行业比较情况

核心部件	大族激光	华工科技	金方圆	德国通快	瑞士百超
激光器	自制	进口	进口	自制	自制
数控系统	自制	进口	进口	自制	自制

续表

核心部件	大族激光	华工科技	金方圆	德国通快	瑞士百超
直线电机	自制	进口	进口	自制	自制
切割头	自制	自制	自制	自制	自制
大型件及精密件加工	自行加工	外协	外协	自制	自制

资料来源：根据大族激光公开资料整理而得。

2009 年，大族激光成功研制出国内首台高功率光纤激光切割机，正式开启了光纤激光集成应用技术的大幕。光纤激光具有电光转换率高，无须激光发生气体，切割速度更快，高度集成化、柔性化，可扩展性强，节能环保，基本免维护等优势，能够极大地推进激光切割、焊接设备智能化及自动化、智能化生产线的市场应用，一经推出就得到了广泛应用。随着设备和技术的不断发展，大族激光随后发展成为能够提供完整的激光切割与焊接智能化解决方案的激光企业。2015 年，大族激光“激光切割机床智能制造试点示范”成功入围工信部 2015 年智能制造试点示范项目名单，成为激光行业首家入选企业。2016 年 12 月 10 日，由宝安区政府与大族集团承办“全球激光及智能制造发展趋势高峰论坛”在深圳宝安举行，“宝安国际激光装备产业基地”与“大族激光智能装备集团”揭牌成立。2017 年 2 月，大族集团全球激光智能制造产业基地隆重奠基。2017 年上半年，大族激光智能装备集团本部高功率激光装备销量突破 500 台，实现销售收入 11 亿元，同比增长 46%，销售数量与销售收入均创下历史新高。在产品创新方面，代表国内最高水平的 15kW 光纤激光切割机，20kW 激光焊接装备推向市场，各类技术创新成果 120 余项；高速光纤激光切割机、全自动激光切割机、FMS 激光切割柔性生产线获得市场一致认可；中高功率激光加工设备市场占有率稳步提高，具有良好的知名度与强有力的国际竞争力。

大族激光始终坚持自主创新，坚持以客户市场需求为出发点，在竞争方面始终坚持“以市场为导向，以客户为中心，以质量为本”的运作方式，坚定“质量优先、智造未来”发展战略，不和同行打价格战，坚守自己的运营规则，始终把质量放在至关重要的地位。坚持技术创新，紧密关注客户需求，确保每一款设备都是客户亟须的。不断增加的研发投入也为大族激光实现领先的创新实力与研发技术提供了有力保证。2003 年以来，公司的研发投入占主营业务比重年均值达 5. 88%，且总体呈上升趋势。即使在国际经济局势不佳的时期，大族激光也从没放弃过对研发的投入。2008 年以来，大族激光的研发投入持续增长，研发收入占主营业务收入比重的年均值达到 6. 65%，领先于同行水平。2017 年大族激光研发投入总额达 85028. 53 万元，占主营业务收入比重为 7. 36%。2008 ~2017 年大族激光研发投入情况如表 7 -2 所示。

表 7 -2　2008 ~2017 年大族激光研发投入情况

年份	研发投入（万元）	研发投入占营业收入的比（%）
2008	11426. 47	6. 66
2009	12817. 28	7. 24
2010	15884. 34	5. 11
2011	18770. 52	5. 17
2012	22689. 00	5. 24
2013	30009. 00	6. 92
2014	37371. 75	6. 71
2015	42780. 09	7. 66
2016	58533. 39	8. 41
2017	85028. 53	7. 36

资料来源：2008 ~2017 年大族激光历年年度报告。

大族激光的研发投入成果显著，如表 7 -3 所示，22 年来，公司几乎每年都有新产品产生。多项核心技术处于国际领先水平，是世界上仅有的几家拥有“紫外激光专利”的公司之一。[①] 技术创新、自主研发为产品的质量提供了重要保障，大族激光多个产品系列已获欧盟 CE 认证、UL 认证。通过二十余年的技术积累和能力演进，大族激光牢牢掌握了核心技术，关键部件均可实现自产，并能自主开发设计相关配套软件，使公司的核心竞争力和盈利能力大大提升，产品附加值和企业话语权明显提高，实现了升级。

① 大族激光 2016 年社会责任报告。

表 7-3　　1996~2017 年大族激光历年不断推出的新产品

年份	历年不断推出的新产品
1996	激光标记设备
2000	激光焊接机
2001	激光切割机
2003	机械 PCB（生产电路板）钻孔机
2004	谐波激光应用设备
2005	大功率激光切割设备
2006	激光 PCB 设备（生产电路板的设备）
2007	激光印刷设备
2008	激光制版、激光热处理
2009	光纤激光切割机、数控机床部件、激光医疗设备、LED 设备
2010	超大幅面激光切割机、激光焊接系统、PCB 通用检测机
2011	FMS 激光切割柔性生产线、15kW 激光焊接系统
2012	全自动激光切管系列装备、高架龙门三维五轴激光焊接系统、LDI（激光直接曝光机）、AOI（自动光学检测机）、高精测试机、八密测试机、CNC 高速钻铣攻牙中心项目等
2013	全自动激光切管机、小型合版云印刷系统
2014	高架龙门三维五轴激光切割机、新款数控深钻机、大台面激光钻机、MH700 双台面高精测试机、手臂式八倍密度测试机等
2015	单模光纤激光器、30W 光纤激光器、50W 光纤激光器
2016	高速智能光纤激光切割机、第三代 FMS 激光切割柔性生产线等
2017	15kW 超高功率光纤激光切割机、热成型件三维五轴激光切割机、激光清洗系统

资料来源：根据大族激光的招股说明书、历年年度报告等公开资料整理而得。

（二）通过产品功能替代或功能拓展，进入传统产品市场

大族激光生产的激光加工设备对各种传统仪器设备产生了换代性的冲击：第一，它们在各自优势领域逐步替代过去传统的加工方式；第二，作为一种新的加工技术，激光加工还在不断地开拓传统加工方式不能加工的领域，扩大加工门类的应用范围。公司通过提升产品性能、替代或拓展产品功能等策

略，顺利进入传统设备市场。

1. 激光标记：以高质、高速等产品优势进入传统信息标记设备市场。大族激光研发的激光标记设备具有雕刻精度高、可在规则或不规则外表上标记、信息标记持久可防伪、加工效率高、信息标记速度快等优点。因此，大族激光的激光标记设备很快便进入了由传统工业信息标记方式主导的市场，并相继进入了皮革、服装、电子、建材五金、工艺礼品、机械等应用市场。

2. 激光切割：以不变形、低成本等产品优势进入传统切割机市场。传统切割技术有机械切割、氧气切割、电弧切割、等离子切割、线切割、高压水射流切割。2001 年，大族激光成功研制出激光切割机，具有切割精度高、热影响区小、不易变形、切割速度快、使用成本和维护费用很低、性价比极高等众多优点。因此，大族激光切割机成功进入钣金加工、高低压电器柜制作、机械零件、厨具、汽车、机械、金属工艺品、锯片、电器零件、眼镜行业等传统切割机主导的市场。

3. 激光焊接：以非接触、可焊难熔材料等产品优势进入传统焊接机市场。在激光焊接机出现之前，电子束焊接机和电阻点焊机一直牢牢地占领着整个材质焊接市场。2000 年，大族激光在国内市场率先推出激光焊接机。该设备能在空气、真空、某种气体或透明材料中进行焊接，可焊接钛、石英等难熔材料，还可进行微型、远距、大深度和时空分光焊接，功率密度高。这些突出优点很快就撼动了电子束焊接机在焊接市场中的优势地位。

4. 激光钻孔：以高速、大深径、群孔加工等产品优势替代机械钻孔机。2002 年，大族激光通过向日本和中国台湾出口机械钻孔机，进而学习到 PCB（印制线路板）激光打孔机技术，并最终研发出 PCB 激光钻孔机。激光打孔机与传统打孔工艺相比具有以下优点：速度快，大深径比打孔，可在硬、脆、软等材料及难以加工的材料上打孔，无工具损耗，高密度群孔加工等。凭借着这些显著性优点，大族激光钻孔机逐步替代了机械打孔机占领的电子、电器、汽车、工具量具等产品市场，并实现了激光打孔机进口替代。

大族激光通过不断深化技术能力，研制出与传统产品功能相似或更佳的新产品，成功进入传统产品市场。通过将这种发展范式复制到多个行业或领域，从而实现企业产品在多个产品市场和应用领域的拓展。如表 7－4 所示，

表 7－4 列出了几种通过产品功能替代或功能拓展，进入传统产品市场的产品。这一过程体现了产品核心功能在技术替代中的重要作用。

表 7－4　通过产品功能替代或功能拓展，进入传统产品市场的几种产品

研发产品	传统市场产品	进入应用领域
激光标记	气动标记、喷墨打印、化学腐蚀、电火花加工和机械冲压等	服装、五金、塑胶、包装、包装、医疗产品、家用电器、键盘、面板、广告标牌和日用品
激光切割	机械切割、氧气切割、电弧切割、等离子切割、线切割、高压水射流切割	钣金加工、高低压电器柜制作、机械零件、厨具、汽车、机械、金属工艺品、锯片、电器零件、眼镜行业等
激光焊接	电子束焊接、电阻点焊	航空航天、原子能、汽车和电气电工等
激光钻孔	机械钻孔	电子、电器、汽车、工具量具等

资料来源：根据大族激光的公开资料整理而得。

（三）通过产品功能进一步拓展产品创新，开发新的市场

开创全新市场是企业超越竞争对手、实现持续成长的关键。在大族激光市场开拓的过程中，公司采取了产品功能进一步拓展、技术融合、功能融合等策略，成功开发出了一系列全新的市场。

1. 激光标记：以高精度和特殊材质加工开拓精细化和特殊信息标记市场。2002 年以来，大族激光在巩固传统产品市场的同时，通过进一步提升产品性能和拓展产品功能，开辟出了新的市场领域。例如，激光标记设备的可加工精确度和可加工材料范围是衡量其核心功能范围最重要的指标。2009 年以前，红外激光器标记设备是大族激光主打产品，其加工速度、加工清晰度、使用成本等方面较之传统标记设备有了显著提升，但可加工精细度和材质并无明显突破。2009 年以后，大族激光相继开发出了绿光激光器标记设备和紫外激光器标记设备，前者极大地提高了可加工精细度，后者可加工各种规则或非规则的特殊材质。大族激光通过不断拓展激光标记设备的核心功能范围，从而开辟了超精细标记、特殊材质标记等全新市场。

2. 激光切割：以高精度切割开拓了薄板精密切割市场。2003 年，大族激光通过进一步提升其激光切割机在切割精度，切口宽度和表面粗糙度等方面

的性能，成功开发出薄板精密切割市场。现在，激光切割机广泛应用于纺织机械、粮食机械、医疗机械、灯具、装饰、包装业、汽车、轨道交通、电力和钢铁工业等领域。

3. 激光加工：将激光加工功能逐步融入数控车床加工系统中。目前，数控机床的加工设备仍以机械加工为主，在高速、精密、复合、智能已成为数控机床发展趋势的背景下，激光打孔、切割、焊接、热处理加工成为替代数控机床机械加工的最优选择。2007 年 6 月，大族激光与沈阳机床集团共同投资建立沈阳机床大族激光数控科技股份有限公司，新公司以发展数控机床核心功能部件为主营业务，从而开启了大族激光将激光加工技术逐步融入数控车床加工设备的进程。大族激光将激光打孔、切割、焊接和热处理等加工功能融合到数控机床实际上便是一种典型的功能融合。

大族激光通过开发出功能更强、性能更优、性价比更高、核心产品功能明显超越传统产品的全新产品，成功开发了全新的超高精度和特殊信息标记市场、超高精度材料切割市场、高清激光扫描成像型照排市场和激光数控车床加工设备市场。表 7 –5 列举了几种通过产品功能进一步拓展、产品创新开发出新市场的产品。在基于产品功能进一步拓展开发全新市场的过程中，随着产品的不断更新和发展，产品的核心功能范围也随之发生变化。在基于产业交叉融合开发全新市场的过程中，技术融合和功能融合都是有效的策略方式。

表 7 –5　通过产品功能进一步拓展、产品创新开发新的市场

研发产品	开发新的市场	进入应用领域
激光标记	精细化和特殊信息标记市场	液晶屏、晶片、IC 产品表面等领域和食品、医药包装等特种行业
激光切割	超高精度（切口宽度窄、切口表面粗糙度）材料切割市场	纺织机械、粮食机械、医疗机械、灯具、装饰、包装业、汽车、轨道交通、电力和钢铁工业等领域
激光加工	激光数控车床加工设备市场	模具、器件、机械、汽车、轨道交通、电力和钢铁工业等领域

资料来源：根据大族激光的公开资料整理而得。

（四）加大对销售和服务网络的投入与延伸，保证服务领先，提升附加值

十多年前，激光加工设备还属于高科技新型设备，刚刚进入工业领域，本身具有高科技器件众多、设备结构复杂、不稳定和技术门槛高的特点，再加上当时的客户大多对激光不了解，因而大族激光自成立以来一直关注产品的销售和服务网络的建设。

在营销方面，大族激光主要采取自建营销、渠道直营的营销模式。目前，公司在全国共设100余个办事处和联络点，形成较为完善的销售和服务网络，基本覆盖公司的主体市场。这种自建网络的营销管理模式不仅方便公司对营销人员的管理，也加强了企业与客户之间的联系。公司采用一台机器、一个客户和一个销售人员的“一对一”的营销服务方式，能够针对客户需求提供差异化、个性化的服务，为塑造大族激光的品牌打下了坚实的基础。

在服务方面，长期以来，大族激光始终秉持“服务取得市场”的理念，针对不同客户的细分要求，制定专门的产品研发战略，从技术及服务上最大限度地满足顾客多样化的需求，为客户提供高品质的产品。公司建立严格标准，即全天候响应及服务响应时间公开承诺：2小时响应时间是对客户的公开承诺，确保及时为客户提供售前、售中、售后全方位的支持和服务，在运营中心下成立400呼叫中心，直接接听来自客户的电话反馈，确保第一时间为客户提供各种所需的服务；在国外开设了十多个分支机构，常驻技术服务人员，为客户提供全面的支持和服务。经过多年的积累，大族激光销售的激光标记和激光焊接设备数量已经超过数万台。2009年，公司开始实行延保服务收费，这一模式也符合设备制造企业的长期发展趋势，使公司运营费用有效降低，同时也增加了收入。大族激光还坚持每年对客户进行问卷调查，调查涉及产品质量、性价比、外观、服务、价格、配件、物流、员工敬业精神、业务人员以及维修人员的个人资质及处理问题能力等22项问题，并针对客户所提出的意见和建议进行汇总分析，将意见和建议反馈给各相关部门，对所涉及的工作内容进行改进，促使公司不断提高服务质量、服务效率和服务水平。通过建立较为完善的营销和服务网络，提供个性化服务，大族激光极大地提高了客户满意度和忠诚度，提升了公司形象，也带来了公司产品附加值

的大幅上升，确立了公司主导产品的市场优势地位。

（五）通过海外并购与战略性合作获取战略资源，逐步实现跨产业升级

许多激光设备制造企业都由单台特种设备制造企业发展为标准化、规模化生产的跨国公司，然后逐渐成长为巨型企业。这样，既推动了激光技术与产业应用的结合，也使此类企业规模化扩张，不断提升自身产品的性价比，进而提高自身在行业中的话语权，实现企业升级。除了依靠自身力量发展，大族激光还通过技术合作、战略投资等外生渠道整合战略资源，提升自己的关键性技术能力和应用性技术能力，获取营销品牌和渠道，进行市场扩张。从 2006 年开始，大族激光通过资本运作，不断收购激光产业链的上下游企业或与之进行战略性合作，巩固了自己在行业中的强者地位。

在激光主业方面，2007 年 2 月，大族激光出资 2250.05 万元收购深圳泰德激光科技有限公司 50.69% 的股权，强化了大族激光在国内激光标记市场的绝对优势。2008 年第三季度，大族激光陆续在资本市场买入意大利 PRIMA 的股权，最终以 1.38 亿元获得 PRIMA 公司 9.92% 的股份。2009 年 2 月开始，大族激光通过购入纳斯达克二级市场的 IPG 公司 64.22 万股股票，持有 IPG 公司 1.42% 的股权，积极展开与 IPG 的战略合作。2011 年，大族激光与 IPG 公司强强联合达成多项长期全球战略合作，开创激光加工新时代，引领光纤激光集成技术应用世界潮流。除此之外，大族并购或新设的企业还有大族粤铭、苏州大族、武汉金石凯激光、天津大族烨峤激光等。

除主营业务外，大族激光的并购范围主要集中于激光下游行业。

1. LED 设备。2007 年，公司控股深圳市国冶星光电子有限公司，其经营范围为生产、销售发光二极管、数码管、LED 点阵块、LED 半户外点阵块、钟屏、LED 背光源及像素管等；同年 9 月，子公司大族数控与国冶星共同成立深圳市大族光电设备有限公司，主要从事 LED 全套自动化封装及测试设备的自主研发、生产业务。

2. 测量设备。2009 年，公司投资控股深圳麦讯电子有限公司，其经营范围是线路板测试机的研发、生产、销售及服务，专业为 PCB 行业客户提供通用测试机、普通专用测试机、高精专用测试机、AOI 自动光学检测机等各类

设备一体化测试解决方案。2013 年 12 月，大族激光收购以色列激光测量公司 Nextec Technologies 2001 Ltd 80% 的股权。Nextec 公司 2001 年成立于以色列“硅谷”海法，是一家擅长高精度、高速度激光扫描、量测及几何检验的高科技公司，拥有独特的 3D 激光扫描测量技术专利，致力于为汽车、航空航天行业提供快速、精确和可靠的检测系统，目前已为全球汽车和航空航天领域客户安装了 200 多套激光三坐标测量设备。大族激光收购 Nextec 公司，借助国外先进技术，有利于公司全面提升非接触式量测技术水平，开拓激光量测业务，提升公司量测设备在汽车、航空航天和消费电子等行业中的市场份额。

大族激光还通过一系列并购获取了欧美市场的品牌和渠道。2012 年 10 月 29 日，大族香港通过子公司美国 HTI 公司和 Han’s Europe AG 分别以 393.70 万美元、256 万美元成功收购美国 GSI 公司旗下美国 Control Laser Corporation 和德国 Baublys Laser GmbH 两家公司 100% 的股权。这两家公司在当地均有很好的品牌影响力和客户基础，Control Laser 公司有 43 年历史、共销售 7000 多台激光设备，Baublys Laser 公司有 39 年历史、共销售 3000 多台激光设备。通过此次收购，大族激光获得了上述两家公司的商业品牌和销售渠道。2012 年 11 月，Han’s Europe AG 以 900 万瑞郎收购瑞士 Eberli Sarnen AG 公司 28% 的股权，该公司负责欧洲公司建设过程中的咨询工作。

（六）坚持绿色生产、低碳运作，提升附加值，并带动产业集群整体升级

通过绿色设备与生产工艺节省能耗、资源回收再利用、绿色原材料与环保采购等绿色运作方式，不仅有利于保护环境、降低成本，也会明显提升企业及其产品的附加值。大族激光拥有整套完善的质量管理体系。大族激光生产依据 ISO9001 质量控制体系和 ISO14001 环境管理体系，对产品的来料、加工过程、整机、出货各环节进行严格把关，确保出货产品的性能和质量，多个产品系列已获得欧盟 CE 认证和中国环境标志认证。2016 年，大族激光环境管理体系标准更新为 ISO14001：2015 版，制定并实施《环境管理手册》，继续加强企业的环境管理能力。大族激光建立了专门的环境管理机构，将环境管理制度纳入正常管理，积极实施清洁生产审计并自觉实施清洁生产，创

建“环境友好型企业”，环保设施稳定运转率达到95%以上。[①] 公司还积极建立和完善环境污染事故应急预案，并定期组织演练。公司深入推广全员精益生产，通过各种方式宣传环保知识，提高员工的环保意识，加强环保培训，降低浪费、提高资源使用率和生产效率。此外，大族激光还利用电子化信息平台减少纸质文件；通过内部管理体系的完善和持续改进，减少对水资源、电资源的消耗；选取有资质的回收机构进行废物回收，并对其再利用情况实施严格的监控和跟进；严格控制碳排放量，近几年碳排放量均有结余。大族激光积极承担社会责任，向消费者、商业伙伴传递了绿色产品、循环经济理念，树立了良好的企业形象，提升了企业对顾客的价值。

大族激光不仅注重提升自身的产品质量和绿色生产，还积极推行阳光采购政策，并以大族为核心，带动供应商的配套发展，促进产业的整体升级。大族激光在供应商准入评估中积极推行“绿色认证”，将供应商的环境政策纳入准入评估重要指标，有效地保证了公司对环境保护承诺的实现。公司根据产品特性对采购原材料实行分类管理、质量监控，检验技术人员每月对采购原材料质量状况进行统计分析，及时反馈给合作供应商，促使供应商及时改进，通过技术帮扶、质量控制前移及经验交流等措施，不断推进供应商质量保证体系的自我完善，提高供应商的质量保证能力，实现共同发展。

三、企业转型升级的支持措施

（一）生产过程自动化、智能化，提高效率，降低成本

在人口红利流失、产业面临转型升级的背景下，我国于2015年出台了“十三五规划”以及《中国制造2025》，强调对机器人、自动化产业的重点布局，通过创新发展、转型升级，实现从制造大国向制造强国的转变。高档数控激光加工机床对制造业发展有着重大作用，但离散型的制造方式迫使制造商在面临国内外激烈竞争的情况下必须走上信息化、数字化和智能化的道路，

① 大族激光2016年度社会责任报告。

高档数控激光加工机床及其核心器件的智能制造数字化车间应运而生。

大族激光充分运用物联网、大数据和云平台等顶端技术，并通过对 PLM、MES、ERP 与 SCADA 的整合应用，在智能化设备、智能化车间、智能化服务方面实现转型，升级产品性能，推进设备运维服务智能化。2015 年，大族激光成功实施 PLM 项目，打通了基于精准 BOM 的业务流转信息。2016 年 1 月，大族激光并购沈阳赛特维工业装备有限公司，成立沈阳大族赛特维机器人股份有限公司，在机器人产品及机器人关键技术方面不断实现新的突破。2016 年 6 月，大族激光“高档数控激光加工机床及其核心器件智能制造数字化车间建设”入围工信部 2016 年智能制造综合标准化与新模式应用项目。2017 年，大族激光智能装备集团全面启动“大族云”应用服务共享云平台的建设，实现内部软硬件资源共享，进一步提升研发以及企业运营效率。目前，大族激光累计投资 4 亿元，建立了世界一流的机加中心，拥有 160 余台顶级数控加工机床和高精度检测设备，具有年产 1800 台高功率激光切割、焊接设备与自动化系统的生产能力；并初步建立起智能制造标准化体系，通过持续改进，实现企业设计、工艺、制造、管理、监测、物流等环节的集成优化，自动化能力大幅提升，智能化水平显著提高。①

（二）注重对人才的激励和管理，打造学习型企业

为了实现技术的持续创新，大族激光始终注重人才战略的布局和实施，包括研发团队建设、国际人才引进、国内激光领域顶尖专家引进、与其他厂商合作共享人才资源等。目前，大族激光已有研发人员 4000 余人，占公司总人数的 1/3，研发人员的专业涵盖激光光源、自动化系统集成、直线电机、视觉识别、计算机软件和机械控制等多个领域。

2004 年，上市以后，为了吸引和留住人才，大族激光提出了“员工持股、内部创业”的方式，制定了长期和相对稳定的利润分配办法及切实合理的分红方案，积极回报股东。上市以来大族激光每年持续现金分红。在金融危机时期，大族激光也没有裁员，还不断吸纳新的员工和优秀人才保障国内业务

① 企业参访所得一手资料。

的稳步增长，在劳动力待遇上保持着年均20%左右的投入增长。截至2017年，大族激光累计分红约17亿元，远远超过上市时募集的2.38亿元（见表7-6）。[①] 通过这种方式，大族激光很好地激发了员工的创业激情，降低了员工的创业风险，提高了员工忠诚度。

表7-6　大族激光历年现金分红情况

年份	现金分红金额（含税）（万元）	占合并报表中归属于上市公司普通股股东的净利润的比率（%）
2004	2140.32	46.12
2005	4013.10	65.08
2006	2407.86	26.56
2007	3800.79	22.60
2008	6962.64	51.45
2009	3481.32	1113.53
2010	17406.61	46.33
2011	20887.93	36.11
2012	20887.93	33.77
2013	21109.97	38.65
2014	21119.50	29.85
2015	21324.25	28.55
2016	21341.30	28.29
2017	21341.30	12.82

资料来源：2004~2017年大族激光历年年度报告。

为促进员工成长、提高员工的忠诚度和幸福感，大族激光做了很多努力，除了定期的培训发展和技能比赛，还有内刊、宣传窗、俱乐部、员工家属开放活动、节日礼品活动等多种形式。公司内部还为员工提供了各种福利，比如教育补贴，鼓励员工接受更高等级的再教育，提升个人工作技能和职业素养；图书报销，激励员工购买与工作相关的书籍，鼓励员工学习进步，致力打造学习型企业。2016年，公司推出了“大族学堂”，促进员工进行专业技

① 大族激光2017年度社会责任报告。

能、领导力和素质培训等方面的知识分享，全面提升企业员工的文化和素质水平。

（三）产学研政合作，利用各方资源加强科技创新

2016 年 12 月 10 日，大族激光与北京航空航天大学、湖南大学、吉林大学、宝安区政府开展激光产业科研集群战略合作并成功签约，政校企联合打造“激光 +”千亿级产业集群，推动科技成果快速转化为生产力，大力培养高科技应用型人才。激光产业科研集群战略合作项目将以推动战略新兴产业、未来产业、先进制造业发展为重点，在激光加工产业发展、创新研究、机器人、可穿戴设备及智能装备制造等方面进行战略合作，积极推进先进科研成果转化为现实生产力，打造全球激光产业高地。

（四）产融结合，善于利用资本的力量

激光行业高投入、高成本的特点使大族激光在发展过程中几次陷入资金困境。但面对这些困境，大族激光都能够迅速开展以资源为导向的融资手段成功融得资金，为公司的快速发展扩张提供了保障。

1. 个人资产融资。在创业初期，高云峰将自己的房子和车子全部投入公司，个人资产成为企业的创始资金。在企业成立的前两年里，面对市场压力，高云峰把自己的面包车典当了两次，帮助企业度过了艰难的资金危机。这两次简单的内部资源融资可以看作大族激光最早的融资。

2. 外部资源融资。1999 年，高云峰引入深圳高新投，合资成立大族有限。2001 年 4 月，高云峰以 2400 万元竞拍回购深圳高新投所持有的大族有限 46% 的股权。同年 6 月，大族激光第二次成功运用外部资源融资，引入了华菱科技、红塔创投、大连正源、东盛创投的投资，为企业的市场扩张注入了资金活力。①

3. 内部积累。2009 年，为应对国际金融危机的负面影响，大族激光召开了第三届董事会第二十七次会议，会议全票通过以“出售企业私有资产”形

① 大族激光招股说明书。

式进行融资，确保企业度过寒冬。这一年，大族激光先后转让了19台激光加工设备、注销了两家加工示范站，回笼并募集资金约7000万元。[①]

4. 公开募资。2004年6月25日，大族激光作为“新八股”成员之一，在深圳中小板成功上市，公开发行2700万股，股价当日涨幅夺冠，超过400%，融资2.38亿元。2006年，大族激光大功率切割设备产业化进展顺利，但仍面临场地不足、产品生产配套设备缺乏等困难，影响了产能的提高和盈利水平。为此，大族激光在2006年8月26日将大功率切割产业化建设项目作为定向募集投资项目。2007年6月公司成功完成定向增发工作，共募集资金3.3亿元。通过定向发行募资，公司资金实力进一步加强，该大功率激光切割机，的建设也顺利进行，2007年全年销售大功率激光切割机96台，实现销售收入1.04亿元。2008年7月，大族激光成功完成公开增发工作，共募集资金约9.559亿元。通过公开发行募资，公司资金实力进一步加强。通过公开增发募集资金，激光标记设备扩产建设项目、激光焊接设备扩产建设项目、机械加工配套生产基地一期建设项目建设于2008年10月正式动工。与第一次定增类似，所有资金都是投向厂房、设备等固定资产。

（五）企业家精神

大族激光董事长高云峰出生于1967年，毕业于北京航空航天大学飞行器设计专业，毕业后在南京航空航天大学从教两年，之后南下香港从事专业技术工作。在香港，高云峰发现了内地激光加工设备巨大的需求缺口。1996年，高云峰决定回内地发展，创办了深圳大族实业有限公司（以下简称“大族实业”）。大族实业成立初期，激光行业被国资单位高度垄断，再加上当时的激光技术和工艺并不被市场认可和接受，企业面临着巨大的市场压力。1996年底，高云峰决定向纽扣行业进行市场拓展，并调整市场策略，确定了“让客户先赚到钱”的“笨方法”：帮企业免费打样，用自己的设备给每颗纽扣打上需采购纽扣的服装厂的品牌，让企业以每颗纽扣2分钱的价格与服装厂洽谈，根据效果决定是否采购。这种以客户市场需求为出发点的方法慢慢奏效，

① 大族激光第三届董事会第二十七次会议决议公告。

1998 年公司产品开始供不应求。在纽扣加工领域，公司的累计销售额达到 3 亿元。[①]

随着品牌知名度的增加，公司业务量逐渐增加，高云峰开始采用传统经营模式，即利用供应链融资，向客户收取预付款。在后来引入高新投时，高云峰也在投资协议中增加了一条净资产对赌条款：如果企业在一年半内净资产从 860 万元增加到 2000 万元，大族实业创始人有权以净资产价格回购控股权。2000 年 9 月，对赌条款到期，大族有限的净资产已达到 3500 万元，远远超过 2000 万元。按照投资协议，回购 46% 的股份需 1760 万元。但流动资金缺乏一直以来都是大族有限的软肋，高云峰根本无力承担回购款。于是高云峰决定运用股权质押的方式，引入港资，并最终于 2001 年 6 月 15 日，回购大族实业控股权。[②] 在大族激光发展过程中，高云峰对管理层不断进行培训，提高其管理能力。2016 年，第二批大族激光—吉林大学 EMBA 课程顺利开展，为提升管理者的管理水平、建立健全更加科学的管理模式奠定基础。

四、大族激光发展的简短启示

大族激光一直坚持“产品极致化，行业细分化”的发展战略，把激光产品做到极致，把行业装备做到专业，走出了一条“专而精、精而强”的发展道路。大族激光通过将自主创新和资本运作相结合，深耕细分行业，做大做强相关产业，不断强化和确立大族激光在相关产品市场的主导地位。大族激光以客户市场需求为出发点，利用自主研发的内生方式和并购、战略合作的外生方式，不断突破关键性技术，拓展产品应用市场，将研发和营销能力有效结合，将技术和市场有效结合。同时，大族激光还很好地利用资本力量，产融结合，为企业的持续快速发展保驾护航。大族激光坚持绿色生产、低碳运作，并努力为员工提供稳定的工作保障和良好的发展空间，在实现持续快

① 李艺芸．大族激光：以“创新”驱动企业发展做先进装备的领袖［J］．中国中小企业，2016（8）：22－24.

② 龚雄武．大族激光资本腾挪术——高新企业峭壁生存法［J］．经理人，2015（10）：30－45＋18.

速发展的同时承担了企业责任，树立了良好的企业形象，提高了企业对客户的价值。

总结大族激光的案例，首先，企业应将自主开发、不断创新作为长期稳定发展的根本，紧跟国际最先进的技术方向，积极地开展前瞻性项目的研究，掌握开发自主知识产权的行业关键技术，提高公司的核心竞争力和在行业中的话语权。其次，坚持以市场为导向，以客户为中心，加强与客户的联系，坚持产品开发以客户的需求和应用为引导，并始终把对客户的差异化、个性化服务作为市场竞争的重要因素，牢牢占据微笑曲线两端，实现产品附加值的提升。再其次，努力打造科学化和高效化的内部管理体系，利用互联网、云平台等技术，降低运营成本，提高管理效率，努力实现信息化、自动化、智能化。最后，企业在追求利润的同时，还应勇于承担企业社会责任，对内为员工提供良好的工作环境和发展空间，对外为社会提供正外部效应，以绿色低碳生产助力可持续发展。

8. 航盛电子：技术引领，创新驱动企业转型升级

一、公司简介

深圳市航盛电子股份有限公司于1993年成立，注册资本2.1亿元，产业链涉及研发、制造、营销、售后与服务，公司定位为高新技术企业，业务范围涵盖开发生产智能网联汽车信息系统、智能驾驶辅助系统、新能源汽车控制系统等产品。公司营业额持续快速增长，2016年经营收入42亿元（见图8－1），年产汽车电子产品近600万台套。

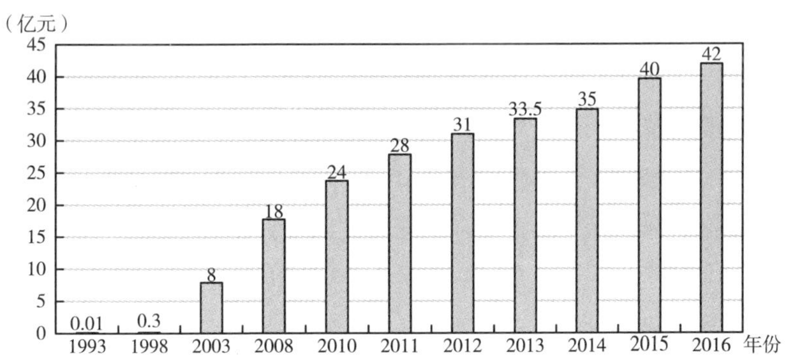

图8－1　航盛电子1993～2016年营业收入

资料来源：根据公司提供的资料整理而得。

航盛电子与国内销售额前20位车厂中的18家公司建立了长期友好、稳定的合作关系，与国内市场中超过90%的客户保持了良好的合作关系，市场

占有率达 1/4。公司先后通过了 ISO9001、ISO14001、QS9000、VDA6.1、ISO/TS16949 和 QC080000 的管理体系认证，同时逐步获得了众多国际车厂的内部认证，包括大众、日产、三菱、福特、标致雪铁龙、菲亚特、本田等，从而成为全球知名车厂的供应商。

公司一直致力于研究汽车电子产品的核心技术，技术创新硕果累累。公司获得“日产全球技术创新奖”，是“省知识产权优势企业”，2007 年被国家发改委、科技部等部门联合授予“国家认定企业技术中心”；2008 年获得“高新技术企业”称号；2010 年获批成立博士后科研工作站；2015 年，获得“CNAS 国家实验室”认可。

公司制造战略布局方面，在不断提高深圳总部高端制造能力的基础上，在北京、上海、吉林、柳州、吉安、鹤壁等地布局 10 余家子公司。

面对“大智移云”（大数据、智能汽车、移动互联网、云服务）时代的挑战，航盛电子制定了“332·338”的中长期战略，通过商业模式创新、技术创新、管理创新，实现由速度型向速度效益型、由规模型向规模实力型、由经营型向经营管理型转变，全面提升研发能力、资源整合能力。对于未来，航盛电子制定了三步走的战略：第一步是进一步推动技术创新，航盛电子在已有的技术人才和创新体制基础之上，进一步向国际一流水平看齐，在“中国制造 2025”的新浪潮中，力争成为智能化、自动化、信息化制造的先锋；第二步是要做好品牌，航盛电子认为品牌不只是知名度，更重要的是品牌文化、价值观和美誉度；第三步是持续推进国际化战略，坚持“技术引领、创新驱动”，公司业务专注和坚持在汽车电子领域，借助资本市场，通过兼并重组、资本运作、与国际尖端企业合作等方式实现世界级、国际化的初步愿景。

二、转型升级阶段

（一）第一阶段（1993～2001 年）：业务转型，自主研发，创业 8 年，产值破亿元

航盛电子的前身是“南航音响厂”，当时经营状况很差，濒临倒闭，1993

年 12 月 6 日，注册资本 238 万元的航盛电子正式注册成立。虽然只是一家只有一条生产线、主营业务为来料加工的作坊式小企业，凭借对机会识别的敏感性，新成立的航盛电子发现了汽车音响市场的机会，并将主营业务由原来的普通音响业务转为汽车音响业务。

1998 年初，神龙富康需要高档轿车音响，这对航盛电子而言是一次非常重要的机会，但航盛电子当时还不具备相应的开发设计能力，而韩国的南盛电子则有 30 年的汽车音响设计制造经验，生产设备先进，现场管理水平先进，符合要求。于是，航盛电子采取“借船出海”策略，通过和韩国南盛电子合作，为神龙富康批量配套供货仅 5 个月，得到了神龙汽车公司与法国专家的高度评价。这次合作，神龙、航盛电子、南盛三方共赢。此后，航盛电子相继开发了配套天津丰田、东南富利卡、风神轿车的高档汽车音响产品。

1999 年以前，航盛电子和国内大多数厂家一样，也主要是做来料加工业务，大部分是出口，小部分产品供应国内市场。出口数量多，但是利润少；内销数量少，但产值高，内销和出口的销售收入比占到了 6∶4。来料加工是两头在外，随着劳动力、租金成本越来越高，这种模式难以为继。内销则侧重于做产品，自己掌握研发、采购和销售等环节，利润空间比较大。

1999 年，航盛电子在韩国现代考察汽车工业时接触了汽车电子的概念，认识到研发和技术的重要性，从此开始了持续的科技创新、产业升级之路。从韩国回来以后，公司的技术开发部升级为汽车电子研发中心，这个研发中心在 2001 年通过深圳市企业技术中心认证，2007 年已经跻身为国内汽车电子行业唯一的国家级认定企业技术中心。

（二）第二阶段（2001～2009 年）：系统制胜，打造核心竞争能力

在此快速发展阶段，航盛电子进行了管理、营销、技术等一系列体制机制创新，提升自己的体系能力，营业额呈现突飞猛进的态势，产值突破 20 亿元。

2001 年，航盛电子技术上的优势已成为其强有力的竞争力。以成功成为风神的汽车的供应商的案例为例，当时风神汽车推出蓝鸟二代全新车型，多碟车载 CD 的原供应商不能修改设计，而且成本太高无法满足客户需求。而此

时的航盛不仅可以重新设计开发模具，而且在规定的半年时间内完成了订单，这足以说明了航盛电子强大的技术创新能力。

也因此，航盛电子获得了东风日产对其技术能力的认可。为了进一步加强紧密合作，航盛电子在合作方式上创新地采取了与客户合作的战略，让东风日产占股24%，这样的方式不仅得到了订单，还获得了先进的技术和生产管理方式。日产全球派出质量系统、采购系统等各种领域的专家到航盛电子进行考察指导，航盛电子由此开始建立系统流程。在生产制造方面，建立了一系列规范化、标准化的操作，并引入了精益生产的概念；在产品质量管理方面，和国内外先进的管理模式接轨，先后通过了 ISO9001、ISO14001、QS9000、VDA6.1、ISO/TS16949 和 QC080000 的管理体系认证，同时相继通过了国际车厂的认证，包括大众、日产、三菱、福特、标致雪铁龙、菲亚特、本田等。

2003 年以后，中国汽车零部件企业数量剧增，竞争日趋激烈，航盛电子依靠自身的技术、质量、研发、品牌效应，实力在行业竞争中保持领先地位。航盛电子建立起过硬的体系能力，对汽车零部件的质量、成本、设计、交付等关键要素的系统控制能力都提升了，成功进入日产、大众、福特、通用、丰田等供应体系。在这 10 年，航盛电子建立起完善的体系系统，打造了自己的核心竞争力。

2006 年前后，航盛电子开始着手客户优化工作，不再对客户唯命是从、一视同仁。当时背景是尽管中国汽车市场需求剧增，但由于竞争白热化，整个行业产量上涨，利润下滑，航盛电子发现造成这一问题的主要原因是应收账款的回款问题以及订单取消造成库存积压问题。认识到这点后，航盛电子根据客户的采购规模、付款信用、质量重视程度等指标对现有客户进行了分类和排序，采取了优先选择优质客户合作的战略，对于一般评级的客户保持关系，等待机会合作。这次的客户优化工作为航盛电子顺利度过 2008 年的经济危机埋下了伏笔。2008 年金融危机期间，经济下滑，汽车销量重挫，众多车厂取消订单，而且拒绝支付模具费和库存零部件费用，造成了供货商大量的库存压力和资金压力，而航盛电子由于前期做了优化客户工作，得以在当时的经济环境下销售额不仅没有下降，还增长 10%。随着经济的恢复，中国自主品牌汽车也开始慢慢重视质量，航盛电子凭借其技术积累和核心竞争力的建立，保持关系的客户也再次激活。可以说，航盛电子客户优化的战略是极其成功的。

（三）第三阶段（2009 年至今），创新发展阶段，领先布局新能源

航盛电子对新能源的布局是以国家乃至国际标杆企业标准进行的。2009 年开始新能源布局，就引进国际顶级专家，引入国际化团队，2010 年正式进入新能源行业，2015 年启动批量生产。目前研发团队已有 100 多人，主要从事“三电”，整车控制、电机控制和电池管理系统的开发设计，成为国内唯一一家同时掌握三电核心技术的公司。

航盛电子的新能源汽车核心电控技术的技术路线发展战略，是在设想未来产品的形态和技术手段支撑后，根据中国工程协会牵头 500 多位专家编制的节能与新能源技术路线图中关于整车控制器、电机控制、电池管理系统的大框架来制订的。

航盛电子的整车控制器，不仅实现对传统汽车的控制，更重要的是实现智联、网联、智能化的控制。对整车控制，是基于 MCU 到整车控制以及电池管理系统和智能网联汽车周边的这些系统来考虑，不仅仅是单个零部件。在整车的控制器功能方面，航盛电子是以保证安全可靠为第一位的，从双核到双处理器以及到下一代的多处理器，全自动、半自动都是把安全放在第一位。

新能源电控未来的发展举措和针对产品的规划是在 ISO26262 安全体系下，从正向开发来保证整个开发流程，包括操作系统，所有的过程都是可控的。在实现的方案里面，包括基于开发的标准化、模块化的设计的应用，这些方面新的工具都开始使用。在微处理器以及未来多核芯片方面也是首先考虑安全可靠性。

航盛电子把电机控制技术划分为四个阶段：第一阶段是基本需求阶段，目前已经完成了；第二阶段是性能提升阶段，着眼于可靠性、安全性跟国际对标，尤其是在“三电”领域；第三阶段是智能网联汽车相关技术的研发与生产；第四阶段是智能驾驶方面的技术的研发与生产。

在电池管理系统（BMS）方面，航盛电子也走在行业前列，拥有自己的核心技术。新能源布局处于起步阶段，投入研发的比例较大，产出相对较弱，

在40亿元营业收入中，新能源总体收入占不到2亿元的份额。

三、转型升级路径

（一）以客户为导向，创造新产品、新需求，实现跨产业升级

航盛电子认为，虽然直接客户是车厂，但是，车厂需要的产品是根据消费者需求而定的。顾客需求才是市场的主导，所以航盛电子始终立足于消费者需求，以客户为导向。从最开始收音机，到CD机、带屏的多功能机，再到DA产品，娱乐影音，带屏幕的，带影像的，包括倒车雷达、倒车影像等全部都集成在这一个平台，所有的功能都组合在一起，每一次产品的升级都是以客户为导向展开，创造符合市场需求的新产品。

在互联网时代，航盛电子充分运用互联网思维，从商业模式、客户角度来考虑用户直接的感受和体验，开始分享、合作共赢方面的新科技的探索。开发了物联网、车云公司等系统，进军“汽车电子+互联网”“汽车电子+智慧城市”“汽车电子+新能源”，创造新的需求，实现跨产业升级。

航盛电子认为物联网最大的应用是在汽车方面。车云公司是运用互联网思维专门搭建起来的部门，通过搭建“端—管—云”平台，将互联网系统接入汽车，将汽车信息接入互联网，建立汽车互联网生态，提升客户黏度和产品竞争力，实现布局汽车O2O。航盛电子的车载智能互联系统、车载上网盒等车载智能网联系统则将云技术+硬软件结合，打造车载互联网平台，实现“千人千面”的客户定制化内容及服务。航盛的三大系统产品，依托于汽车，基于消费者需求正在深化跨界融合发展。

（二）推进自动化改造，加强质量管控能力，提升生产能力，实现流程升级

航盛电子以德国工业4.0、中国制造2025为标杆，大力推动工艺创新、技术创新，着力打造智能化、自动化、信息化高端制造基地。以法国PSA生产线改造为例，按照2010年原生产线设计标准，一条生产线需要员工40人，而新建立的自动线，则每条线最多需要员工20人即可。通过自动化改造，不

仅在人工开支方面减少了 1/2，更重要的是提高了质量的稳定性。

航盛电子经过 23 年的经验积累和持续改善，在生产管理和生产能力上实现了巨大的提升，并形成了良好的体系能力。基于对汽车文化的很好理解及对汽车行业发展规律的把握，通过精益六西格玛对流程的升级改造，航盛电子的汽车产品已经不仅具备大批量高一致性的生产能力，而且形成了技术壁垒和成本优势。

此外，航盛电子已经是深圳市智能制造产业促进会的会长单位。航盛电子于 2011 年荣获广东省政府质量奖和深圳市市长质量奖之后，又申报了国家质量奖。可以说航盛电子通过推进智能化、自动化、信息化改造，提升了质量管控能力和生产能力，实现了流程升级。

（三）围绕核心业务优化产品线，推动产品升级

航盛电子最初的业务定位为汽车电子产品，所以从最开始的收音机，到 CD 机、带屏的多功能机，再到 DA 产品、娱乐影音，航盛电子紧跟客户需求，围绕核心业务不断优化产品线，实现产品升级。近年来，围绕核心业务 DA 产品，通过研发创新，航盛电子不断推出新的产品、新的功能。航盛电子已研发并制造出车规级摄像头、触控屏、全景泊车系统、高级驾驶辅助系统、红外夜视系统、车联网 T-BOX、新能源汽车电池管理系统、电机控制系统、整车控制系统等前沿产品，并逐步实现批量供货，成功推动产品转型升级。

产品升级促使企业进一步涉足行业前沿领域。在新能源汽车、车联网及智能驾驶等新领域，航盛电子重点布局了智能驾驶、新能源电池电机控制系统以及 CarFun 车联网产品。智能驾驶方面，ADAS 系统在全球范围内都是新技术，该系统基于 V2V、V2X，基于大数据分析，云计算等。航盛电子聘请了国际一流的技术专家，目前正在竞争新车试装，预计到 2020 年以后，ADAS 产品会陆续量产。新能源电池电机控制系统方面，经过 6 年多的正向技术积累，2015 年实现了产业化。车联网娱乐系统方面，航盛已经开始了 5G 相应的算法设计，把通信、图像、电子结合在一起以适应未来 5G 通信时代的要求。

航盛电子依靠对市场需求的敏锐察觉，借助强大的研发能力，围绕核心业务，成功开发了系列产品，实现了产品升级。

（四）并购重组战略性资产，建立战略性产业布局

2000 年 12 月，深圳市高新技术投资担保有限公司（下称“深圳高新投”）入股航盛电子，带来了资金、资源，开始了资本运作。航盛电子开始了并购重组战略性资产布局。在深圳高新投进入之初，航盛电子就收购了深圳高新投旗下专营外销市场的原中宝华公司，其外销及生产研发的相关优质资源助力航盛电子的高速发展。

21 世纪初，航盛电子注意到在整个东北范围内还没有一家知名的汽车电子企业为我国汽车行业龙头一汽进行配套，而为一汽配套将在 5 年内带来 30 亿元的市场机会。而要把握这个绝佳的市场机会，则必须要成为一汽长期供应商，这就需要配套的工业园区、厂房和良好的渠道关系。2003 年，航盛电子通过并购，重组了吉林宏宇和长春华软两个汽车电子企业完成了一汽的东北配套产业布局。吉林宏宇规模不大，但是它独家为奥迪 A6 提供音响，并购宏宇后，航盛电子从一汽的供货商升级为一汽奥迪的原厂供应商，扩大了为一汽配套的范围和份额。长春华软则具有较大的工业园区（近 3 万平方米的技术工业园区），1 万多平方米的生产厂房，以及多年积累的自主开发能力。航盛通过并购重组布局了在一汽周边的战略性资产，拥有了生产制造基地，具备了长期、系统地为一汽配套汽车电子的能力。这次投入 1 亿多元的战略布局，已经持续为航盛带来几十亿元的销售份额。

目前航盛电子的生产研发战略布局已基本完成。航盛电子在南方和北方分别建有江西航盛、鹤壁航盛两大生产基地，在北京、上海、吉林、柳州等地设有子公司 10 余家，在德国已成立技术中心，在美国、日本、俄罗斯成立的办事机构相继展开工作，成立了汽车互联网公司和新能源事业板块，并加强力量向智能驾驶及控制电子领域进发。

四、转型升级措施

（一）持续投入研发，提升自主创新能力

航盛电子总裁杨洪表示，唯有创新和技术领先是企业成长最可靠的保证。

航盛电子不断提高研发经费的投入，从2000年的3%到2007年的7%，再到2010年以及之后每年研发投入约占销售收入的10%。特别是在2016年，月研发投入最高占当月营业额的14.3%。为激发员工的积极性和创造性，航盛电子尤其重视研发人员的待遇，研发骨干工资甚至超过总经理。

航盛最新布局三大新业务的研发，包括航盛车载智能网联信息系统（车载智能互联系统、车载上网盒、车联网分体机、智能后视镜等）、智能驾驶辅助系统（高级驾驶辅助系统、360°全景泊车、倒车雷达、倒车后视摄像头等）和能源汽车控制系统（整车控制器、电池管理系统、牵引电机控制器等）。

航盛电子从模仿起步，建立正向开发的能力，到现在的航盛电子从客户需求出发形成课题进行技术攻关，坚持自主研发。目前涉及的领域包括车载娱乐系统、新能源汽车控制系统、智能网联以及智能驾驶，在车载音响领域也成为整车前装市场唯一能屡挫美、日竞争对手的中国企业，被誉为“中国汽车电子行业自主创新的一面旗帜”。

（二）管理体制创新，模式优化，效率优先

1. 高层领导层以身作则，建立价值观，培育倡导企业文化。公司高层领导亲自提炼总结企业“诚信、专注、拼搏、创新”的核心价值观，通过言传身教、文化引导、制度保障、赏罚激励等方式来培育良好的守法和道德行为环境。公司坚持考评公开、干部竞聘；坚持民主决策、员工沟通，生动地阐释了公司价值观。

高层领导培育并倡导了“公开公正，和谐快乐”的文化氛围，与员工建立多种沟通机制，并激发员工的工作热情。高层领导鼓励采用便捷、丰富的沟通形式进行坦诚的、双向的沟通，并积极参加各项文体活动与员工面对面地交流。

2. 管理信息系统自动化，提升企业效率。2001年，为了提升信息管理效率，公司搭建了办公自动化OA系统、EPR系统；2010年，公司对原ERP系统进行升级，更新为金碟K3管理系统，办公效率得到进一步提高，通过搭建财务—业务一体化平台，实现了业务—财务—业务的闭环管理及财务对业务的监控。

目前公司内部通过信息化集成，实现了总部与各个办事处及分公司的数据实时共享。各网点的信息可以实时准确的传输给总部，实时共享，便于总部高效准确的建立高度统一的计划体系，针对长周期及短周期物料分别制定相应的计划方法，以计划为核心，提高企业整体运行效率。同时，公司还搭建了对外的与客户进行信息交流的平台，采用现代化通信工具，配合先进的管理模式，实现与顾客进行便捷高效的交流，如大众网络系统、上海大众网络系统、日产网络系统、福特网络系统等。

3. 重大决策机制建立，开展全方位员工绩效沟通。航盛电子坚持采用集体决策机制进行重大决策，通过战略研讨会、务虚会、经营管理分析会等专题会议，就公司战略和经营管理中的重大事项进行充分沟通和集体决策，并且与执行者也会进行充分沟通。

公司鼓励员工以顾客为中心、市场为导向追求卓越绩效。高层领导通过定期和不定期的绩效沟通，使全体员工了解公司的绩效目标完成情况，收集广大员工的意见和建议，指导员工解决工作中的问题。通过树立标杆，推行干部竞聘制、制定短期激励方案与中长期激励策略（员工表现与其奖惩、发展、激励挂钩）来调动员工参与和执行的积极性，确保重大决策是基于客观准确的信息制定的，执行高效。

4. 科学战略管理控制体系建立。航盛电子经多年积累，在战略研究、制定、实施、检讨上已经形成自己一套独特的系统方法，建立了科学的战略管理控制体系，确保战略规划的专业性、科学性与时效性。公司每季进行战略回顾，全面评价战略目标执行情况。在每季的干部工作例会上，由规划发展部在牵头汇总分析公司战略目标执行情况的基础上，就各公司战略目标的执行情况在会议上作沟通汇报。各执行单位的负责人针对本单位所承担的指标进行有重点的汇报，总裁在会后进行总体评价分析，明确阶段性的工作重点和关注要点，使战略目标的实施得到及时的沟通和把握。

（三）人才战略大胆创新，重视人才，能上能下机制为企业发展奠定基础

1. 人才引进与培养。航盛电子作为汽车电子龙头企业之一，十分重视人才战略，对于重大核心技术靠自己长期开发、技术人员进行自我培养，同时

也做好技术资源整合、人才引进工作。公司的人才引进与培养措施分为以下三点。

第一，创新人才储备，在引进人才的同时引进技术，公司引进的人才既有从著名企业走出来的具有实际经验能力的人才，也有具备扎实理论根底的知名院校的汽车电子人才，他们在技术研发中发挥带队者与管理者的作用。第二，将引进人才与培养人才相结合，使航盛的技术研发与市场需求相结合，加速推动技术产业化。第三，推行“四高人才”战略。航盛电子对人才的定义不仅仅局限在传统的研发人员，而是将工程制造、营销、管理等领域也纳入人才战略。

内部管理上，积极发挥后备人才制度、师带徒制度、岗位竞聘制度等的作用，创造灵活的用人环境，大力培养年轻干部，为企业带来更多创新元素。

2. 人才管理，采取能上能下机制。航盛电子在管理上不断发展与创新，大胆创新，勇于大胆改革，采取能上能下机制，即适合的就留，不适合的话就有一个机制让你离开此岗。2017 年初航盛电子刚颁发了一个内退机制，不像以前那样员工必须干到退休，而是以能力胜任度确定员工的任职时间。伴随公司发展这么多年，有一些岗位老龄化比较严重，那么对于年纪虽然大，但是有能力的重要员工要留住，反之则要空出岗位给有能力的人。航盛电子敢于大胆启用年轻人，对于有能力的 80 后、90 后，给其相应的位置。通过推行这个政策，公司呈现出年轻化趋势，比如新能源总经理就是 1986 年生人，在深圳市推荐的 20 个高新技术人才中排名第一，整个新能源公司 100 多人，平均年龄不到 27 岁。

五、结语

航盛电子从一个濒临倒闭的音箱厂起家到国内首屈一指的汽车电子企业，目前年产汽车电子产品近 600 万台套、经营产值近 40 亿元，客户包括日产、大众、PSA、福特等国际知名车厂。回顾其历程，可分成三个阶段：第一阶段（1993～2003 年），航盛电子进入汽车电子行业之初，市场需求旺盛，竞争者很少，航盛电子在市场的蓝海阶段进入，获取了较高利润和市场份额。第二阶段（2004～2013年），市场环境发生了很大变化，市场的参与者众多，竞争越来越激烈，航盛电子经过第一阶段的积累，在这个阶段着力于研发创新，建立自己的体系能力，打造核心竞争能力。第三阶段（2014年开始），随着市场环境的变化，行业竞争升级，航盛电子开始转型升级，布局新技术、人工智能、新能源、电控以及国际化战略。

航盛电子始终坚持以市场为导向，进行了技术、管理、营销等一系列体制机制创新，技术研发能力、体系能力，生产能力、产品质量都获得了巨大提升。准确理解市场新的需求，围绕核心业务优化产品线，推动产品升级；创造新产品，实现跨产业升级；积极进行自动化、智能化、信息化升级，实现流程升级；并购重组战略性资产，建立战略性产业布局，航盛电子成功地实现了转型升级，已处于国内领先水平，在国际竞争中也具备诸多竞争优势。

9. 帝晶光电：移动信息趋势下技术引领的产品持续升级

一、公司简介及成长历程

深圳市帝晶光电科技有限公司（简称帝晶光电）始建于2004年，注册资本1.83亿元，企业的发展历程如图9-1所示。帝晶光电的传统业务是液晶显示模组的生产销售，在2012年进入竞争激烈的触摸屏产业，目前已经发展为集液晶显示模组（LCM），电容式触摸屏（CTP），全贴合触控显示一体化模组（TDM），LCD减薄的技术开发、生产及服务于一体的国家级高科技公司。2014年上市公司江粉磁材收购帝晶光电，对其估值达到15.5亿元。

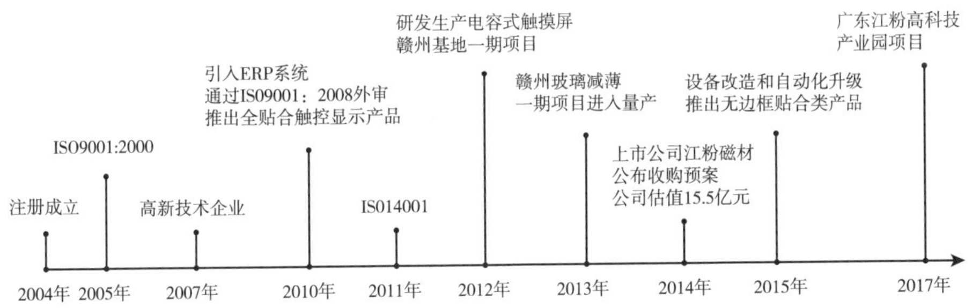

图9-1　帝晶光电发展历程图

资料来源：根据调研材料和公司官网资料整理得出。

公司拥有多家知名品牌客户，包括联想、华为、vivo、康佳、TCL、海信等，产品主要应用于通信设备、数码电子、医疗设备、车载电子、消费类电子以及其他电子设备。公司现有62000平方米的千级或万级净化车间，30000平方米的办公区域和仓储区域，在江西赣州拥有110亩的工业基地，液晶显示模组月产能最高达1000万套，年产能达12000万套。员工总人数超过1.3万人，其中研发工程技术团队有150人。公司目前拥有“ITO过桥电容式触摸屏”“一种双稳态液晶显示屏”“PET结构电容式触摸屏”等16项国家专利技术。

二、公司成长路径分析

2010年起，随着智能手机的爆发性增长和平板电脑的出现，触控行业①迎来新一轮的发展。作为信息传输和读取的载体，搭载于智能手机和平板电脑上的显示屏等相关产品的需求不断增加，由此产能也急剧上升。但在2015年度，由于触控行业产能过剩，加上终端客户对产品质量要求的不断提升，不少触控厂商的业绩出现下滑甚至亏损。而帝晶光电却实现逆势成长，保持净利润的持续增长，2015年净利润达到1.13亿元，2016年净利润达到1.53亿元。笔者于2017年8月31日对帝晶光电进行实地调研与访谈，集团财务部白元生总监接受了调研团队的专访。据了解，尽管液晶显示模组加工行业在近年来出现整体产能相对过剩的局面，但一些高端显示产品也在不断上市，该类先进产能在市场上仍存在较大缺口。如2017年推出的智能手机全面屏，帝晶光电就在产能准备与生产工艺上做好了充足的准备。公司在对市场充分调研的基础上准确把握市场需求，通过技术积累和研发创新实现了企业转型与升级，并保持了持续的盈利增长和企业的高速成长。

（一）通过技术积累和研发创新，实现产品升级

帝晶光电在成立初期的主要业务是液晶显示模组的生产销售，成品主要应用于MP3、MP4、VCD和DVD播放器等传统消费类电子产品上。在当时，国内消费市场对于显示屏的清晰度、大小和重量的要求不高，但是帝晶光电

① 触控行业包含触摸屏产业、触控模组产业以及近指纹识别产业等细分领域。

较早地了解到日系、韩系触控行业的一些新产品和新技术，同时也认识到行业触控显示一体化的趋势。于是企业专门设立研发工程技术团队，专注于工艺制程改进和新产品的研发创新。截至 2017 年 9 月，帝晶光电拥有自主专利 16 项，提交专利申请 36 项（其中发明专利 2 项），持续工艺改进超过 100 项。企业紧跟甚至超越行业技术水平，突破 On-cell、OGS、AMOLED 等先进技术瓶颈，企业产品也通过了欧盟 ROHS 指令，ISO9001：2000 及 ISO14001：2004 质量认证，持续满足客户对新技术、新产品的要求。

在产品结构上，帝晶光电从应用传统的 COB（Chip On Board）封装技术，提升到应用 COG（Chip On Glass）封装技术。传统的 COB 封装技术是将裸芯片用导电或非导电胶黏附在互连基板上，然后进行引线键合实现其电气连接。该技术在工艺上较为成熟，价格低廉，但是需要另外配套焊接机和封装机，使得生产速度和效率受限，同时焊接程序对生产环境的要求较高。与此同时，近年来消费类电子产品也朝着小型化、便携化和高度集成化发展。于是公司的技术团队决定简化和改进封装技术，减少焊接工艺并采取 COG 封装技术，将驱动芯片直接绑定在玻璃上。这项工艺技术的应用，大大缩小了工序作业面积，可将电路板（PCB）线路直接制作在 LCD 屏上。因此，广泛用于需减少体积的便携式整机产品，如手机、手持式仪器仪表等。此外，技术人员通过定期对 COG 设备进行温度曲线和压力曲线校验，可确保产品处于最佳的条件生产，保持较高的良品率。

在产品功能上，帝晶光电实现了显示技术的升级，从扭转向列型（Twisted Nematic）、超扭转向列型（Super Twisted Nematic）等发展至彩色薄膜型（Thin Film Transistors）、彩色超扭转向列型（Color STN）等，使液晶显示模组在对比度、解析度和色彩丰富度上的性能得到进一步的提升。同时，显示技术的提升也使产成品应用的产品对象由一开始的 VCD、DVD、MP3、MP4、手持 GPS 等逐步拓展到对显示效果有更高要求的电子产品上，如车载屏幕、笔记本电脑、智能手机、仪器仪表、银税设备等。

在新产品方面，帝晶光电通过对新技术的持续关注和学习，也推出了一系列引领市场需求的产品，主要是朝超薄、超窄（甚至是无边框）、高精密，高集成度等方向发展。如 2010 年，帝晶光电提前看到智能手机行业触控显示一体化的趋势，开始研发全贴合触控显示产品，并于2014年开始投入量产。研发团队采取先进的技术手段减少触摸屏和显示屏各层之间的空隙，实现保护层、触控层和液晶层三者间更好地融合，极大提升了产品的透光率。此外，2017年各大主流手机厂商纷纷推出基于全面屏的新产品，全面屏的市场需求全面爆发。全面屏对模组设计和切割技术等方面提出了更高的要求，甚至需要触控厂商重新设计生产方案。而帝晶光电则一早为全面屏所需的窄边框点胶工艺、超薄超窄背光技术、玻璃异形切割、异形和曲面贴合技术等相关先进技术作了充足的准备，并具备全面屏的产能配套。据调研了解，5.5英寸、5.7英寸、5.99英寸三种规格的LCD液晶全面屏显示模组，帝晶光电的量产工艺都已经成熟，2017年以来的全面屏产能基本全部被下游手机品牌生产吸收，未来全面屏产能将进一步释放。

（二）进行生产流程的自动化改造，提升生产效率和产品良率，实现流程升级

除了在技术上不断研发创新，帝晶光电通过生产设备改造和引进先进智能设备，以适应电子消费品、通信产品的不断发展以及消费者对产品质量要求的提升。通过调研，笔者了解到目前中国智能手机的生产，对供应链的要求已经从产能数量的匹配转向品质品牌的匹配，对液晶显示模组企业的要求也从出货能力转变成了产品品控能力。原来依赖人工的生产作业模式已经很难适应新产品的加工技术与品质保障需求，传统的模组加工设备在精度上也难以满足行业日益发展的需求。整个行业对加工的自动化和速度提出了更高的要求。

基于以上背景，从2015年开始，在拥有成熟的技术实现与量产能经验下，帝晶光电对显示模组生产线进行全自动化改造与智能升级，探索自动化生产作业的新模式。在生产程序上，参照国际一流标准，新建了液晶显示模组自动化生产线，除了引进国产的全自动清洗机和全自动FOG绑定机，也通过重金引进日本的全自动切割机和全自动COG邦定机。

在检测程序上，采用全自动在线AOI品质检测设备，把一些原来由人工抽检、判定的工序，转化为在线自动化智能识别判定，避免检测员工因视觉疲劳而导致的产品漏检隐患。自动化设备可根据客户的需求和标准检查全部产品，甚至实现对每一个模组产品上的每一个像素进行品质判定，而传统的

人工作业则负责对设备筛选出来的少量产品进行复检，通过运用自动化设备进行产品检测，充分保障了生产线的良品率和整体生产效率。

智能化硬件升级突破了关键工序的生产工艺，进一步提升产品的生产效率和良品率。帝晶光电的产品品质和结构在行业中处于领先地位，而显示模组市场上的新产品，企业也能在第一时间组织产能为客户开发出来，真正完成了从产能驱动型企业向技术驱动型企业转型。与此同时，自动化的生产作业模式解放了大量的检测员工与工程技术员工，降低了单位车间人力成本，为企业后续进一步扩充产能做好准备。

（三）通过资本市场，获取资金支持和战略性资产

触控行业的生产设备投入较高，存在较高的资金壁垒。据了解，企业建设一个千级无尘生产车间需要耗资上千万元，而建设一条完整的触摸屏生产线则需要上亿元。与此同时，该行业的生产作业模式多为定制式，下游厂商多为国际知名的大企业，对市场控制能力较强，往往要求厂商提供较长的货款回收周期，这要求企业在生产过程中要保证充足的流动资金。除此之外，该行业的技术和产品更新速度快，企业需要持续的资金投入以支持技术研发和产品创新。由此，帝晶光电也积极通过资本市场，寻求资金上的支持，同时获取战略性资产，以支持企业的持续发展。

2015 年 9 月，上市公司江粉磁材发行股份及支付现金购买帝晶光电 100% 股权，涉足平板显示器件业务。2017 年 9 月，江粉磁材为了支持帝晶光电的持续发展，根据其战略发展需求进一步增资 9000 万元。在获得江粉磁材的资金和战略支持后，作为江粉磁材的全资子公司，帝晶光电进一步提升了企业的市场竞争能力和可持续发展能力。第一，江粉磁材帮助帝晶光电进行自动化智能升级，购买国际先进的自动化生产和检测设备，在提高品质的同时，也提升了整体生产效率。第二，江粉磁材投资实施广东江粉高科技产业园建设项目，协助帝晶光电突破产能瓶颈。该项目的实施将进一步扩大帝晶光电的生产规模，有利于增强帝晶光电的抗风险能力，提高帝晶光电在液晶显示模组行业的影响力。第三，江粉磁材在 2015 年收购了主营精密结构件业务的东方亮彩。在保持两家子公司相对独立运营的基础上，整合了帝晶光电

和东方亮彩在各自领域内的客户资源、研发技术优势和管理经验，融合双方的仓储物流服务体系，发挥平板显示业务和精密结构件在移动端的协同效应。

三、公司成长的关键影响因素

（一）企业家精神

企业的升级过程源于企业家对企业内外部环境的判断，帝晶光电从一家小型加工厂房发展到如今年产能 12000 万套以上的企业，离不开经营管理团队的用心经营和对市场的准确判断。帝晶光电的董事长来自广东省揭阳市，16 岁开始打工，经营理念较为开放，允许并鼓励企业进行生产或管理上的创新转型。通过调研，笔者了解到公司董事长一开始是从市场批发光碟机的显示屏进行销售，在对市场生产模式了解之后，就自己租厂房、买材料生产组装。在销售稳定之后，董事长意识到企业的长期发展需要规范的经营管理，于 2009 年引入职业经理人进行管理，此后公司发展也逐步走上正轨。

同时，董事长十分重视员工的激励机制设计，以调动员工的工作积极性。历年来实施了多次针对骨干员工的股权激励计划，对四个事业部也实施了利润责任制度。对于达到年初制定目标的事业部，在奖励超额利润 20% 的基础上，发放 12 ~ 24 个月的年终奖。

此外，董事长对于管理也有自己的一套方法，主张权力下放，鼓励员工主动判断思考。他曾说过："管理，有时候懂的事情也要装不懂，下面的人才会主动思考。"在这种管理氛围下，公司的管理团队经常交流对于市场的认识，对市场前景的把控也较为准确。例如，在 2012 年触摸屏行业达到顶峰的时候帝晶光电介入该领域，当时许多业内人士认为 OGS 技术有望成为继 GF 技术之后的新主流技术，因为 OGS 使用单片玻璃基板和 OCA 胶，结构简单，工序也较为简化。但是，帝晶光电的管理团队认为 OGS 生产良率较低，未来发展将受限。因此，在进入触摸屏领域时，公司直接引进黄光制程技术，成为国内最早做单层多点电容屏的企业。随后，因具有多点触控灵敏、透光率高、使用寿命长等优异性能，电容式触摸屏在市场上的认可度不断提高，目前已居整个触摸屏市场份额的首位。

（二）严格的质量管理

如今液晶显示模组产品朝着分辨率提升、超薄超窄、高精密等方向发展，该行业加工厂商的质量管控能力，成为下游终端手机品牌厂商重点关注的方面。一方面，帝晶光电在生产程序上提升质量管控。因为显示屏精密度越来越高，产品结构也愈发精巧，传统部分依赖人工的加工程序和人工检视已经不能充分保障生产效率和产品品质。因此企业引入国际一流的自动化生产设备和检测设备，依靠硬件设备升级保障了生产过程的质量管控。

另一方面，除了在场内设备、人员管理等与生产作业相关的环节加强质量管理，帝晶光电定期开展供应商质量管理交流活动，与上游核心面板供应商如 BOE（京东方）、台湾友达群创进行战略合作。这些供应商会定期与帝晶光电的工程、品质和生产等部门进行深度合作，使得企业能及时了解国际上主流厂商对显示与触摸模组产品的最新性能指标和品质要求，融合上下游的先进技术，形成定制化的产品或作业程序。以背光源的设计和贴装为例，帝晶光电与上游供应商和设备商开展合作，研发出了超短混光距离的 LED 背光模组、超薄背光模组产品自动贴装产线和全面屏背光源自动组装产线，而这解决了全面屏量产中关于背光技术的最大难点。这些深度战略合作帮助帝晶光电在节省生产成本的同时，保障了产品的品质。同时，得益于与供应链上游面板厂的深度合作，帝晶光电能把终端客户所需要的个性化定制模组产品开发出来，并投入到批量生产中。而在高端的全面屏模组产品方面，借助于最新的研发技术，不管是高精密的 COG 短模组全面屏产品，还是 COF 四边超窄边框的全面屏产品，以及增加了异形切割工序的产品，帝晶光电都可以根据客户需求完成大批量的生产。

四、公司成长绩效分析

（一）企业盈利能力提升

根据 2017 上半年年报数据显示，帝晶光电的触控显示产品营收达到

17.73亿元，同比增长14.32%。如图9－2所示，帝晶光电2017上半年净利润达到0.65亿元，近五年来净利润呈现上升趋势，体现了企业良好的盈利能力。此外，近年来企业不断突破核心技术，推出高端触控显示产品，提升了产品的附加值。2017年的毛利率为16.78%，相较于2015年的14.21%和2016年的14.16%明显提升，这个数字也高于同行业中合力泰和欧菲光触控显示产品毛利率的16.72%和12.9%。

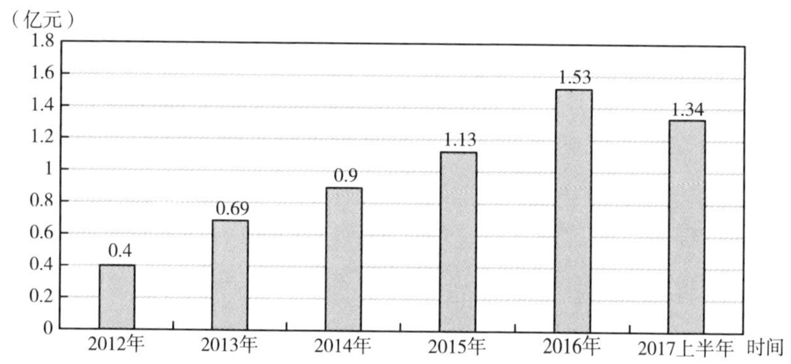

图9－2　帝晶光电2012年～2017年上半年的净利润

资料来源：根据公开数据整理。

（二）企业市场地位的提升

通过近年来的技术积累、设备改造以及自动化升级，帝晶光电提升了实际生产效率和产品良品率，市场地位也得到稳步提升。公司先后通过ISO9001、ISO14001、QC080000等质量体系认证，先后获得“深圳市高新技术企业”“国家级高新技术企业”等荣誉称号，生产的产品也通过ROHS标准的检验。

此外，根据统计数据显示，全球七成以上的智能手机显示与触摸模组产能集中在中国境内，其中帝晶光电的优质产能占中国整体智能手机显示与触摸模组产能的10%以上，占全球市场份额也达7%以上。如表9－1所示，帝晶光电的液晶模组月度出货量历年来稳步提升，行业排名也维持在较高水平。在细分领域市场，帝晶光电也表现出色，HD分辨率的产品占全国出货量的

90%以上，全贴合产品则占70%以上。在调研过程中，帝晶光电的高管也指出，中国市场上60%的聚合支付POS机使用的是帝晶光电生产的显示屏。

表9－1　　帝晶光电历年7月份液晶模组出货量

时间	2014年7月	2015年7月	2016年7月	2017年7月
出货量（万套）	503	510	470	550
行业排名	7	8	8	8

资料来源：旭日移动终端产业研究所。

与此同时，帝晶光电具备了全3D曲面显示与球面显示产品的加工与量产技术，拥有除面板厂外最多的全自动高端模组生产线，也是除面板厂外高端LTPS全面屏产能规模最大的专业模组加工厂商，这些方面都体现了帝晶光电市场地位的稳步提升。

（三）企业关键资源能力、动态能力的提升

从关键资源能力的角度看，帝晶光电主要是通过资本市场获取了资金支持和战略性资产，以支持企业本身更换先进设备和实现全自动化升级，从而扩充产能和提升产品质量。例如在合并之前，帝晶光电的银行授信额度为3亿元，借助江粉磁材这一平台，企业的总授信额度可提升到10亿元。从动态能力看，帝晶光电从事显示触控行业已有十多年，一直专注于该领域的技术积累和研发创新，同时根据市场需求的变化推出适合的新产品和新技术。如在2012年进入电容屏生产，踩准了功能手机往智能手机转换的节点。2013年全贴合生产线开始全面上线生产，又踩准了智能手机往高清显示发展的节点。2014年帝晶光电在江西赣州市开设LCD减薄工厂，又踩准了智能手机屏幕往超轻超薄方向发展的节点。这些事例和决策都体现了帝晶光电较强的能动性。

10. 景旺电子：专注于印刷电路板行业的转型升级之路

一、公司简介

深圳市景旺电子股份有限公司，前身景旺电子（深圳）有限公司成立于1993年，是一家专业从事印刷电路板及高端电子材料研发、生产和销售的国家高新技术企业，公司产品类型覆盖FR4印制电路板、铝基电路板、柔性电路板、HDI板、刚挠结合板、高端电子材料等。2013年获得深圳市经济贸易和信息化委员会关于公司整体变更为外商投资股份有限公司的批复，并在2013年6月正式由景旺有限整体变更为股份有限公司。2017年1月，景旺电子成功在上交所主板上市。2017年，景旺电子实现营业收入419201.78万元，比2016年度增长27.68%；利润总额80034.47万元，比上年度增长22.49%。

景旺电子专注于印制电路板行业，主要从事印制电路板的研发、生产和销售业务，目前已发展成一家专业从事印制电路板研发、生产和销售业务的国家高新技术企业。根据中国印制电路行业协会的统计，2017年景旺电子在中国印制电路行业排行榜中名列第10位，内资企业排名中位列第2位。

景旺电子是国家高新技术企业，非常重视研究开发工作，拥有健全的研发体系。公司技术中心于2010年被认定为深圳市宝安区企业技术中心，并于2014年被认定为深圳市级企业技术中心；龙川景旺于2012年经广东省科学技术厅等部门的评审，获批组建广东省金属基印制电路板工程技术研究开发中心并已通过验收。公司产品品质稳定，行业内口碑良好，多次获得客户颁发的产品质量奖项。公司致力于建立严格的质量管理体系，取得并实施了ISO9001：2008质量管理体系认证、ISO/TS16949：2009汽车行业质量体系认证、UL安全标准认证等。

景旺电子产品广泛应用于通信设备、计算机及网络设备、消费电子、汽车电子、工业控制等行业，主要客户包括天马、信利集团、vivo、OPPO、剑桥科技、华为、霍尼韦尔、海拉、POWER-ONE、艾默生、罗技、西门子等国内外知名企业。公司注重与客户建立长期战略合作关系，通过加强自身技术研发、积极配合客户新产品试样、延伸下游产业链［建立表面贴装技术（SMT）贴装线］等多种方式，提升主动服务客户的能力。

二、景旺电子的成长历程及转型升级路径

（一）坚持技术积累，由刚性电路板向柔性电路板、金属基电路板升级

景旺电子以刚性电路板为基础，横向发展柔性电路板和金属基电路板的产品，于2006年和2010年分别建立了柔性电路板（FPC）和金属基电路板（MPCB）的专业化工厂。公司集中资源在FPC和MPCB细分市场形成先发优势，成为我国FPC和MPCB的主要厂商。同时，也是国内少数产品类型覆盖刚性电路板、柔性电路板和金属基电路板的厂商，为客户提供多样化的产品选择和一站式服务。

公司前身景旺有限成立于1993年，建厂初期公司生产单双面刚性电路板产品，主要用于电话机、电视机、仪器仪表、空调等。

2002年以后，景旺有限进入了较快的业务发展期，引入了冠捷、三洋等知名度较高的客户。2004年景旺有限成立FPC事业部，进行柔性电路板工艺技术的研发及产品生产，随着FPC业务的不断发展，于2006年建设柔性板专业化工厂，拓展了伟志光电、富相电子、宇顺电子等客户，用于手机和工控的显示产品。柔性电路板，俗称柔性板、挠性板或软板。柔性电路板具有轻薄、可弯曲的特点，能满足电子产品向小型化、轻薄化、可穿戴化方向的发展趋势，特别是其可弯曲、卷绕和折叠的特点，可在三维空间任意移动和伸

缩，方便电子产品立体装配。

2008 年龙川景旺刚性电路板（RPCB）工厂投产，公司刚性电路板的生产能力进一步增强，下游客户广泛分布在计算机及网络设备、消费电子、汽车电子、电源及工控领域。2010 年以后中国柔性板市场增长较快，公司相继开发了天马、信利等大型客户。

经过多年金属基电路板的技术研发准备及生产经验积累，龙川景旺 MPCB 专业化工厂于 2010 年底正式投产，产品主要应用于 LED 照明和 LED 显示。随着公司生产经验积累和生产工艺提升，公司逐步将产品拓展至电源模块、汽车电子等领域。

为满足客户订单日益增长和“一站式”采购的需求，2013 年龙川景旺 FPC 工厂投产，公司还投资建设了柔性电路板表面贴装生产线。2014 年江西景旺 RPCB 工厂投产，为公司发展和服务客户提升了产能空间。

经过逾 20 年来的发展，公司较好地把握住市场机会，并以刚性电路板业务为主要收入来源，在做大做强刚性电路板业务的同时，积极实施产品多元化和产业链上下游延伸的经营策略，增强企业的市场竞争力。公司目前已成为国内少数产品类型覆盖刚性电路板、柔性电路板和金属基电路板的厂商之一，产品的多元化夯实了公司广泛的客户基础，增强了客户黏性。公司成功打开手机厂商的直接供应链，提供按键、麦克风、USB、SENSOR（光传感器）等模块的 FPC 产品，目前公司已向 OPPO、华为、vivo、小米、三星等手机厂商供货。

（二）整合现有技术资源，开发新产品

景旺电子拥有刚性板、柔性板和金属基板三条产品线，是目前国内行业产品线较齐全的厂家，公司将三类产品的技术资源进行整合，相互促进，已开发出刚挠结合 PCB、高密度刚挠结合 PCB、金属基散热型刚挠结合 PCB 等产品的生产技术，可向汽车电子、工控电源、医疗器械、无线射频等高可靠性要求的产品领域提供相应产品。

公司已取得“刚—挠结合线路板的结合表面处理方法”等多种发明和实用新型专利，并在生产经营过程中积累了多项非专利技术。公司参与制定了

《印制电路用金属基覆铜箔层压板》等11项行业标准，通过了《刚—挠结合板之内层表面等离子处理技术》等13项科技成果鉴定，公司高密度多层印制电路板、高性能金属基特种印制板、高性能厚铜多层印制电路板被广东省科学技术厅认定为广东省高新技术产品。公司金属基绝缘孔高导热印制板关键技术研究及应用项目获得广东省人民政府颁发《广东省科学技术奖励证书》二等奖。

（三）自主开发核心零部件，向产业链上游延伸

从行业整体水平来看，原材料成本占PCB生产成本的一半以上，上游原材料 的供应情况和价格水平对 PCB 企业的生产成本重大影响。覆铜板是由箔、绝覆铜板是由箔、绝缘介质层压合而成，是 PCB 最主要的原材料。

在金属基电路板技术研发和生产经验不断累积的基础上，景旺电子自主开发掌握了上游金属基覆铜板的生产技术，自主生产金属基覆铜板，有效降低了金属基电路板的生产成本。

（四）建立SMT贴装线，向产业链下游延伸

在柔性电路板生产和研发的基础上，景旺电子向产业链下游延伸，为柔性电路板提供表面贴装服务。电子电路表面贴装技术，是一种将表面组装元器件安装在印制电路板的表面上，通过回流焊或浸焊等方法加以焊接组装的电路装联技术。表面贴装服务满足了客户“一站式”采购的需求，增强了客户黏性。

三、景旺电子转型升级的支撑

（一）生产制造能力

经过20余年的发展，景旺电子整合了跨区域的企业资源，建立了集团化的产业平台，全面满足各类客户的审核标准和要求。产品包括：刚性线路板、挠性线路板、金属基线路板、HDI板、刚挠结合板、高频板、高端电子材料

等，具有强大的生产能力。

（二）技术研发能力

作为国家高新技术企业，景旺电子高度重视技术创新工作，每年投入大量资源用于研究开发活动的开展。通过多年的沉淀和积累，公司建立了健全的研发体系和人才培养机制，聚集了一批材料应用、机械电子、化学工艺、电子信息等专业的优秀人才，在刚挠结合板、高密度多层柔性板、高密度互联板（HDI）、高导热金属基覆铜板、软+金属基板、厚铜板、高频板等产品和相关特殊工艺技术上取得了丰硕的研究成果，使公司高端产品的制造技术水平得到了大幅提升。

在研究开发活动中，产生了大量的自主知识产权。截至 2017 年底，公司共获授权专利 186 项，其中发明专利 60 项，实用新型专利 164 项；积极参与行业标准的制定，其中 11 项已发布，13 项科技成果通过科学技术成果鉴定，1 项科技成果获得广东省科技进步二等奖、1 项科技成果获得深圳市科技进步一等奖，多项成果获得“河源市科技进步奖”“宝安区科学技术奖励”“深圳市企业新记录”等荣誉。2013 年公司获批组建广东省金属基印制电路板工程研究开发中心，2015 年通过验收，2014 年获批组建“深圳市企业技术中心”，2015 年集团中央实验室获评“宝安区重点实验室”，2016 年中央实验室通过“CNAS 认证”。公司与中科院广州化学所、广东工业大学开展产学研合，为电子电路制造商提供技术保障。

（三）管理能力

1. 产品质量控制。景旺电子产品质量可靠稳定，在行业内拥有良好口碑，多次获得客户颁发的产品质量奖项，为市场开发提供了良好的品质平台支撑。公司成立至今逾二十年，始终专注于印制电路板行业，已形成一套行业先进水平的质量控制方法和模式。首先，公司致力于建立严格的质量管理体系，取得并实施了 ISO9001：2008 质量管理体系认证、ISO/TS16949：2009 汽车行业质量体系认证、UL 安全标准认证等，同时公司每半年进行一次内部审核，每年进行一次管理评审，确保管理体系的有效运行和持续改进；其次，不断引进和总结生产经营中质量控制的先进经验，针对生产过程中的各个工序和设备维护等制定多项工艺控制文件，作为公司层面质量控制的指导，涵盖从前端的供应商管理到后端的客户服务整个经营流程，服务于不断提升产品质量和服务的目标；最后，通过各类先进检测设备的导入，为产品可靠性的监测提供了有效工具。

2. 成本控制能力。景旺电子重视生产经营过程中的成本控制，推行精益生产管理。公司专门成立成本控制部，各事业部配置有成本控制人员，从产品前期采购、工程设计、工艺参数优化、生产到交货环节实行全流程控制，配合有效的监督和激励机制，已形成一套较完善的成本控制管理体系。如在工程设计方面，为提高开料环节的材料利用率，通过拼板设计、BOM 选料及流程优化，制定严格的发料标准，使产品在前期采购、计划投料、生产领用时有章可循，避免物料多购和呆滞。在监督环节，公司已建立有较完善的成本统计与核算制度，对生产各工序的物料、能源、人工耗用、库存周转率和呆滞库存等进行统计并核算，每月出具成本控制报告，督促减少各工序设备和原料的不合理使用。因此，公司通过严格执行成本控制管理体系并推行精益生产理念，形成了较强的成本控制能力。

（四）人才建设

景旺电子拥有专业化的团队。公司认为：人是公司的重要资产，在企业的经营发展过程中，必须使人不断得到增值，才能真正实现双赢，才能确保公司不断地发展壮大。因此，公司建立了完善的《人才培养管理办法》《员工职业生涯发展与职业化训练规程》《人才激励制度》等，使公司成为广纳人才的平台。目前，公司拥有一大批文化素质高、专业知识强、职业化程度较高的专业化队伍。

四、景旺电子的升级绩效

2017 年，景旺电子实现营业收入 419201.78 万元，比 2016 年度增长 27.68%；利润总额 80034.47 万元，比 2016 年度增长 22.49%。景旺电子所形成的三条产品线并驾齐驱，质量得到客户的认可，三年来营业收入保持了持续、稳健的增长。

（1）刚性电路板生产销售情况。2017年公司生产刚性电路板330.51万平方米，比2016年增加16.18%；销售刚性电路板324.38万平方米，比2016年增加19.98%；营业收入合计246705.86万元，比2016年增加24.42%。

（2）柔性电路板生产销售情况。2017年公司生产柔性电路板74.74万平方米，比2016年增加20.89%；销售柔性电路板73.18万平方米，比2016年增加21.89%；营业收入合计131833.27万元，比2016年增加34.37%。

（3）金属基电路板生产销售情况。2017年公司生产金属基电路板31.04万平方米，比2016年增加13.37%；销售金属基电路板30.13万平方米，比2016年增加15.43%；营业收入合计34157.66万元，比2016年增加27.88%。

11. 银宝山新：整合产业链，制造+服务推动企业升级

一、公司简介

深圳市银宝山新科技股份有限公司（以下简称银宝山新）成立于2000年，2015年底在深交所中小板A股上市，股票代码：002786。公司业务以大型精密模具为核心，集汽车模具及零部件、3C产品结构件、热流道控制系统、工业设计为一体，提供全球化“一站式”制造服务。银宝山新的战略布局行业领先，在中国已有8个制造基地，分布在沿海主要城市，在全球布局了技术工厂及服务据点，遍及五大洲17个国家和地区。2016年营业额达28.2亿元。

银宝山新高度重视研发和技术创新工作，公司设有技术中心，技术研发人员708人，获得专利208项，软件著作权53项。银宝山新公司于2008年获得“深圳市第一批自主创新行业龙头企业”和“中国大型精密注塑模具重点骨干企业”称号，2009年，获得“国家高新技术企业”称号。公司技术中心在2010年通过深圳市市级技术中心认定。2013年，获得2012年度“中国机械工业优质品牌”称号，2014年获得“模具出口重点企业”称号。

公司技术中心进行了模具制造工序标准化、工艺标准化和工艺参数标准化改善，建立了统一的工艺技术标准化体系以及相应的内容检测和过程监督机制。生产过程和检测过程的标准化操作大大缩短了模具设计制造周期，降低了模具生产成本，提高了模具质量稳定性，提升了生产效率。公司生产部

门自有多种汽车模具精密零部件的高档加工设备，保证模具生产的高精密度要求和模具加工制造品质。公司检测中心，拥有所需的各种检验检测仪器和设备，可以精确、快捷地进行模具制造、注塑五金生产等生产环节的检测、过程控制和结果验证。银宝山新的检测中心还获得 CNAS 颁发的实验室认可证书（注册号：CNASL4845），可以独立开展对外的检测服务业务。

公司在生产质量管理方面处于行业前列，先后通过 ISO/TS16949 汽车产品质量管理体系认证、UL 认证、ISO9001、ISO14001、和 OHSAS18001 等认证。在汽车模具及零部件制造服务业务方面，银宝山新以领先的技术、质量及项目管理水平系统装备集成能力、弹性产能，结合德国先进制造管理经验模式，与世界著名汽车主机厂和一级供应商形成了全球化合作伙伴关系。在3C 产业智能制造及现地交付一体化解决方案业务方面，以国际化的工业设计、全球化的制造服务网络为基础，持续推进精益生产及柔性工装，形成了独特的竞争优势。未来，银宝山新将以大型精密模具为基础，通过资本与产业的融合及品牌化运作，打造高端化、智能化、领先的中国智造的民族品牌。

二、企业成长历程

成立于 1993 年的布拉德模具厂和 1996 年成立的宝山新模具塑胶制品有限公司是银宝山新的前身。2007 年，银宝山新在天津滨海新区按照国际标准投资设立了天津国丰模具有限公司。由此开始在国内布局“一南一北”的战略，并于 2009 年更名为深圳市银宝山新科技股份有限公司。2010 年初，公司在惠州设立了惠州科技，主要生产结构件产品。进一步延伸了产品链，发挥了惠州地区的产业政策优势和区位优势。2011 年 8 月，公司又在惠州设立了惠州实业，为公司未来产能扩充打下基础。2012 年 3 月，为了进一步丰富产品线，公司在江苏昆山创办了主要生产热压成型模具的昆山模塑。2012 年 10 月，为了更好地开拓华南市场和客户服务，公司在长沙设立长沙模具公司。至此，银宝山新在我国经济发达的珠三角、环渤海、长三角等模具消费的主要地区完成了战略布局，而模具由于定制化需求使得地缘优势成为一个强有力的竞争优势。2013 年，深圳市白狐工业设计有限公司和深圳市银宝山新压铸科技有限公司的成立，进一步完善和拓展产业链。2014 年，广州市银宝山新汽车零部件有限公司成立，公司业务重点从通信、消费电子等行业转向汽车工业。2017 年，“昆山模塑”注销，被新成立的武汉银宝山新模塑科技有限公司替代，从事 SMC（热固性玻璃纤维增强以塑代钢）热压成型模具的制造及汽车轻量化解决方案等业务。同时，银宝山新积极在海外布局，直接对接主流客户，为客户提供快捷的营销及技术服务。2013 年，UBGS 在美国南卡罗来纳州成立，SBE 银宝工程在美国底特律成立，2016 年，银宝山新与印度 KTPL 公司等共同出资建立印度生产基地，从事汽车门板、中控、座椅等内饰件模具及其零部件业务。2011 ~2016 年银宝山新主营业务收入和利润情况如表 11 -1、图 11 -1 所示。

表 11 -1　　2011 ~2016 年银宝山新主营业务收入和利润情况

成长能力指标	2016 年 12 月 31 日	2015 年 12 月 31 日	2014 年 12 月 31 日	2013 年 12 月 31 日	2012 年 12 月 31 日	2011 年 12 月 31 日
营业总收入（亿元）	28.2	24.0	18.9	14.4	10.1	8.68
毛利润（亿元）	4.46	3.79	3.08	2.76	2.12	1.86
归属净利润（万元）	9904	7610	6114	8955	6041	6340
扣非净利润（万元）	8359	6321	5926	8081	5663	5810
营业总收入同比增长（%）	17.48	27.26	30.94	42.3	16.68	—
归属净利润同比增长（%）	30.14	24.46	-31.72	48.23	-4.71	—
扣非净利润同比增长（%）	32.24	6.67	-26.67	42.7	-2.52	—
营业总收入滚动环比增长（%）	-0.99	10.15	—	—	—	—
归属净利润滚动环比增长（%）	0.09	19.77	-31.72	48.23	—	—
扣非净利润滚动环比增长（%）	-3.86	12.55	—	—	—	—

资料来源：根据银宝山新历年年度报告整理而得。

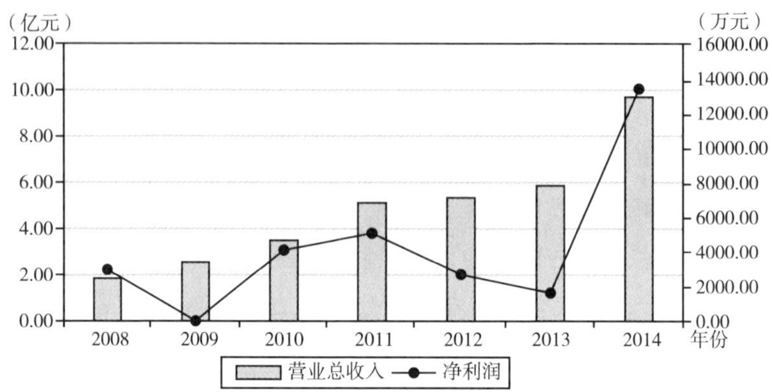

图 11－1　2008～2014 年银宝山新营业总收入和净利润情况

资料来源：根据银宝山新历年年度报告整理而得。

三、转型升级路径及特点

（一）拓展产业链，实现功能升级和跨产业升级

银宝山新在其自身主业模具设计的基础上，分别向产业链上的上游、下游拓展，并进入新的产业链。银宝山新产业链拓展情况如图 11－2 所示，2015～2016 年银宝山新业务收入构成情况如表 11－2 所示。

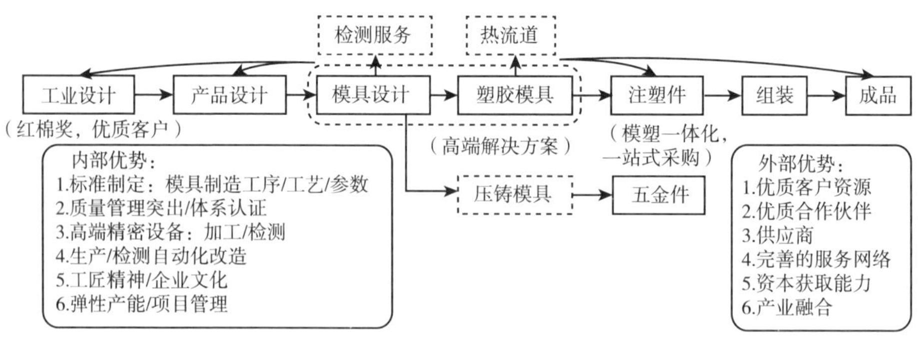

图 11－2　银宝山新产业链拓展情况

资料来源：根据公司内部资料整理而得。

表 11－2　　2015～2016 年银宝山新业务收入构成情况

分类	2016 年			2015 年		
	主营构成	主营收入（元）	收入比例（%）	主营构成	主营收入（元）	收入比例（%）
按行业分类	工业	28.12 亿	99.65	工业	23.96 亿	99.74
	其他（补充）	989.50 万	0.35	其他（补充）	629.97 万	0.26
按产品分类	注塑销售	12.09 亿	42.84	注塑销售	9.69 亿	40.36
	五金销售	9.35 亿	33.14	五金销售	8.40 亿	34.97
	模具销售	6.63 亿	23.51	模具销售	5.86 亿	24.41
	其他（补充）	989.50 万	0.35	其他（补充）	629.97 万	0.26
	工业设计	436.65 万	0.15	—		

资料来源：根据银宝山新历年年度报告整理而得。

1. 产业链上下游延伸。在向上游设计的延伸方面，银宝山新成立了白狐工业设计有限公司。银宝山新与客户合作时有涉及辅助进行前端设计而积累了经验，在此基础上补充专业的设计人才，开始了向上游的探索。得益于自身经验的积累，业务进展的得心应手，成立不久，就拿了 4 个红棉奖，目前已经收获包括华为、海尔、比亚迪等众多行业优质客户，产值达到 2000 多万元。

在往下游延伸方面，缘起于模具完成后，考虑到客户模塑一体化的需求，公司业务开始了向下游拓展，生产零部件，实现了客户一体化采购，提升了其客户服务能力。向下进一步扩展产业链的战略，促使产值获得了大幅提高，实现了从 2009 年 2 亿元到 2016 年 28 亿元的巨大飞跃。扩大营业规模的同时，公司致力于提升附加值，从给华为中兴做配套开始进入零部件生产环节，随着市场环境变化，通信行业需求萎缩，现在转为主要做汽车零部件，而这一策略的实施，使得汽车零部件分公司在 2016 年实现了盈利 3000 多万元，比总部的盈利还高，是一次非常成功的转型。另外在零部件方面，公司还收购了南通中塑，进行了向下游零部件业务延伸的产业布局。

2. 相关业务的延伸。一是压铸模具的延伸。随着市场和客户对五金模具的需求增加，成立了银宝山新压铸，进行压铸模具和压铸件的生产。五金模具和公司原有的注塑模具有部分技术是重合的，不过压铸模是把镁合金、铝合金等加热融化，注入模具，冷却，工作条件是较为苛刻，因此，压铸模具的表面处理技术要求较高，这就增加了技术门槛。银宝山新向压铸模具和压铸件的延伸，进一步拓宽了产品线，增强了客户一体化服务能力，拓展了产业链并建立了新的壁垒。二是热流道（hot runner systems）的延伸。热流道是在注塑模具中使用的，将融化的塑料粒子注入模具的型腔中的加热组件系统。它具备节约原材料、降低成本、缩短成型周期、提高机器效率、改善制品表面质量和力学性能等诸多优势，在使用模具进行批量化的零部件生产时非常常用。银宝山新开展热流道业务研发和制造，也是基于客户实际需求，目前BHRT热流道可以提供六大类型的针阀式热流道控制系统以及热流道组件，热流道这一环节的延伸，进一步完善了产品线，拓展产业链，加强了客户服务能力，提升了其竞争力。

3. 新的产业链方面。一是检测服务方面。深圳市银宝山新检测技术有限公司是银宝山新全资公司，拥有各种大型检验检测设备仪器和精密校准设备，可以精确、快捷地进行模具制造、注塑五金生产等生产环节的过程控制、结果验证。2010年，检测中心获得CNAS认可证书（注册号：CNASL4845），检测设备与检测技术水平处于模具行业的领先地位，已经具备模具零件、机械零件、塑料产品几何尺寸与形位公差、洛氏硬度测试与内螺纹检测等资格认证。在全国最大的模具生产地深圳，银宝山新敏锐地发现了大量中小模具厂家对精确的检测和校准服务的新诉求，结合自身在检测服务和设备校准领域的优势，不仅为银宝山新集团内部提供检测与校准服务，对各个分公司、子公司检测室提供检测技术指导，还开展了对外的低价质优的检测服务，目前银宝山新已经是宝安区的公共检测服务平台。银宝山新的检测业务主要集中在模具行业，以校准服务、公差检测、产品尺寸检测为主，业务额达800多万元。银宝山新的检测服务，是基于自身优势，结合市场需求，进入了新的价值链，并获得盈利。二是成品产品拓展方面。根据价值链理论，其两端技术研发和品牌销售环节是附加值最高的环节，中间的制造组装环节则附加值较低，我国企业之前通常处于价值链的底端，而欧美发达国家的企业通常占据高附加值的两端。经过多年积累，我国很多企业也开始尝试把业务向附加值较高的价值链两端延伸。银宝山新发现，对一个产品而言，在生产环节最大的成本就是模具投入，而自己本身就是做模具的，具备先天优势，因此，尝试向价值链两端延伸，自主研发、设计、生产制造并销售了成品产品，如手表、手环、电子秤、温度计等，年产值达1000多万元。这使银宝山新不仅实现了向价值链两端延伸，获取较高附加值，还进入了新的价值链。

综上可见，银宝山新已经完成价值链的纵向延伸、横向跨越，提高了价值链地位，增强了对价值链的控制能力，培育了新的盈利增长点。

（二）重视研发投入，完善技术标准

1. 重视研发投入，成果丰硕

（1）研发投入。公司研发人员和研发投入状况如表11－3所示。

表11－3　银宝山新研发投入和研发人员情况

银宝山新	2016年	2015年	变动比例
研发人员数量（人）	868	804	7.96
研发人员数量占比（%）	9.26	9.57	-0.31
研发投入金额（元）	96017276.99	87632298.83	9.57
研发投入占营业收比例（%）	3.40	3.65	-0.25
研发投入资本化的金额（元）	0	0	0
资本化研发投入占的比例（%）	0	0	0

资料来源：根据银宝山新历年年度报告整理而得。

银宝山新坚持自主创新，公司技术研发中心以模具生产及相关的结构件生产等为核心，拓展到模流分析、产品设计开发、热流道设计与生产、综合性质量检测等模具生产相关业务领域，提供了高水平的技术支持，构建了技术壁垒和竞争优势。

（2）建立市场导向的技术创新机制。企业和科研院所紧密合作完成技术创新，研发人员直接参与终端产品设计和市场服务。

首先，坚持技术研发以市场为导向。公司的技术创新是基于市场需求的，

不仅鼓励广大员工参与进来，更是鼓励研发人员直接参与市场服务，充分了解市场需求，确保技术研发都以市场需求为出发点。其次，建立产学研平台，营造技术创新氛围。银宝山新不仅与清华大学、上海交大、华南理工、深圳大学、南方科技大学等高校合作建立产学研基地、重点实验室和实习基地，还聘请海内外专家参与公司研发与生产。再次，建立完善的研发人员培训体系。公司不定期组织专家、技术人员和管理人员对员工进行专业培训，为员工提供多样化的技术交流、学习的机会。最后，公司建立了完善的激励机制。公司鼓励产品创新和技术研发，包括日常的绩效考核、奖励和颁发年度技术创新大奖。《技术创新奖及其他奖励试行办法》《技术成果奖励办法》《研发人员绩效考核奖励制度》《技术中心产品开发部激励机制》等制度，极大程度地调动了员工参与的主动性和积极性。

（3）科研实力与成果。公司已经具备了一支高水平的研发队伍和人才储备，建立了研发平台，目前已获得专利和软件著作权 245 项，并于 2015 年被评为深圳市知识产权优势企业。公司技术中心被评为深圳市市级技术中心和深圳市市级设计中心。

围绕模具产品设计和制造核心业务，银宝山新已经具备模具设计、编程、加工自动化的自主研发能力和全面的技术工艺二次开发能力，拥有多项核心技术。代表性技术有单腔双色注塑模具的设计、制造、注塑一体化工艺技术、高精度深孔钻技术、标准化夹具系统应用、CNC 在线检测和自动刀具库应用技术等。

近年来，银宝山新重视自动化制造和节能环保，在高光免喷涂、低压复合注塑成型、热流道自主设计制造等领域，已经具备多项国内领先技术，并荣获多项中国模协精模奖。

同时，银宝山新积极探索在汽车产业新材料新工艺领域的技术突破，承担了高固相率半固态压铸成形关键技术研发、深圳市科技攻关项目和国家科技部重点研发计划专项“高性能镁/铝合金高品质铸件制备技术”以及碳纤维增强复合模塑技术等汽车轻量化的研发工作，成立了深圳市汽车轻量化新型复合材料研究工程实验室。

2. 完善的技术标准体系。银宝山新积累了大量的汽车保险杠、仪表板、方向盘等汽车内外饰件和功能件注塑模具、铸造类模具方面的研发、设计、制造经验，并由此建立了完善的模具技术标准体系，实现了设计制造工序标准化、工艺标准化和工艺参数标准化。模具标准体系的建立，大大提高了银宝山新设计、生产效率，模具质量的稳定性，进而实现了快速满足客户定制产品的个性化需求。

此外，公司作为中国模具技术标准化委员会委员单位，撰写了《塑料模用钢技术条件》《塑料注射模热流道系统技术条件》等行业标准。

（三）生产环节，设备先进，布局自动化，协同生产

1. 设备投入。生产高品质的模具，需要很多大型高精度设备，而设备的资本投入是非常巨大的，常是千万起步的。银宝山新投入了巨额资金，购入各种高端精密加工设备，并建立高端精密设备加工中心，比如大型高速五轴加工中心、大型双头电火花加工中心等。银宝山新已具有的大型加工设备加工行程达 4000cm × 2500cm × 1650cm，加工精度达 1μm 以内，能够加工多种汽车模具精密零部件，模具加工制造品质和高精密度处于行业领先水平。

2. 生产管理升级与制造软硬件自动化研发。银宝山新重视自动化改造，按照不同业务类型整体规划生产线自动化单元，根据产品需求，应用 PLM 系统，对现有产线微调，实现柔性生产，实现智能化、自动化工厂。银宝山新目前已完成冲压自动化生产线、折弯自动化生产线、焊接自动线、反射板自动检测、压铸件加工自动化集成与应用、平板电脑辅料粘贴自动化等生产线的自动化改造。

最新修建的东莞生产基地，设有黑灯车间，即自动化控制的无人车间，车间内工作都是机械手操作，大大提高了生产效率。在采用自动化生产和检测之后，公司在人工效益方面的提升很大，以前 20 亿元的收入是 6500 人创造的，现在深圳做到 28 亿元的收入只由 4000 多人创造，相当于人员数量降低了 20%，产值增加了 17%。

银宝山新的自动化改造是以工艺改善、工艺技术标准化、数字化和知识产权创建为基础，以生产技术创新和生产技术数字化为手段，实现的高效的智能化生产模式。银宝山新创建了模具数字化管理系统，涉及模具成本预算、

模具设计数字化管理、模具制造数字化管理和模具检验检测数字化管理四大板块，系统地将模具制造过程的工艺流程、工艺参数、设计标准、加工标准等技术标准化内容与信息进行数字化管理。

二次开发工具的应用，可以减少大量手动重复性应用操作，从而加快模具生产周期和提升质量稳定性。银宝山新已经成功二次开发的应用软件，涵盖模具设计、编程加工、检验检测、过程控制等实际生产环节。这大大降低了各生产环节中的重复性操作，实现了批量完成大量目标的图形解析与数据整理过程，从而优化简化原流程环节，减少生产岗位，降低工作强度，减少人为失误引起的质量问题，进而降低了生产成本，生产周期亦缩短10%以上。

3. 协同制造工程能力。在产品与服务方面，公司以大型精密模具为核心，开展模具设计、模具制造、模具调试、结构件注塑成型与组装等业务；随着业务向产业链上下游延伸，拓展了汽车零部件、热流道控制系统、产品设计、生产与销售等业务；同时，公司重视新材料研发和新工艺技术提升，在SMC等复合材料的研发和半固态压铸技术的产业化、汽车轻量化方面都取得了一定成果。

在生产服务布局方面，银宝山新已经在国内建立了8个生产基地，分布在珠三角、长三角、环渤海经济区的7个城市，覆盖了国内主要发达地区。在生产能力和资质方面，银宝山新拥有多种高端加工设备和检测设备，拥有国家资质的检测实验室，具备面向全价值链的设备集成能力。银宝山新已具备较强的协同制造工程能力，在行业内具备了一定的竞争优势。

（四）产品升级，提升综合竞争力

银宝山新凭借其强大的研发实力，将自身产品定位在中高端产品市场，并瞄准汽车模具、航空模具和医疗器械模具等附加值比较高的行业，公司业务重点开始由以前的通信行业向汽车行业准入门槛比较高、需求量大的汽车工业领域转移。借助自身的研发实力，结合客户的需求，公司研发了五金模具和热流道产品，进一步丰富了产品类型，并形成自己的竞争优势。

公司业务范畴紧密围绕模具先进制造，向产业链下游拓展，产品种类增加了通信结构件、汽车零部件等，业务拓展至零部件生产领域。经过多年的发展，公司已发展成为“模塑一体化”规模生产企业，具备生产注塑、五金一体化结构件产品的能力，可以提供模具设计、模具制造、模具调试、结构件注塑成型等服务，满足客户“一站式”采购的需求，为客户提供全面的配套服务，业务规模处于行业前列，成功实现产品升级。

受益于与客户紧密互动积累经验，公司业务向上游扩展，设立了白狐工业设计公司，产品种类实现了由实物产品向设计服务的扩展。基于自身的检测能力优势，公司开展对外的检测服务，并实现营收，将公司的业务范围进一步扩大。在对产业链进行了深度整合的基础之上，公司还进行了对成品产品的探索，贯穿从研发、设计到生产制造再到后端的品牌和营销整个价值链，产品种类涉及手表、手环、电子秤、温度计等，2016 年产值达 1000 多万元。至此，在产品升级的基础上，公司还实现了功能升级。

（五）重视营销能力，构建全球化服务战略布局优势

1. 业务布局。从公司业务范畴来看，基于行业发展前景和自身具备的大型复杂精密模具关键技术、设备及工艺研发能力等因素，银宝山新主要布局模具先进制造、通信结构件、汽车零部件三大产业领域，并围绕模具业务核心，开展汽车及通信行业结构件，以及热流道、产品设计、研发、制造、销售等业务。

在自身模具核心业务方面，重视研发、技术，高端设备引入和智能化、自动化改造，稳居行业领先地位，构建了竞争壁垒。

在汽车模具业务方面，多方面发力构建其竞争优势。银宝山新目前交货期可缩短至最快 45 天，在业内极具竞争力。为扩充产能，建设精密模具自动化专线、精密结构件生产线，公司计划投入大型精密注塑汽车模具扩产项目。

在热流道产品方面，银宝山新的热流道系统研发项目建成后将实现模具核心配件热流道产品的产业化。公司计划建立自己的热流道生产线，逐步替代外购热流道产品，并实现热流道产品的独立对外销售。

在其他方面，银宝山新在立足于本身核心模具相关业务之外，还积极尝

试了检测服务业务，工业设计及产品设计、制造、销售等新的业务领域，这些积极的探索为公司提供了新的盈利增长点。

银宝山新强化公司的研发实力和客户服务能力，为公司在模具行业的业务发展和市场拓展奠定坚实的基础，实现公司核心竞争能力的提升，保证公司的可持续发展。

2. 国内布局。在环渤海地区，公司抓住国家兴建“环渤海经济开发区”的机遇，于2007年投资了天津科技，用于主要生产大型精密注塑模具，完成一南一北的战略布局。在珠三角区域，为进一步延伸产业链，公司于2010年在惠州设立了主要生产结构件产品的惠州科技，并于2011年设立惠州实业。为提升生产制造水平，公司2016年在东莞市横沥镇购置580亩土地用于建设银宝山新横沥工业园，到2020年整体投资计划20亿元新建生产基地和采购先进的生产设备，实现数字化设计、数字化生产等创新生产模式，打造智能工厂并实现智能生产，提升生产效率、产品质量并降低成本，达到和保持行业领先地位。在长三角地区，为进一步丰富产品线，公司在2012年于江苏设立生产热压成型模具的昆山模塑。为加强华南地区的市场开拓和客户服务，公司同年在长沙设立长沙模具。2017年，因昆山模塑迁址至武汉市，新成立子公司主要从事SMC（热固性玻璃纤维增强以塑代钢）热压成型模具的制造及汽车轻量化解决方案等业务。

我国经济发达的珠三角、环渤海、长三角等地区是模具工业产业聚集区，银宝山新已完成对这些区域的战略布局，可以便捷地为客户提供产品与服务，为公司业务发展和市场开拓奠定了竞争优势。

3. 全球布局，构建全球化的服务平台。银宝山新重视海外市场的开拓，作为较早进入海外市场的模具制造商，已在海外多地建有生产基地和合作伙伴。同时售后服务合作伙伴也遍布欧美、东南亚、非洲、拉丁美洲等地，形成了覆盖全球的售后服务网络。可以快速、优质的响应客户需求。

经过不断的业务联系，公司与这些国际合作伙伴建立了持续稳定的合作关系，海外市场份额不断加大。

银宝山新各地区营业收入情况如表11－4所示。

表 11-4　　2016 年银宝山新分地区收入构成情况

主营构成	主营收入（元）	收入比例（%）
华南地区	19.57 亿	69.34
出口及境外	4.91 亿	17.39
华东地区	1.34 亿	4.75
转厂	7105.67 万	2.52
东北地区	5097.55 万	1.81
华北地区	4785.83 万	1.70
华中地区	4263.27 万	1.51
西南地区	1809.54 万	0.64
其他（补充）	989.50 万	0.35
西北地区	13.67 万	0.00

资料来源：根据银宝山新历年年度报告整理而得。

4. 客户资源优势。公司经过多年的发展，银宝山新已经具备多领域跨行业的众多优质客户资源。在模具产品方面的客户有著名车企福特（FORD）、日产 NISSAN、雷诺 RENAULT 等，在汽车零部件总成生产企业方面有佛吉亚集团（Faurecia）、全耐塑料制造集团（Plastic Omnium）、马瑞利（MagnetiMarelli）、延锋集团等。除此之外，银宝山新还与众多其他著名汽车企业保持良好的合作伙伴关系，如本田 HONDA、丰田 TOYOTA、宝马 BMW、菲亚特 FIAT、广汽 GAC、大众 VW 等。在结构件产品方面，客户包含全球领先的通信设备制造商，比如华为、中兴通讯、思科 Cisco 等，以及电子、医疗等业界知名企业，比如 TCL、比亚迪、DEK、ABB、GE 等。

四、转型升级措施

（一）严谨的质量管理，完备的认证体系

在生产质量管理方面，银宝山新已经建立了完善的管理体系。公司总部设有一级质量管理部门，负责集团体系管理和供应商管理。质管中心为各生产中心和分公司下派体系工程师和供货商管理工程师（SQE），依照集团管控

要求，快速响应并执行。生产中心和分公司设有独立的品质部，严格实施各项品质控制措施以保证产品品质。银宝山新的质量部聘请多位外国专家，以前专家主要来自日本，随着欧美市场份额增加，现在聘请多位德国专家，其严谨的工作方式帮助公司大大提升了执行力。

在认证方面，已通过 ISO9001 质量管理体系认证、UL 工厂认证、ISO14001 环境管理体系认证、ISO/TS16949 汽车产品质量管理体系认证和 OHSAS18001 职业健康安全管理体系认证。另外，公司的检测中心获得了 CNAS 认可证书。

（二）信息化、自动化的管理方式

银宝山新重视集团的信息化建设，在公司内部资源管理方面，2011 年引入的集团架构 ERP 系统，实现了公司内部生产、质量、仓库、财务、采购、销售等信息全方位数字化管理等。2014 年实施的条码系统，实现了生产过程防呆、质量可追溯；之后人力资源系统上线，进一步提升了人力资源管理效率；OA 系统的使用，实现了流程一体化、办公自动化和执行高效化；2015 年实施的供应链关系管理（SRM）系统，则大大提升了供应链管理水平；2016 年实施的模具制造管理系统，则实现了模具订单自动排产、进度查询、质量跟踪和成本分析与统计等功能，大大提升了生产效率、客户满意度并降低了成本。

在产品管理方面，公司开发了集产品研发、采购、生产、销售等各环节于一体的产品生命周期管理系统，显著缩短了产品研发周期，提高了产品质量，并整合各产品线技术平台，推动了公司技术提升及产业升级。

银宝山新计划未来与主流客户在生产、采购等方面在同一系统协调工作，进一步提升效率。

（三）优化的人力资源体系

银宝山新认为人才是公司 20 余年持续经营、快速发展并取得行业领先的根本性的竞争资本。银宝山新重视人才和人力资源体系的优化，引入了外部的人力资源管理咨询机构，梳理薪酬、绩效体系，结合公司的经营战略制定了合理的人力资源规划。

在人才引入方面，银宝山新在建立常规的人才引进渠道以外，还重视高端人才的引入，尤其是具备领先技术和经验的国外专家，公司陆续引进多名日本、德国专家，主要负责质量、技术、3D 打印等前沿技术的研究。

在人才培养方面，针对员工培训与人才梯队建设，开展了雏鹰计划、雄鹰计划、精英计划等多渠道、多元化人才培养路径。另外，公司依照德国双元制技工学徒培训模式，与宝安职业技术学校、龙川县技工学校深度合作，定向培养高技能、高质量的就业人才。这种模式受到了政府和社会的认同与支持。

在员工管理方面，公司长期致力于与员工建立和谐双赢关系。在薪酬绩效方面，力求客观公正，并帮助员工成长。例如制定了完善的标准薪酬体系，开展了机械模具专业技术资格评定工作等。在员工福利方面，公司采取了多种举措，例如举办员工关爱活动、开展关爱女员工两癌筛查及免费健康检查活动、设立互助基金等，员工满意度显著提高。

五、结语

银宝山新从开始创立，以精密模具为核心业务，到开展汽车模具及零部件、3C 产品结构件、热流道控制系统、工业设计等业务探索，力争成为业内领先的全球化一站式制造服务的供应商，采取了多种升级路径。首先，银宝山新重视产业链的拓展，在自身主业模具设计的基础上，分别向产业链上的上游（如工业设计）、下游（如零部件加工）做了拓展，并进入了新的产业链（如检测服务），提高其对价值链的控制能力。其次，银宝山新重视研发投入，突破技术壁垒，通过技术积累再次升级。比如不断升级模具设计、生产工艺，同时开展高分子金属 3D 打印设备研制、半固态压铸成形、汽车轻量化新型复合材料研究等领域，形成自身的技术竞争力和技术领先优势。最后，在生产环节，不断投入行业领先的生产设备、检测设备，提升产品档次和质量稳定性，通过布局自动化智能化制造工厂建设，降低生产成本，提高效率，同时进行产业布局，协同生产，实现升级。

银宝山新重视营销能力升级，构建全球化服务战略布局优势；质量管理严谨，具备了完备的认证体系；内部管理信息化、自动化，建立了优化的人力资源体系。这些举措有力地支撑了其升级。

银宝山新是我国大规模传统制造企业创业与成长的典型案例。它采取的升级路径和升级措施，可以为类似企业提供一定的借鉴和参考。

12. 信维通信："专而精，精则强"的升级之路

一、企业简介

深圳市信维通信股份有限公司（简称信维通信）成立于2006年4月，2010年11月在深圳证券交易所创业板上市（股票代码：300136），是国内从成立到上市时间最短的企业。公司现注册资本13334万元，面积10000平方米，是首批国家级高新技术企业。信维通信由天线、连接器、艾利门特、压力盛、蓝沛、声学几大板块组成，主营业务为射频元器件，主要包括：移动终端天线、射频隔离器件、射频连接器、音/射频模组、精密五金器件、磁性材料、射频前端器件等。信维通信与多家全球一流企业建立战略合作、协同研发，产品主要应用于消费电子领域（智能手机/平板电脑、智能穿戴设备、智能家居/物联网、智能汽车），并初步扩展到工业、汽车、军用品等领域，是国家支持和鼓励的新一代信息技术产业。公司现已通过ISO/TS16949认证、ISO/IEC17025认证，实验室获得美国CITA认证。由于公司领先的创新技术和出色的管理运营能力，公司获得了国际知名品牌手机公司的认可，成为国际知名厂商天线产品的供应商。目前信维的产品出口比重约为55%，主要客户包括苹果、三星、微软、华为、muRata、Sony、Amazon、HFOXCONN、PHILIPS、Verifone、OPPO、VIVO等，对单一客户的依赖较小。为了接近市场以便快速、高效响应客户需求，公司在深圳和北京建立制造和研发销售中心，在上海、台北以及美国、瑞典、韩国建立研发销售中心，24小时全方位对接

国际化客户，为世界一流移动终端客户提供产品研发及技术支持。

目前，信维通信已是世界领先的通信零部件解决方案的提供商，可为客户提供移动终端天线及相关模组、音射频模组、良好电磁兼容性能连接器的研发、生产、销售与服务为一体的一站式创新技术解决方案。由于持续前沿的研发投入，近年来公司在音、射频领域核心产品的技术水平不断提高，射频相关的整体解决方案得到世界一流客户的充分认可，并保持行业领先地位，成为全球射频技术领域的龙头企业。

二、企业成长阶段

（一）起步阶段：专注于移动终端天线的开发与制造（2006～2009年）

20世纪90年代至今，随着移动通信产业在全球的迅猛发展，移动终端天线作为配套行业也得以繁荣发展。信维通信成立于2006年4月27日，创立初期主营天线业务。公司以打造“世界终端天线的中国品牌”为使命，致力于移动终端天线系统产品的研发、生产、销售及服务。自成立以来，信维通信非常重视产品质量与企业社会责任。2006年，公司通过ISO9001：2000质量管理体系的认证，2006年通过ISO14001：2004环境管理体系的认证，2007年通过QC080000危害物质过程管理体系的认证。为了支持企业的快速发展和满足客户就近服务的需求，信维通信于2008年在上海成立了分公司。由于企业的高速成长和良好的经营绩效，公司于2008年成为深圳市宝安区开放性研究开发基地，并取得国家级高新技术企业证书。2009年，公司通过ISO/TS16949汽车行业质量管理体系的认证，被纳入“深圳市宝安区民营中小企业成长计划工程企业名单”以及获得2007～2008年度深圳市宝安区科技创新奖。

移动终端天线是所有无线通信终端必需的基础部件。随着移动终端行业的发展，移动通信技术逐渐扩展到笔记本电脑、上网本、移动电视等领域，应用越来越广泛。伴随行业的增长，信维通信坚持自主创新、不断扩大影响力，并在这一阶段迅速发展成为具有一定规模的企业，积累了发展所需的资金和技术能力。在这一阶段，全球排名前几位的移动终端天线供应商都是海外厂商，信维通信主要处于技术学习和追赶的阶段。但信维通讯仍然专注于移动终端天线领域，继续不断地投入研发。

（二）国际化扩张阶段：建立全球研发、制造、销售网络（2010～2012 年）

2010 年信维通信在深圳创业板上市，成为国内上市最快的企业。上市后的信维通信开始利用资本的力量发展企业，并且开始全球化布局。2012 年 11 月，信维通信收购了当时全球规模最大的天线系统供应商莱尔德。为适应国际市场扩张的战略发展部署及满足优质客户对高效快捷服务的需求，公司通过香港全资子公司 HONGKONG SUNWAY COMMUNICATION LIMMITED 实现对外投资，分别在美国圣何塞、瑞典斯德哥尔摩、韩国、中国台湾等地成立了以研发、销售为主的分支机构。这一时期，信维通信的境外销售大幅增加。如表 12－1 所示，2010 年公司境外销售占比较 2009 年增加了近一倍；2012 年由于信维通信收购了莱尔德（北京），公司的境外销售额又翻了一番，境外销售份额达到 56.43%，首次超过境内的销售份额。

表 12－1　　2007～2016 年信维通信的境内外销售情况

年份	境内（万元）	境外/出口（万元）	其他（万元）	境外销售占比（%）
2007	1717			0.00
2008	4491	1238		21.61
2009	7963	1539		16.20
2010	9434	4578		32.67
2011	10373	5910	15	36.26
2012	9355	12175	45	56.43
2013	18146	17054	29	48.41
2014	32843	47797	132	59.18
2015	50561	79436		61.11
2016	106818	134475		55.73

资料来源：根据信维通信招股说明书、历年年度报告整理而得。

为了实现国际化发展的战略目标，信维通信不断加强公司的内部治理，逐步调整内部结构，加大优秀人才的引进力度和保障措施。此外，公司还通过募投技改项目实现了产能的快速扩大和高精设备、工艺技术水平的进一步提高。其中，募投 LDS 天线项目建完后，公司 LDS 天线项目实现了 3600 万支的 LDS 天线的年产能。2012 年，公司募投项目建设的移动终端天线研发测试中心取得 CNAS 国家认证，公司整体研发测试能力大幅增强。这一时期，公司研发的音频模组新品实现销售，并且获得国外客户的高度认可；连接器项目团队成功研制的多款高性能新型连接器也在这一阶段逐步推入市场，同样获得了国内外客户的好评。

（三）聚焦发展阶段：聚焦音、射频领域（2013 年至今）

由于天线市场容量有限，信维通信意识到，如果仅专注于一个产品领域，企业发展将受限，因此，公司进行了产品升级，从专一单一产品升级为聚焦音、射频领域。从细分的天线领域扩展到以音、射频为中心的产品和服务业务，企业所有发展都围绕音、射频展开，包括精密制造、设施设备、核心材料（射频高建电、软磁材料）等，并将公司愿景设定为：致力于成为世界一流的音、射频一站式解决方案零部件供应商。在信维通信的财报数据中，2013 年以前，信维通信的主营业务构成包括许多产品，从 2013 年开始主要归入“移动终端天线及附件”，2015 年开始所有产品归入“射频零部件”。这说明信维通信的产品开始从天线业务逐渐往射频零部件延伸与发展，集中于“射频零部件”。2013 年开始，公司产品的销售进入高速增长阶段，每年都几乎成倍增长（具体如表 12－2 所示）。在这一阶段，信维通信已超越行业内原排名前列的国际企业，成为音、射频零部件领域的国际龙头企业，天线销售额居全球第一。

表 12－2　　2007～2016 年信维通信主营业务收入构成　　单位：万元

年份	2007	2008	2009	2010	2011	2012	2013	2014	2015	2016
无线点接入天线（AP）	7	28								
天线组件	155	815	1168	1356	15032	18553	29			
手机天线	1487	4330	6363	10508						
蓝牙终端天线	68	23	143							
蓝牙终端天线		313	794	1461						

续表

年份	2007	2008	2009	2010	2011	2012	2013	2014	2015	2016
技术开发收入		221	860	364	102	0				
GPS 终端天线			175	130						
天线连接器				16	1148	2977				
手机电视天线				177						
移动终端天线及附件							35200	80640		
射频零部件									129997	241293
其他（补充）					15	45		132		

资料来源：根据信维通信招股说明书、历年年度报告整理而得。

这一阶段开始，信维通信围绕音、射频业务不断增资收购，以扩展各领域资源。2014 年公司收购深圳亚力盛连接器有限公司，拓展测试类连接器、汽车连接器等零部件领域。2015 年公司通过增资获得光线新材料科技股份有限公司 51% 的股权，进入无线充电、超小型的贴片式 NFC 天线、LTCC 加工技术及非晶和纳米晶磁性材料的研究与开发领域。同年，公司通过两次增资获得深圳艾利门特科技有限公司 33% 的股权，成为第一大股东，布局金属陶瓷粉末注射成型领域，开发新兴的金属陶瓷材料制品。同时，公司还对信维光线和信维北斗进行增资。2016 年，公司成立深圳市信维微电子有限公司，重点布局市场前景广阔的高端电子元器件领域，如滤波器、开关、功放等射频前端器件，围绕射频主业多元化发展产品线、拓宽业务范围，培育新的利润增长点。同年 9 月，公司成立信维通信（江苏）有限公司，建造新的产业基地。基地的建成将有助于公司更好地利用长三角优秀的研发、人才资源和优越的地理位置，并且实现全方位的市场覆盖，以便更好地服务客户并且提供研发、制造服务及技术支持。

据高德纳（Gartner）预测，全球物联网设备到 2020 年将增加至 208 亿个。未来物联网设备将以无线接入方式保持连接和数据传递，这一趋势长期有利于终端天线市场的发展。信维的主要产品包括天线、精密冲压、精密零部件、声学类产品、线束、线缆、无线充电等。这一阶段，公司一方面从原单一通信天线逐渐发展到天线、射频隔离器件、射频连接器、音/射频模组、NFC、移动支付、无线充电及射频前端器件等零部件多种业务；另一方面进一步从手机终端零部件逐渐发展到包括电脑、平板、可穿戴设备及智能汽车等终端设备零、部件，并进一步延伸到高端射频前端器件、新型材料、新型工艺技术，面向智能化通信设备、VR、无人驾驶技术、天线工艺与新材料应用等未来产业，拓宽公司业务范围，布局未来，不断提升公司现在和未来的盈利能力。

三、转型升级特点

（一）在专业领域培育出较强的研发实力

射频元器件的设计环节难度大、具有很高的技术壁垒。自公司成立以来，信维一直高度注重技术研发，倡导技术创新，现已拥有强大的硬件设施和雄厚的研发实力。公司拥有7大研发中心、第五代移动通信研究院、新材料研究院，在深圳、上海两地分别组建了国内一流的研发中心。研发中心下设射频、结构、项目等部门，负责公司产品的研发及技术支持。研发中心的主要职责包括：协同决策层规划公司技术发展路线，实现公司技术创新目标；组织和实施新产品设计开发，确保项目开发进度和质量；负责公司引进产品的转化，实施定型产品和现有产品的技术改进和产品结构成本优化；向公司客户及生产部门提供技术支持服务。公司的研发中心还拥有具备国家CNAS和国际CTIA认证资质的国际化标准的研发测试中心。公司建成的CTIA测试中心能够测试的移动终端包括OTA、SAR、EMC等与天线相关的全部技术指标，是目前国内顶尖的射频测试实验室，是除工信部国家官方测试机构以外的规模最大、设计参数最高的顶级实验室之一，与世界一流手机厂商的测试系统处于同一水平。信维开发的天线调试测试暗箱配置了自主研发的超宽频带测量天线，目前已申请专利，能够对移动终端天线的主要性能指标进行快速的测量。根据该技术开发的天线在线测试站能够快速测试天线的多个主要性能指标，并可进行统计分析和问题追溯，比传统的在线测试方法更加稳定、可靠，有利于保证大批量生产的天线品质。该技术在同行业中处于领先水平，并受到多个国外客户的赞誉，也成为公司获得国际一流客户供应商资格的重要因素之一。公司还发展了精密五金加工、注塑、冲压和模具加工等成套加工业务，使得大部分相关环节的工序都能在公司内部实现，提高了公司的产品开发、样品试制及试生产产品交付的速度。

为了支持前沿研发，公司组建了一支技术一流的研发团队，其中包括多名通信领域博士、硕士和高级工程师，既有国内的研发技术人员，也有海外音、射频领域的专家。2016 年，公司研发人员数量占总员工数量的比例达到 33.25%，该比例自 2014 年年报披露研发人员数据后呈逐年递增的趋势。在研发投入方面，公司的投资力度也越来越大。如表 12 – 3 所示，2011 年，公司的研发投入仅有 1720 万元；2016 年已达到 1.09 亿元，占营业收入的 4.52%。此外，公司还与国内、外知名大学和科研院所合作开展研发。截至 2016 年 12 月 31 日，信维共申请专利 217 项，其中发明专利 80 项，共获得专利授权 122 项。走在行业前沿的技术研发能力是信维通信获得客户认可、销售规模不断增长的重要保障。在三星和苹果采用的射频零部件中，许多都包含信维通信的专利。

表 12 – 3　　2011 ~ 2016 年信维通信的研发投入

年份	2011	2012	2013	2014	2015	2016
研发支出总额（万元）	1720	2487	4775	5379	6114	10915
研发支出占营业收入比例（%）	10.56	11.53	13.55	6.66	4.70	4.52
研发人员数量（人）				272	466	722
研发人员数量占比（%）				22.64	32.01	33.25

资料来源：根据信维通信招股说明书、历年年度报告整理而得。

信维通信持续在音、射频技术领域加大研发投入，一直秉承"以客户为导向"的服务理念，致力于为客户提供音、射频整体解决方案的产品，与客户分享技术、产品和服务的综合价值。随着 5G 时代的来临，射频前端器件用量会越来越大，工艺难度也会越来越高，公司仍在进一步提高技术能力，完善产业布局、产品线和客户资源，为 5G 时代的发展机会做好全方位的准备。

（二）自动化生产水平不断提高

随着消费类电子产品升级换代的速度加快、消费者对于产品的个性化需求不断提高，消费类电子终端客户对于电子零部件供应商的要求也不断提升。灵活可调整的柔性批量生产能力和低成本控制能力成为消费类电子元器件厂商非常重要的竞争优势。并且随着劳动力成本的上升，自动化机器代替人工已经成为一种趋势。信维通信于2011年开始探索自动化生产，发展较快并且成果显著。通过自主研发和精益管理，公司不断提高工厂的自动化生产水平。目前除了激光，工厂内所有智能生产、自动化设备都由公司自己研发、设计、制造，机器在工厂中完成后投入整线，生产线上的许多机器已不需要人操作。例如，信维通信自主研发了自动放料机器人，机器人自动将材料放在工作台上，系统确认位置准确无误后发出雕刻指令进行镭雕。该工序目前在大部分工厂内仍主要采用人工操作。信维通信还拥有目前在行业内较领先的享有专利的ADS、3D成型机器。除了自动化设备，信维通信同时在生产软件、测试系统开发等方面投入研发。对于产量较大的产品线，工厂根据产品设计自动化设备和软件、测试系统，并且根据产品的类型、保密程度对车间进行分工和调整，决定哪个车间、什么样的设备生产什么样的产品，以追求更高的生产效率和更佳的资源配置。目前，工厂内基本一个车间专门对应一个客户的一种产品，大部分车间的自动化程度都已较高，特别是苹果生产线。随着公司经营规模增长，公司的技术创新和研发能力不断提升，低成本的全自动或半自动柔性制造能力作为公司发展的重要竞争力也在不断提高。

（三）把握契机，通过反向收购开拓国际市场、提高品牌影响力

莱尔德（Laird）是英国企业，在当时是全球规模最大、排名第一的天线系统供应商企业。莱尔德在北京开设了工厂，是诺基亚的主力供应商，公司80%～90%的业务来自诺基亚。2012年，诺基亚面临巨大危机，业务量急剧下滑，莱尔德也因此受到重创。信维通信把握住机会于2012年11月顺势收购了莱尔德（北京）。虽然此次收购存在巨大风险，但信维通信凭借自身的优势将此次重大资产重组转化为国际化发展的良好契机，获得了出口对应国际

客户的资质。在此次并购中，信维通信逐步获得了莱尔德部分客户的供应商资格，在国际化发展方面取得了重大进展，特别是取得了北美客户的突破，其他国际客户的认证也不断展开。这一重大资产重组事件不仅使信维通信在国际化方面有跨越式发展，还提升了公司的品牌影响力、加工制造水平、研发测试能力、综合管理水平等。此外，公司还充分挖掘了莱尔德（北京）原有的客户及研发资源，充分吸收其先进的管理经验，并购后在多个方面实现了协同效应，大幅提升了公司的整体竞争力和盈利能力，促使公司的业务不断发展壮大。

（四）在全球搭建研发、制造、销售网络

信维通信在全球 11 个城市建立了研发、制造、销售网络，辐射全球多个国家和地区。信维通信的制造中心主要在深圳、北京和常州，三大制造中心主要在国内，可充分利用国内劳动力成本低、产业链完整和高效研发等优势，提高产品竞争力。销售中心主要分布在瑞典斯德哥尔摩、美国圣荷塞、韩国水原、日本新横滨以及中国深圳、北京、上海、台北、西安、常州、绵阳。信维通信采用战略业务单元的模式，在客户附近建立营销中心、构建全球营销网络，可为客户提供音、射频解决方案，与客户实现充分交流和快速沟通。研发中心则主要分布在瑞典斯德哥尔摩、美国圣荷西、韩国水原、日本新横滨以及中国深圳、北京、上海、台北、西安，海外研发中心的研发人员主要由海外顶尖的音、射频专家组成。其中瑞典斯德哥尔摩的研发中心是在 2012 年收购莱尔德之后获得的，收购后的团队人员基本没发生改变，保持了原来的团队结构、框架、模式，仍然以瑞典顶尖的通信专家为主。在全球的研发中心中，目前有一些前沿技术领域的研发暂时未盈利，但这是公司在音、射频领域的布局，是公司技术始终保持在行业内最高点的关键。有些关键技术的前期投入非常大，但等到技术发展成熟便会呈现爆发式增长。例如公司的无线充电技术，前期公司在这方面投入的人员和设备非常多，亏损了若干年。但近年来无线充电的需求大幅增长，前期的投入很快便收回。美国、瑞典和国内的前沿研发中心主要是专门研究通信技术未来发展趋势以及如何应用新工艺、技术和材料。

（五）采用战略业务单元模式，全方位服务客户

经过多年发展，信维通信已搭建优质的国际大客户服务平台。优质的市场及客户资源要求供应商不仅拥有领先的技术、高品质稳定的产品，更要有快速的响应能力。从前期项目导入至项目完成，信维通信将按照战略业务单元组建项目团队（包括研发人员、技术人员、销售人员等），专门为客户提供一系列的支持与服务。在客户产品方案设计的最初阶段，信维通信积极参与客户音、射频产品结构等的研发设计工作，为客户的产品方案提供专业的天线设计参考意见和指导，力求使客户整体项目性能实现最优化。目前公司已在全球多个国家和地区铺设研发销售中心，在全球大客户所在地不远的地方设立研发中心或者办公室、配备相应的工程技术人员，实现了客户的本地支持。例如，公司在北美拥有许多大客户，因此，在美国当地设立了大型研发中心，团队中有既有销售人员也有技术人员，既有国内的员工也有本地的顶尖技术专家。此外，韩国水原主要对口三星；中国台北主要对富士口康。一直以来，信维通信以国内外大客户需求为导向，快速反应、贴身服务，并配备了完整的上下游资源，致力于为客户提供设计、制造及测试一站式的综合服务，完成客户提供的定制化产品。信维通信领先的技术和专业的服务最终推动公司实现了产品市场占有率的提高，并进一步加强了客户合作的广度与深度。

（六）企业家精神与独特的企业文化

企业家精神将影响企业文化的形成。信维通信董事长彭浩行事果断、执着，做事追求极致，其行事风格也深深地影响了他所带领的团队和企业。据信维通信员工反映："董事长做事非常果断、执着，看中的事情，不管费多大力气一定要去做。并且老板不自满，非常有冲劲，从来不停歇，一直带领企业追逐自己设定的目标。所以企业和员工都被老板的这种精神和行动力带动起来，大家都不停歇地往前走。老板在信维的带动力和感染力很强。"

1. 小步快跑的企业文化基因。如果将企业的发展看作一场永无止境的赛跑，信维通信希望可以实现"小步快跑"。"小步"是指信维通信"本分"的价值观，虽然企业在市场上参与"比赛"，但信维通信要求公司和员工都必须

遵纪守法，规矩做事。企业的发展要深耕音、射频领域，不能违反行业道德，企业的发展不是"唯利是图"，更要尊重对手和客户，服务和造福人类。公司要求员工做到：诚实、实事求是；尊重他人，欣赏他人的优点，相互信任，不拆台；懂得感恩；不断提升自身能力，踏实做事；公平、公正、不偏袒。"快跑"是指信维通信要一直不停息地在专业前沿领域设定自己的目标，无休止地往前跑。董事长指出，信维通信必须要做到行业的前两名，否则企业将没有生存空间。这个定位给公司设立了一个较高的目标，使公司和员工不会因为一点成绩而满足，停止下来。因此，信维通信自成立以来发展非常快，仅 11 年的时间便进入了国际专业领域的第一梯队，在行业中具有较强的话语权，实现了"小步快跑"。

2. 独特的合伙文化：共享、共创、共担。公司内部具有非常强的团队意识，所有研发、生产、销售等活动都以团队为单位。公司不强调个人英雄主义，而是建立一个团队为目标服务。假设公司有一个目标客户，这个销售项目并非仅为销售个人或者销售团队的工作，背后有一整个合作团队对其进行支持，有研发、运营等各岗位的员工一起完成这一工作。公司要求员工和团队都必须勇于担当：敢于主动挑头，谁发现问题谁去解决，问题到我为止；当问题出现时，首先求责于己，而不是推诿责任；敢于承担责任和挑战更高的目标。信维通信倡导信维合伙人的人才理念，始终秉持以人为本的发展观念，实践"共创、共担、共享"的合伙文化。公司不断搭建"人力资源体系"和"多元化职业发展通道"，为员工打造一个实现自身价值的平台和良好的职业发展空间。除了为员工提供具有市场竞争力的薪酬待遇，公司还通过限制性股票激励计划和员工持股计划进一步加大对管理层及核心员工的激励，实现员工与企业共同成长，让员工、企业、股东的利益高度一致。2013 ~ 2016 年，信维通信多次实施了股权激励。其中 2016 年实施的股权激励对象人数多达 231 人，授予的限制性股票总量 1996.6 万股。合伙人让公司的员工自己做"老板"，因此，大家做事情不急功近利，而是踏踏实实地做实事。

3. 追求极致。董事长对于企业的管理和产品质量都要求非常严格，受这种思想的影响，企业管理团队和员工心目中都绷紧一根弦，始终以一种极致的精神来追求极致的产品。在行业的大布局上，董事长提出了一个极致的目标：做一个世界性的企业，做世界级的产品，服务于世界最顶尖、最领先的品牌或企业。信维秉承“客户满意就是最好的结果”的理念，关注客户的真正需求，做最精致的产品/零部件。围绕这一精神，公司要求员工：要有打败竞争对手的决心和勇气，敢于亮剑；树立标杆，充分掌握客户、对手的信息，知己知彼，不断学习超越；勇于突破自我的经验和极限，把享受极致作为快乐工作的源泉。目前公司有些研发项目和业务处于亏损状态，但董事长坚持一定要做，因为这是代表科技前沿的“极致”和未来。

人们往往认为规矩的企业和员工创造力较差。但是，信维通信是一个“本分”“规矩”的企业，但却表现出了惊人的创造力和前瞻性，目前公司许多产品和技术已处于行业领先地位，企业成长也相当迅速，这与其独特的企业文化和发展基因密不可分。

四、结语

信维通信从一家生产天线的小型企业开始，专注于天线制造行业，立志赶超行业内其他竞争对手，自成立以来一直走专业发展的道路，“小步快跑”、稳步发展。2008～2011 年四年，公司营业收入的平均增长高达 90.83%。信维不断通过生产积累提升企业的各方面能力，并在四年内实现上市，成为国内从成立到上市时间最短的企业。上市后的信维通信拥有了更高的发展平台，2012 年公司抓住契机收购了当时天线行业排名第一的莱尔德（北京），并借此机会成功获得部分海外客户的供应商资格，在国际化发展方面取得重大进展。2012 年后，信维通信进入高速发展阶段。这一阶段的信维通信大举进入海外市场，在全球 11 个国家和地区建立了全球研发销售中心，并且投入大量的资金提高自动化程度和产品研发能力。在主营业务方面，公司一方面不断夯实原有产品的研发与制造能力；另一方面公司从专注于通信天线逐渐向音、射频解决方案的供应商转型。同时，信维通信不断打造优秀的企业文化，重视人才发展，通过有竞争力的薪酬待遇和全面的股权激励制度引进人才。进入国际化发展阶段的信维通信在 2012～2016 年的营业收入平均增长达到 74.3%。如图 12－1 所示，2013 年由于收购了莱尔德，公司净利润亏损 6561

万元；2014年扭亏为盈达到6309万元；到2015年，公司利润几乎翻了4倍，净利润达到2.21亿元；2016年净利润又较2015年翻了一番，达到5.32亿元。在技术发展方面，截至2017年4月，信维通信已申请的音、射频领域专利473项，并且在无线充电等多个细分领域站到了前沿技术的最高点。

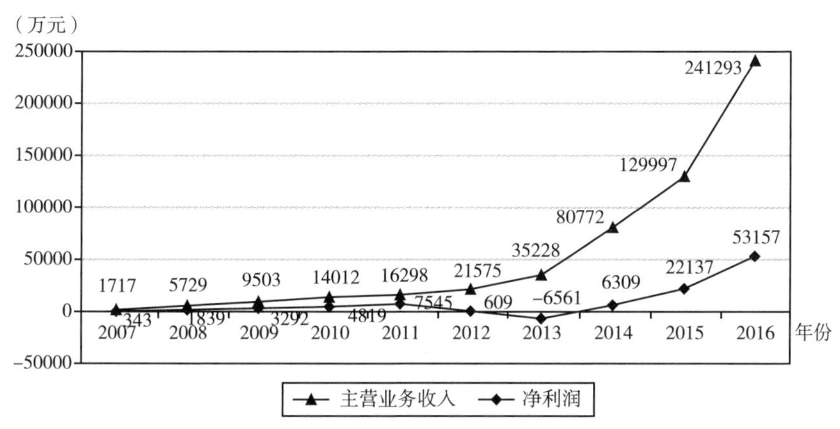

图12-1 信维通信的主营业务收入及净利润增长

资料来源：根据信维通信招股说明书、历年年度报告整理而得。

在移动终端无线应用范围不断扩大的背景和独特的企业文化影响下，信维通信坚持"集聚专业""科技创新""客户导向""全球化发展"，不断提高公司的市场地位，现已成为全球音、射频元器件领域的龙头企业。公司从成立到实现10亿元营收仅用了9年的时间，成功的背后是信维通信"专而精，精则强"的理念：专注于本业的锲而不舍、自动化生产能力的持续提高、在音射频领域技术的不断创新、覆盖全球的销售网络、高效贴心的专业化服务、独特的企业文化等。未来，电子产品及移动互联广泛应用将进一步推动音、射频业务的增长，作为消费电子元器件领域最具有行业前瞻性的公司之一，信维通信将继续围绕核心主业，继续做精、做强，不断扩大品牌影响力，追求成为世界一流的音、射频"一站式"解决方案的零部件供应商。

13. 大富科技：基于跨学科自主研发的企业转型升级

一、企业简介

深圳市大富科技股份有限公司（以下简称大富科技）于2001年在深圳市宝安区成立，2010年10月26日于深圳市证券交易所挂牌上市（股票代码：300134）。2016年，大富科技营业总收入达24.07亿元，同比增长16.82%，总资产77.92亿元，净利润1.25亿元，同比增长29.81%，公司员工总人数达到6683人。

经过16年的发展与积累，大富科技已成为集产品研发、生产和销售为一体的全球领先的射频解决方案提供商，拥有从模具设计、制造、压铸、机械加工、表面处理到电子装配等一系列完整的生产环节，能够为国内外客户提供一站式的专业服务。大富科技在国内外大中型城市设有十余处研发中心及生产基地，技术力量雄厚，拥有研发人员664人，技术专利300余项。大富科技还拥有优质的市场及客户资源，与华为、爱立信、阿尔卡特—朗讯、博世、康普等全球知名企业建立了稳定的合作关系。2016年11月11日，大富科技在ACCA评选的“中国企业未来100强”中入选榜单，并位列第21名。[①]

大富科技有三大主营业务“ERA”：移动通信基站射频产品（radio frequency）、智能终端/消费类电子产品（electronics）、新能源汽车零部件

① 刘阳．大富科技：“造而优则平台”［J］．首席财务官，2016（23）：35－37.

(automotive)。其中，业务比重最大的移动通信基站射频产品部分包括射频器件、射频结构件等移动通信系统的核心部件，产品主要应用于2G、3G、4G等移动通信系统。公司基于射频器件制造领域多年的工艺和技术积累，依托精密共性制造平台及创新能力，成功切入智能终端、新能源汽车、消费类电子等新的领域，主要为客户提供智能终端结构件、精密汽车结构件、USB3.1 Type-C连接器、摄像头、RFID标签、3D设计软件等产品。

二、企业的成长过程与拓展绩效

大富科技创立至今，大致可划分为三个阶段。

（一）初创阶段：射频结构件的加工生产（2001~2003年）

2000年以前，大富科技董事长孙尚传在深圳经营着窗口公司。后来他发现我国的高端加工领域有很大发展空间，大多工厂的压铸机吨位都是300~600吨，而铝压铸的吨位决定了能生产的部件大小，因此当时国内的铝压铸工厂都在做小件。此时，西门子正在做一个通信系统，部件级需求很大，但是国外供应链价格非常高，于是西门子希望在中国找到能提供两千吨吨位压铸机的生产工厂。孙尚传抓住了这个机会，投入2000多万元买来了两千吨的进口压铸机，半年后成功接到了西门子的订单，进入了射频结构件的加工市场。

后来，大富科技凭借其优良的产品质量和具有竞争力的价格，成为众多大厂商客户的合格供应商。2001年10月，大富科技成为苹果电脑公司的合格供应商，开始批量供应电脑组件；并于2001年11月成为弗雷通信的合格供应商，开始生产腔体、盖板等滤波器关键部件。2002年8月，公司成为新加坡Agilis公司的合格供应商，开始批量供应3.5G、7G、8G、13G、14G的腔体。

（二）第一次转型升级：从简单结构件加工到自主研发制造，再到提供全流程一站式服务（2004~2010年）

创业初期，大富科技主要为电脑组件、腔体、盖板等射频结构件做加工。

但是由于技术含量较低，行业进入壁垒并不高，能做同样通信滤波器部件的企业越来越多，竞争十分激烈。孙尚传认识到要通过差异化竞争提高产品的附加值，而差异化的关键在于技术。滤波器不只是简单的电子通信产品，更具有机电一体化产品的特性，要想使产品具有竞争力，不能仅靠射频工程师完成设计，必须更多从机械结构方面进行设计并优化产品。

于是，大富科技开始从单纯的结构件加工向产品的自主研发转型。2004年9月，大富科技开始组件专门的滤波器研发团队，研制滤波器产品。2005年2月，大富科技在北京设立办事处及研发中心，并成为德国天线巨头凯士林集团的合资公司，这一合作机会大大提升了大富科技的研发和制造能力。2007年底，大富科技形成了以结构设计为主的滤波器设计思路，开创了全新的滤波器设计模式及滤波器各功能部件的设计和工艺创新，并逐渐形成了腔体与连接器一体化设计与生产工艺、全腔整体仿真与协同仿真、射频自动测试装置技术、喷涂工艺提高滤波器耐压技术、温飘的控制技术等核心技术。

技术的垂直整合和横向扩展，帮助大富科技不断优化产品质量，从模具设计、制造、压铸、机械加工、表面处理到电子组装等生产环节一应俱全，可以为原材料到最终产品的整个生产过程提供一站式服务，产品也从单一的结构部件发展到具有涵盖整个产业链的多样性，这大大提高了产品的附加值。如表13－1所示，凭借自主创新、精密制造能力的纵向整合等优势，大富科技通过多项质量认证，获得了众多优质客户。

表13－1　　大富科技2004～2009年获得的客户及通过的质量认证

年份	客户资源	质量认证
2004	成为华为的合格供应商	—
2005	成为凯士林集团第54家合资公司	通过ISO14001：2004质量管理体系认证；德国西门子的产品过程认证
2006	成为博世的合格供应商	通过爱立信《行为准则和社会责任》审核
2007	成为北电网络、鼎桥的合格供应商	—
2008	成为阿尔卡特－朗讯的合格供应商	通过ISO/TS16949：2002管理体系符合性认证
2009	—	通过TS16949：2002汽车管理体系认证

资料来源：大富科技企业官网资料。

大富科技非常重视与华为的合作。2006 年，孙尚传发现了华为的发展潜力，便带着自己的射频团队去找华为。滤波器是移动通信基站的核心部件，华为在当时需要向西门子等国外供应商购买产品，而国外供应商提供的单价约为 3000 元。为了得到华为这一重要客户，孙尚传与华为签订了排他性协议，并保证一年内实现滤波器 40% 的降价。通过工艺的跨界融合，大富科技在一年内让华为的采购单价从 3000 元降到 1800 元，第二年降到 1200 元，第三年降到 900 元。2008 年，大富科技成为华为的滤波器供应商，对于华为需求的主要产品达到了至少 40% 的降价。成为华为的供应商对于大富科技的发展具有重要意义。2007 ~2010 年，随着华为的发展壮大，大富科技也迎来了自己的快速发展期。如图 13 －1 所示，三年内，大富科技的营业收入由 3. 11 亿元增长至 8. 63 亿元，净利润由 3781 万元增长至 2. 51 亿元，复合增长率分别达到 40. 49% 和 87. 90% ,① 实现了连续三年的盈利和销售额增长，满足了上市条件。2010 年 10 月 26 日，大富科技在深圳证券交易所创业板成功挂牌上市，募集资金共计 19. 8 亿元。

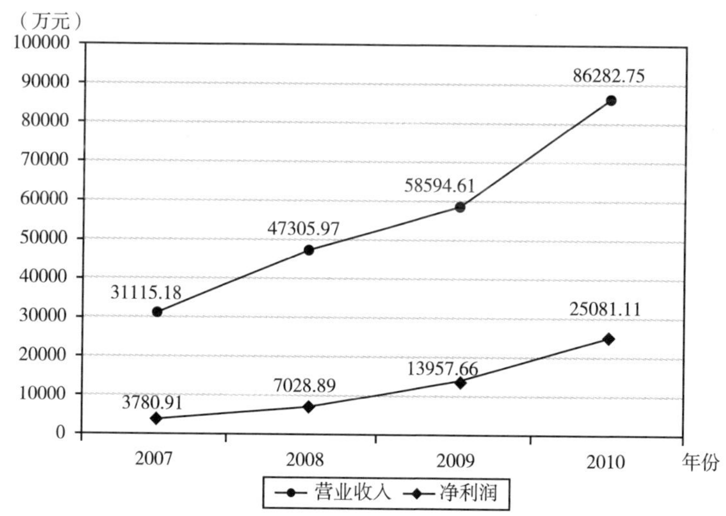

图 13 －1　大富科技 2007 ~2010 年营业收入和净利润增长情况

资料来源：根据大富科技招股说明书、历年年度报告整理而得。

① 根据大富科技招股说明书、年报整理计算。

（三）第二次转型升级：通过多次并购获取战略性资产，实现跨产业升级（2011 年至今）

2011 年，大富科技在射频器件领域的营业收入为 5.34 亿元，同比减少 17.47%，营业成本为 3.74 亿万元，同比增加 8.33%，毛利率同比减少 16.66%。从宏观产业背景上看，移动通信行业更新换代的速度非常快，对行业内企业的研发能力、成本效率提出了更高的要求，而且行业内不断有新的竞争对手进入，导致行业竞争更为激烈，再次降低毛利率。因此，2011 年开始，大富科技基于自身在射频器件行业内积累的技术优势，实行相关多元化战略。为防止客户集中度过高给公司造成不好影响，大富科技在坚持以射频器件与外围结构件为业务核心的前提下，加强了对 WLAN、RFID 等其他纵向射频领域的研发设计并增加了相关项目投入。为进一步扩大企业的市场容量，同时顺应工业 4.0 和新能源汽车的发展趋势，大富科技加大了对智能终端行业和新能源汽车行业的投入。

在射频领域，大富科技通过一系列收购获取了拓展现有射频业务的关键技术和市场资源。2011 年 7 月，大富科技控股子公司大富科技（香港）有限公司以 600 万欧元的价格收购 M. T. Srl 61% 的股权。通过双方的合作，大富科技在欧洲建立了自己的研发基地，并以此广泛接纳吸收欧洲的人才资源；拓展了移动通信射频器件、射频结构件产品的欧洲市场，进一步加强与欧洲通信主设备商的合作；利用 MT 公司丰富的产品线，发展公司在蜂窝通信、专网（集群网）、航空交通管制及地面数字电视广播等领域的新产品线，并进一步在欧洲市场及中国市场扩展新产品线。2012 年 4 月，大富科技以 15910 万元收购 ANDREW CORPORATION MAURITIUS 持有的弗雷通信技术（深圳）有限公司 100% 的股权。该公司主营业务为蜂窝移动通信设备的分路器、滤波器的设计、开发、生产经营和维修、批发、技术服务，经营进出口业务，有很多产品直接交付美国市场。收购弗雷通信，不仅拓展了大富科技射频领域的业务，还进一步提高了公司的国际化程度，帮助大富科技进入美国市场。2012 年 4 月，大富科技收购飞创（苏州）电讯产品有限公司部分设备、库存等资产，这对大富科技开拓天线领域、获得相关技术专利和生产制造许可、防范风险有长远的积极作用。

在智能终端行业，大富科技进行了多次收购，一方面获取了在相关领域开展业务的资质；另一方面获得了资金、技术、市场等战略性资产。

企业产品附加值的提升需要强大的资金基础作为保障，大富科技通过多次资本运作获取了关键的资金资源。2011 年 9 月，大富科技以 1211 万元收购深圳市华阳微电子有限公司 52% 的股权，利用双方共同的核心业务领域、技术优势及产品范围，通过资源整合实现共同发展，拓展现有射频业务，同时为公司迅速介入智能终端行业奠定基础；2014 年 3 月，大富科技以 1350 万元将所持有的华阳微电子 2.5% 的股权转让。2011 年 12 月，大富科技以 2974.09 万元收购深圳市大富物联网技术有限公司 100% 股权，大富物联网是一家具备物联网领域研发实力和产业应用基础的公司，拥有大量在物联网领域具有相当经验的高素质研发人员。大富物联网立足于智慧城市平台建设、智能网络基础建设以及智能标签应用发展三大业务领域，提供建设解决方案，有效满足了大富科技进入智能终端行业的需要。2015 年 9 月，大富科技以 5200 万元将大富物联网全部股权出售给深圳市得道健康管理有限公司。2012 年 4 月，大富科技以 900 万元收购深圳市卓胜通科技有限公司 100% 的股权；7 月，大富科技向卓胜通增资 700 万元。卓胜通是一家以自动化方案的提供和自动化设备的研发、制造为主营业务的公司。2012 年 8 月，大富科技又以 1800 万元将卓胜通 100% 的股权卖给配天重工装备。

除了资金积累，通过向微笑曲线两端移动，产品创新、品牌强化也使企业产品附加值得到明显提升，而大富科技通过多次收购获取了在智能终端相关领域发展的战略性技术和市场资源。2012 年 5 月，大富科技以 3200 万元收购成都意德电子科技有限公司 35% 的股权；收购完成后，大富科技又向意德电子增资 6700 万元人民币，其中 326.5 万元用于增加注册资本，增资后大富科技持有意德电子 51% 的股权。通过此次收购，大富科技获得了更强的电镀和表面处理工艺及资质，增强了电镀实力；获得了注塑、不锈钢粉末成型及蚀刻光刻等金属切削工艺及产能，为后续业务量的扩充奠定坚实的工艺基础，获得进入高端智能手机制造产业的机会。2013 年 6 月，大富科技的电镀实力已经可以满足现有及后续业务量扩充的需要，为应对市场环境的变化，以

9900万元将所持有的意德电子51%的股权全部售出。2012年5月，大富科技以300万元收购广州天通传输技术有限公司30%股权，这是大富科技对物联网领域的尝试性投资。2015年5月，大富科技以4250万元收购广州大凌实业股份有限公司51%的股权。大凌实业是国内最早涉足手机摄像头领域的企业，产品线涉及手机摄像头、笔记本摄像头、安防监控摄像头、车载摄像头、医用摄像头等多个领域，有12年的摄像头研发、制造经验和强大的研发制造实力。通过此次收购，大富科技丰富了产品线，整合了市场与客户资源，实现了制造管理经验共享，提升了自动化水平，促进公司更好地向智能终端领域和汽车领域拓展。2015年12月，大富科技以1.59亿元获得天津三卓韩一精密塑胶科技有限公司24%的股权。三卓韩一主要从事高性能橡胶、塑料、复合材料等高分子新材料高精密制品的研发、制造和销售，是业内具有全球化的眼光和国际化的战略发展意识的高科技新兴企业，产品种类繁多，产品的应用客户覆盖全球前四大智能手机厂商、全球领先的汽车制造商及其配件制造商、电气制造商、家电制造商、运动智能设备制造商等。此次合作可以进一步丰富大富科技智能终端产品线，共享市场及客户资源，提高现有客户的服务黏性，加快进入智能终端、物联网基础设备以及消费类电子等领域，提升公司的整体盈利能力。2011~2015年大富科技射频业务和智能终端领域业务扩展情况如表13-2所示。

表13-2　2011~2015年大富科技两大业务拓展情况

目的	时间	事件	现状
拓展射频业务	2011年7月	收购M. T. Srl 61%股权	2014年12月出售其15.9%的股权
	2012年4月	收购弗雷通信100%股权	继续持有
	2012年4月	收购苏州飞创部分资产	继续持有
进入智能终端行业	2011年8月	收购华阳微电子52%股权	2014年3月出售其2.5%的股权；2016年公开转让不低于15%的股权
	2011年9月	收购深圳市大富物联网100%股权	2015年9月出售
	2012年4月	收购卓胜通100%股权	2012年8月出售
	2012年5月	收购意德电子51%股权	2013年6月出售

续表

目的	时间	事件	现状
进入智能终端行业	2012 年 5 月	收购天通传输 30% 股权	继续持有
	2015 年 5 月	收购大凌实业 51% 股权	继续持有
	2015 年 12 月	收购三卓韩一 24% 股权	继续持有

资料来源：根据大富科技公开资料整理而得。

2015 年大富科技已向数家全球智能终端厂家供应智能手机的金属零部件。如表 13－3 所示，2016 年，大富科技通信业务的销售收入达到 16.26 亿元，同比增长 1.41%，实现平稳增长；智能终端领域的新业务比重进一步提升，实现销售收入 6.53 亿元，同比增长 91.03%，占到公司营业收入的 27.11%，为公司多元化业务的均衡发展奠定了良好的基础。

表 13－3　　大富科技 2015～2016 年两大业务销售情况

	2016 年		2015 年		同比增减（%）
	金额（万元）	占营业收入比重（%）	金额（万元）	占营业收入比重（%）	
射频产品	162655.86	65.57	160389.31	77.83	1.41
智能终端结构件	65275.26	27.11	34169.9	16.58	92.03

资料来源：根据大富科技历年年度报告整理而得。

大富科技凭借在射频行业积累的丰富经验和技术优势，立足于射频行业和智能终端行业，实现了两项业务之间的协同深化发展，同时也为公司进入新能源汽车行业奠定了良好的基础。2011 年 10 月，大富科技子公司安徽省大富机电技术有限公司以 915.91 万元收购配天（安徽）电子技术有限公司的汽车空调系统总成相关部分资产，有效拓展了公司业务，为进入新能源汽车行业做准备。2014 年 4 月，大富科技开始向特斯拉供应电动汽车零部件。2015 年 5 月，大富科技与内蒙古瑞盛新能源有限公司合资建立乌兰察布市大盛石墨新材料有限公司，主营业务为与天然石墨和碳素及制品相关的生产、销售和服务，以及锂离子电池极材料的研究、设计、生产、销售和服务等，不断探索向新能源汽车领域拓展。

三、企业转型升级特点

（一）跨学科自主研发、改善工艺，实现绿色生产，提高企业话语权

大富科技高度重视相关学科的整合与融合，多年来坚持开展多学科相关技术的研究与探讨，大量投入技术研发。如表 13－4 所示，2007～2016 年大富科技的研发投入占营业收入的 8.33%，2016 年，大富科技研发人员达到 664 人，占比 9.94%。2016 年，大富科技结合微波技术、电子技术、机械技术、化学技术、材料技术，自主创新地开发了射频器件的研发、设计方法，射频器件机械电子的开发和设计使公司能够在产品开发和设计阶段优化每一个细节，充分考虑产品的材料成本、工艺成本和质量成本，从而真正实现产品开发和设计的低成本和高可靠性。

表 13－4　　大富科技 2009～2016 年研发投入情况

年份	研发投入（万元）	营业收入（万元）	研发投入占营业收入比重（%）
2007	2507.49	31115.18	8.06
2008	3203.24	47305.98	6.77
2009	3050.68	58594.61	5.21
2010	4139.97	86282.75	4.80
2011	10248.35	98950.19	10.36
2012	22801.88	124049.51	18.38
2013	15635.05	146258.74	10.69
2014	12386.88	245086.40	5.05
2015	14729.61	206076.04	7.15
2016	16565.46	240739.52	6.88

资料来源：根据大富科技招股说明书、历年年度报告整理而得。

从设计角度，大富科技引领着行业趋势。滤波器作为射频部件，传统企业一般更加关注射频器的信号传输，研发人员大多是射频工程师，仅将金属结构件作为满足电磁通路要求的电磁元器件，从微波角度进行设计。而大富

科技引进结构工程师，从更容易生产、提高材料利用率的角度出发，将射频器件作为精密机电一体化的产品进行研发和设计，把其中金属类电磁元器件设计成既具有感性、容性、阻性的电磁功能，又能牢固连接、自成一体的金属结构，带来了更好的产品结构支持性、更高的出品率和更低的生产成本。

从制造工艺角度，大富科技首先采用压铸工艺、拉伸工艺代替传统的机加工，能直接成型不用切削加工。传统的滤波器都是以机加工方式生产，用一个铝块挖出所需形状，时间成本和材料成本都非常高。大富科技首先采用压铸工艺、拉伸工艺，利用铝液充满模具的方式进行生产，不仅提高了材料利用率、节省了成本，不再造成铝丝的大量浪费，而且缩短了生产时间，使生产更具弹性。用压铸工艺、拉伸工艺代替机加，可以说是大富科技进行的革命性创新，颠覆和引领了整个行业。

在表面处理上，大富科技也实现了突破，能用贱金属就不用贵金属。为保证射频性能，铝板外表面需要镀银，由于趋肤效应，银镀得越薄越好。最初大富科技也使用全部镀银的方法，后来大富科技发现这样不仅成本高昂，而且会损害有色金属。于是大富科技率先采用了下面先镀一层铜再镀银的方法，并用其他方式弥补性能上的偏差。后来，大富科技又进一步升级技术，只在表面镀一层 0.5 微米的散银。再后来，大富科技发现不需要继续镀银，镀铜就可以实现类似的效果，从而实现了大幅度降低成本。2012 年开始，大富科技在滤波器领域实现全球产能最大，产能达到一年 300 万件。

除了在原有射频器件领域，在新发展的智能终端领域大富科技也进行了很多技术创新。在消费电子领域，type-C 接口的传统生产方式是机加工，成本很高。大富科技同样利用自己做的胀管工艺，改变机加方式，用类似模具一次成型，节省了 80% 以上的材料。对于一次成型带来的副作用，比如因金属制造弹性带来的反弹问题，大富科技则通过其他工艺将其消除。

工艺的融会贯通和跨界使用帮助大富科技实现了五十多种核心工艺和机床核心系统的自主设计制造，其机床核心系统也向友商进行销售，打破了国外企业的传统强势地位，降低了制造成本，减少了材料浪费从而实现绿色生产，提高了企业在行业内的话语权。2009 年，大富科技与 Intel、富士康、艾默生、戴尔、松下、NEC 等 25 家国内外知名企业被华为评为全球核心供应商，是国内射频器件行业唯一获此殊荣的厂商。目前，大富科技在国内外大中型城市设有十余处研发中心及生产基地，技术专利300余项。同时，对于自己主营业务不涉及的工业，大富科技也通过收购或参股一些相关企业不断学习，如收购大凌实业、三卓韩一等。

（二）优质的市场及客户资源，为企业的快速成长带来重要契机

大富科技拥有优质的市场及客户资源，与华为、爱立信、阿尔卡特—朗讯、博世、康普等全球知名企业建立了长期、稳定的合作关系。

与华为的合作对大富科技的快速成长具有重要意义。华为是全球增长速度最快的通信主设备商。2004～2009年，华为的销售收入年复合增长率达到42%，2008年通信设备的销售收入位列全球第四名。2009年第三季度，华为超越诺西、阿朗，成为全球第二大通信主设备商，市场份额从2008年同期的11%上升至20%。2014年，华为实现全球收入2882亿元，净利润279亿元，不仅在收入指标上稳居全球电信设备市场第一，而且在净利润方面远远超过排名其后的爱立信、阿朗、诺基亚、中兴通讯这四家之和。[①]

经过不懈努力，大富科技与华为建立了良好的长期合作关系，且合作规模和领域逐步扩大。2004年12月，大富科技成为华为射频结构件的供应商；2006年3月，成为华为射频器件的供应商；2009年11月，成为华为全球核心供应商。受益于华为在移动通信领域的良好发展态势和领先地位，大富科技也伴随核心客户的快速发展而持续成长。如图13－2所示，2007～2013年，大富科技在通信设备制造业领域的营业收入由3.11亿元增长至16.77亿元，净利润由3781万元增长至3.63亿元，复合增长率分别达到32.42%和45.81%。

（三）精密共性制造平台为客户提供一站式的优质服务，提高产品附加值

大富科技拥有多工艺精密制造能力，能够实现产品设计与模具设计并行、模具设计与模具制造并行、产品设计与工艺准备并行、制造加工与设计优化

① 本刊编辑．华为的成绩单［J］．商周刊，2015（8）：22.

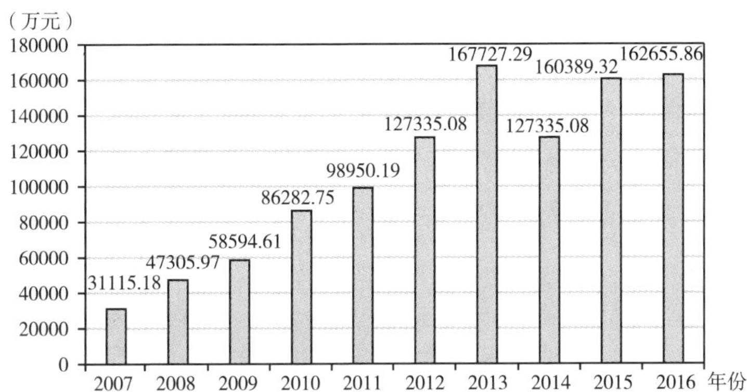

图 13－2　大富科技 2007～2016 年通信设备制造业营业收入

资料来源：根据大富科技招股说明书、历年年度报告整理而得。

并行，既能缩短产品的技术准备和制造周期，加快对客户的响应速度，又能适应行业定制化的特点，满足客户个性化的需求。

在纵向上，大富科技可以为客户提供从原材料、元器件入厂到最终产品出厂的涵盖模具、成型、精密加工、表面处理、器件贴片和装配测试六大工艺类别的全流程一站式服务，自制率高达 95%，并通过对产品交付前所有环节的全流程质量控制，为客户减少了各环节供应商的多层累加成本以及用于责任划分的额外成本，从而实现效能价格比的大幅度提高。

在横向上，大富科技已经可以向客户提供 50 多种完善的产品加工制造工艺，作为一个平台可以满足不同客户的同类加工工艺要求，既可以向通信设备领域提供关键零部件，也可以向汽车零部件、消费电子领域提供精密机电产品，实现同一制造资源在不同行业的广泛应用。

基于多工艺精密制造能力，大富科技逐步打造精密共性制造平台，提供“从硬件到软件，从部件到系统”的专业解决方案。凭借着精密共性制造平台，大富科技能为合作伙伴快速进行产品开发和新产品成果转化，逐渐实现量产。大富科技能为客户提供具有成本优势的、高质量和高可靠性的产品和服务，大大提高了产品附加值，持续向客户贡献价值。

（四）通过收购获取战略性资产，提高国际化程度，促进跨产业升级

在通信设备领域的扩展过程中，大富科技除了自主研发、与核心客户建

立密切合作外，还通过收购的方式拓展市场，提高国际化程度。2011 年 7 月，大富科技控股子公司大富科技（香港）收购 M. T. Srl 61% 的股权；2012 年 4 月，大富科技收购 ANDREW 持有的弗雷通信 100% 的股权和飞创（苏州）电讯产品有限公司部分设备、库存等资产。这两次收购不仅有利于拓展公司射频领域、天线领域的业务，还帮助大富科技进入了美国市场，提高了公司的国际化程度。

从 2011 年开始，大富科技通过多次资本运作，收购了华阳微电子、深圳市大富物联网、卓胜通、意德电子、大凌实业、三卓韩一、安徽省大富机电等公司，获得了进入智能终端和新能源汽车行业的技术、资金、市场资源等战略性资产，降低了对通信业务的依赖，实现了企业的多元化发展。

（五）注重对人才的培养，为企业持续发展储备力量

大富科技对人才非常重视，对外招收了一批高素质人才，很多员工来自北京大学、清华大学、香港大学等高校；对内建立了完善的人才培养机制、研发部的人才梯队和关键岗位继任者与后备人才甄选计划。大富科技给予员工充分的信任，培养员工的主人翁意识，最大限度激发员工的工作热情。2016 年，大富科技已有博士 6 人、硕士 45 人、本科 479 人，并以岗位技能提升和管理能力提升两条线为主，对各部门员工和管理人员开展了具有针对性的培训，提高了公司员工的能力，更好地满足了公司的人才梯队建设。

四、总结与启示

大富科技通过交叉学科的人才吸纳和培养，增强自主研发能力，实现了工艺的融会贯通、灵活使用，引领了行业的进步，成为集产品研发、生产和销售为一体的全球领先的射频解决方案提供商，为客户提供从模具设计及制造、压铸、机械加工、表面处理到电子装配等完整生产环节的一站式专业服务。随着技术的持续创新，大富科技成功实现了产品的保质降本，进而获得了一大批优质客户资源，与华为、爱立信、阿尔卡特—朗讯、博世、康普等全球知名企业建立了长期、稳定的合作关系。大富科技还通过并购等资本运

作提高了国际化程度，成功实施了相关多元化战略，进入了智能终端和新能源汽车领域。

持续创新是企业不断成长的主要手段，企业必须充分利用各种资源进行技术研发和服务升级，发展核心竞争力，提高企业话语权。大富科技利用跨学科的人才进行自主研发，并由单纯的制造商升级为射频解决方案提供商，从技术和服务两个角度大大提高了产品的附加值。企业要及时抓住外部环境中的机会创造价值。大富科技抓住与华为等知名企业合作的机会，并且与时俱进，通过并购、建立合资企业的方式迅速切入智能终端和新能源汽车行业。同时，人力资源是帮助企业进行持续创新的关键资源。大富科技建立的人才梯队为企业提供了持续发展的动力源泉。

14. 奋达科技：电声龙头企业的转型升级

一、企业简介

深圳市奋达科技股份有限公司（以下简称奋达）创立于1993年4月14日，于2012年6月在深市中小板上市（奋达科技：SZ002681）。公司总部位于深圳市宝安区石岩镇奋达科技园，法定代表人为肖奋。2008年，奋达科技首次被认定为“国家级高新技术企业”，并保持至今。奋达目前是中国音频技术、电声产品、健康电器产品、智能穿戴产品、移动智能终端金属件产品、精密制造领域的领先者，长期战略是发展成为持续领先的消费类电子产品垂直整合制造与服务的高科技企业。

奋达主营消费电子产品及核心部件的研发、设计、生产与销售，目前主要的四大产品线包括：电声产品、健康电器、智能可穿戴设备、移动智能终端金属件。奋达的产品以出口为主，销往全球。2016年，产品国内销售和国外销售占比约1∶2。公司主要采取原始设计制造商（ODM）和原始品牌制造商OBM相结合的经营模式：在全球发达地区，奋达选择与国际知名品牌商、零售商合作，为其提供从产品方案设计、模具开发及制造、电路及软件设计到产品制造等一体化的解决方案，间接将产品销往欧美等全球发达地区市场；在发展中地区，公司则主要采取自主品牌“F&D”进行销售。经过多年的市场开拓，公司与华为、飞利浦（Philips）、苹果（Apple）、阿里巴巴、Farouk Systems、Sally Beauty、HOT、索尼（SONY）、vivo、创维等世界品牌建立了稳定的合作关系。2012 年上市后，奋达先后投资和并购了微电子、移动医疗、可穿戴设备、高端移动消费电子产品金属件等行业的多家企业，积极谋划转型发展，围绕智能语音音箱、健康电器、智能可穿戴设备、移动智能终端金属件、大健康移动医疗等新硬件和服务展开部署和行动。

二、成长历程

（一）起步发展阶段：专注电声行业（1993～2004 年）

奋达从 1993 年开始做音响扬声器起家。1998 年，在扬声器制造技术和工艺都很成熟的基础下，公司推出了有源音响，这是一次由器件向整机的产品升级。为了匹配 VCD、DVD、个人电脑等音源，奋达又开始研发多媒体音响，拓展音响业务。奋达的音响产品在欧美等发达国家主要与国际一流知名品牌商合作，采用 ODM 的发展模式，从产品研发、设计规划、制造都由奋达完成，渠道则与国际零售商合作。对于发展中国家和地区市场则采用 OBM 的发展模式，建立自主品牌，尤其是中东和东南亚。在印度、俄罗斯和乌克兰，F&D 品牌家喻户晓，在当地的音响市场具有较高的市场占有率和品牌影响力。奋达主营高端音响，在行业内具有较高毛利率。电声产品在奋达发展的 24 年间均保持稳定的增长，为奋达提供了稳健的现金流，并为其他产品线的拓展奠定了良好的资金基础和提供了技术支持。

（二）多元化发展阶段：新产品的探索（2004～2012 年）

这一阶段，奋达不仅在电声产品线上继续投入研发，实现产品新技术突破；在技术积累和研发创新的基础上，还进一步开发健康电器、可穿戴设备、云服务等一系列的新技术和产品，打造公司新的业务增长极。

在电声产品线方面，奋达找准产品的市场定位。音响并非生活必需品，高端音响更是生活中的奢侈品。同时，音响是声音的播放器，它必须伴随音源的发展而发展，需要根据音源的变化不断调整和升级。20 世纪 90 年代末到 2000 年，音源主要是 DVD、VCD、CD，配套大音响；2000 年后，随着 Walkman、笔记本电脑、手机等音源的变化，音响开始迷你化；近年来，智能电视、智能手机的销量高速增长，无线产品的出现又需要音响做出相应升级。因此，在智能手机高速成长的2010年，奋达规划布局了蓝牙无线音响，并于2012年在电声行业率先推出蓝牙音响。2013年5月，奋达发布了芯片IF-5110和解决方案，首创TWS蓝牙音频技术，并获得了全球只有2%通过率的苹果MFi6.0认证，成为国内率先将4.0蓝牙技术应用在音响产品上的厂家。

在健康电器方面，奋达从2004年开始涉足高端美容美发产品。这是奋达在电声产品基础上孵化出的第二条产品线，实现了产品升级。美容美发电器和电声产品现作为奋达两大稳健型事业部，虽跨界，但两者在电子、结构、外形、注塑、模具等方面相通，不同的是消费者人群。美容美发产品线的成功开发使得奋达的先进技术应用在了更多的领域，服务于更多不同群体的消费者。一套成熟的技术运用在不同的领域这对奋达而言无疑是最大程度发挥了其在电声产品方面的技术优势。奋达美容美发产品的主要客户是欧美高端的美容美发专业沙龙。一块直发机夹板售价可达100多美元（约1000元人民币），毛利率超过30%。奋达的美容美发产品采用ODM的发展模式，主要市场在发达国家。目前全球前10大美发品牌有8家与奋达建立了稳定的合作关系。据中国海关信息中心的数据显示，在美容美发高端品牌的自营性出口中奋达排名第一，排名第二的厂商销售额只有奋达的1/7。健康电器产品线从2004年发展至今，销售收入每年增长约20%。2016年，该产品线营业收入超过5亿元，营业利润超1亿元。目前该产品线开始横向发展，推出了美容电器和健康仪器，例如眼部按摩器、面部水分检测仪、电动洁面仪等。

在可穿戴设备方面，奋达2010年开始规划布局，成立了新的智能穿戴技术部，在国内具有先发优势。该产品线是在蓝牙音响产品和技术上的延伸。蓝牙音响的核心是蓝牙模块和传感器，对其进行内部优化并安装在手表手环上便可升级成为智能穿戴设备。目前经过六年多的孵化与探索，目前奋达的智能可穿戴产品在技术、产品的形态和性能等方面都取得了一定的成绩，并且实现了软件硬件一体化。2016年该产品线销售额达1亿元，基本实现了盈亏平衡。在智能穿戴方面，奋达正朝无感佩戴的智能穿戴方向发展，并将智能穿戴与医疗深度融合，发展大健康移动医疗。智能穿戴产品线作为奋达未来重要的战略产品线也发展迅速。

（三）高速发展阶段：产品智能化发展与外延式并购投资（2012～2016年）

这一阶段，全球智能手机市场需求呈现爆发增长态势，这给深圳的电子科技企业带来了新的发展契机，电子制造纷纷转向智能制造，产品也向数据化、智能化转型升级。2012年，奋达登陆资本市场，上市后的奋达进入了崭新的发展阶段，积极探索外延式发展，扩张和转型升级的步伐迈得更大。

奋达在主要的产品线上纷纷进行了智能化的探索和研发。对于电声产品线，奋达专门成立了以无线通信为基础的技术团队，研发无线产品和智能音箱。2016年，奋达与阿里巴巴、京东、bestbuy（百思买）等合作开发智能音箱语音对话和语音平台，推出的"天猫精灵、京东叮咚"等获得市场热捧。在这一阶段，奋达的健康电器和智能穿戴产品线都成长较快。2015年，奋达供应联想VB10智能手环量产，并为其提供云服务；与中国科学院苏州生物医学工程技术研究所合作开展了穿戴式甲醛测试设备、便携式甲醛净化仪的研发生产。2016年，奋达与联想、英特尔（Intel）合作智能鞋子；与御泥坊合作推出带有传感器、可对脸部皮肤进行检测的智能镜子"魔镜"；为华为设计生产畅玩手环，销量达到100多万件。奋达的健康电器和智能穿戴两条产品线还实现了融合，奋达现已开发出一些二类医疗器械，主要走医院渠道。例如，针对糖尿病患者的移动血糖仪；为飞利浦研发出可测心率心电图的智能手表，该仪器容差率较低，可为医生诊断提供参考，这款智能手表通过了美国FDA认证。除了推动产品升级，在生产工艺流程方面，奋达引入生产自动化、人员管理、AMSME纯自动的生产链，不断提高管理效率。2008年至今，奋达的产能翻了几倍，但员工数量较2008年的2000多人并没有较大的增加。

2012年上市以来，奋达充分利用资本市场的平台发展自身，在并购重组、定向增发、股权激励、再融资、债券等方面都取得了较好成绩。这一阶段，奋达积极实施外延式扩张，利用资本市场围绕新业务增长参股并购了一系列公司。2014年，奋达将600万元投资于艾普科微电子17.5%的股权，布局光电传感集成电路产业。2014年和2015年，两轮共计6100万元投资光聚科技15.4%的股权，布局以移动血糖仪为代表的移动医疗行业。2014年，两轮出资共计800万元参股智能可穿戴终端（AR和VR）高科技公司——奥图科技，占17.77%的股权。2014年9月，奋达以发行股份与支付现金相结合方式斥资11.18亿元收购高端移动消费电子产品金属及新型材料外观件开发级供应商——欧朋达，布局移动智能终端产业链，进一步强化公司在精密制造方面的核心能力，提升了公司的核心竞争力。奋达对欧朋达的并购被交易所认定为企业并购的典型成功案例。2015年9月，奋达以1000万元投资乐韵瑞5.36%的股权，布局无线互联网音频。2015年10月，奋达以1000万元设立全资子公司——深圳市奋达智能技术有限公司，进一步布局移动可穿戴设备。2017年7月31日，奋达以28.9亿收购高端移动消费电子产品精密金属结构件企业——深圳市富诚达科技有限公司。通过资本运营，奋达借助外延式参股并购，补足了其在金属及新型材料外观件领域的技术短板，将业务直接延伸至利润空间丰厚的移动电子消费品产业链上游，并且切入苹果供应链，布局健康、智能穿戴等战略产业。

三、转型升级特点

（一）较强的技术和研发能力作为发展基石

奋达多年来一直从事多媒体音箱和美发小家电等电子产品的研发和生产，建立了涵盖电子、电声、电气、结构、软件、测试、样机等项目的技术中心，并形成包含产品ID概念设计、电声设计、电路设计、软件设计、结构设计和平面设计等较为全面和稳定的核心研发团队，与同行相比具备了较强的技术优势。2011年以来，奋达的研发人员占比始终保持在14%左右，研发投入占总营业收入的比例约为4%。如图14-1所示，奋达的研发投入整体呈增长态势，2011~2016年研发投入的年复合增长率达到42.45%。其中，2015年的研发投入增长最多，是2014年的一倍多。2016年，奋达研发投入9901万元，同比增加9.47%，占营业收入比例为4.71%。研发的重点主要在智能可穿戴产品、金属及新型材料外观件开发、柔性自动化生产线、健康电器等领域。

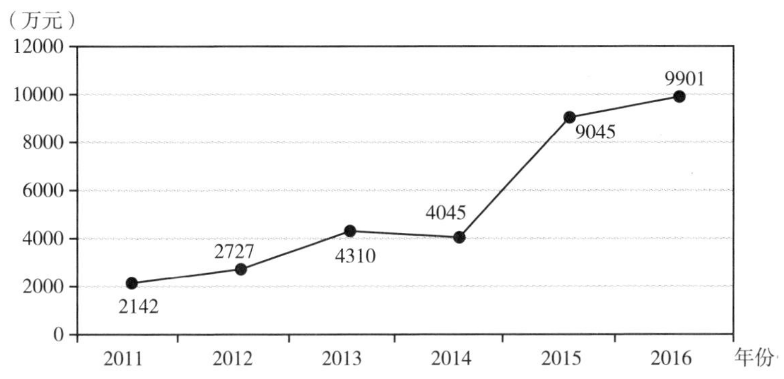

图 14-1　2011~2016 年奋达科技的研发投入情况

资料来源：奋达科技招股说明书和历年年报。

截至 2018 年 4 月 2 日，奋达科技已获专利 272 项，其中发明专利 10 项、国际发明专利 1 项、实用新型专利 141 项、软件著作权 14 项、外观设计专利 97 项、国际外观设计专利 4 项、专利合作协定（PCT）5 项，覆盖了公司各主要产品系列；尚在申请中的专利有 28 项，其中发明专利 16 项。在多媒体音箱领域，奋达以专业设计、扬声器材制造起步，现在喇叭单元的电声设计和结构设计方面已处于行业领先地位。在美发小家电领域，凭借多年来的技术积累，公司自主研发了一系列行业领先的美发小家电电路控制技术、生产工艺及自动化检测技术方案，包括 MCH 陶瓷发热体的快速升温技术，邦定 NTC 技术、开合测试设备、拉发测试设备、风筒跳制测试装置等，使得公司在产品性能、品质和生产效率等方面具有竞争优势。2012 年，奋达探索健康电器产品线与可穿戴设备产品线的结合，研发出带触摸屏的吹风筒，能准确控制风筒的风速和温度，达到保护头发的目的；还研发出带传感器的直发器和卷发器，可以记录头发相关数据，并实现数据和发型效果的分享和交流。该系列产品的研发实现了美发产品的数据化和智能化，产品一推出便受到欧美高端美容美发品牌的欢迎，多家国际知名品牌与公司合作购买该产品。

凭借领先的研发技术，奋达能为国际一流品牌客户制造定制的产品，并且具有自主研发产品的能力。较强的产品研发、设计能力增强了客户黏性，使奋达在与国际一线品牌的合作中获得了更多的话语权，同时也为奋达自主品牌的推广和新产品线的研发奠定了良好的基础。

（二）培育多元化的产品线以进入新的消费市场，扩大市场容量

2015年，奋达所处的深圳宝安通信设备、计算机及其他电子设备制造业产值2883亿元，区域内有国家高新技术企业1232家、国家“火炬计划”重点高新技术企业13家。良好的发展氛围、完善的产业链、激烈的竞争环境使得奋达具有较高的市场敏感度和较快的反应速度。此外，电子产品市场具有消费热点切换频繁、单一型号品种生命周期短、产品升级换代速度快等特点，消费者对产品的外观设计、功能、品类等方面的需求日新月异，行业特点决定了企业必须要敏锐地捕捉市场动态需求中蕴含的商机，并能快速反应，研发新产品、新技术、新应用，以适应市场。

奋达是国内最早的音箱制造企业之一，一直紧跟行业技术趋势和引领市场消费潮流，根据音源设备的发展变化不断推出经典产品，迎合了不同时期消费者的产品需求，推出了各个时期国内多媒体音箱行业的代表性产品，持续获得市场的广泛关注。在此基础上，奋达不断多元化拓展产品线，在电声产品制造技术的基础上延伸出健康美发产品线，在蓝牙无线音响技术的基础上延伸出智能穿戴产品线。近年来，智能电子产品爆发式增长，奋达抓住这一发展契机，利用资本市场，进入市场容量巨大的金属外观件及结构件产品市场，切入苹果供应链。奋达的产品线从单一的电声产品发展成为四大产品线组合，并且逐渐形成涵盖电子、电声、结构、软件等完整的技术体系。电声产品线是自奋达成立以来支撑公司快速发展最重要的产品线。如表14－1所示，2009～2014年，电声产品线的销售占比一直占到公司销售总收入的1/2左右。但随着公司多元化的发展，电声产品的销售占比从公司刚成立的100%降低至2016年34.3%。健康产品——美发小家电则是奋达的第二大支撑性产品线，2009～2014年，健康电器——美发小家电产品的销售收入占比一直约为40%，2012年甚至一度超过了电声产品线，销售额占比达到50.62%。在奋达并购欧朋达后，移动智能终端金属外观件与电声、健康产品——美发小家电形成了“三分天下”的态势，三条产品线分别占奋达销

售收入的30%左右。这三大奋达的基础型产品线为奋达带来了足够利润的现金流，支撑奋达的发展，为健康电器、智能穿戴等正在布局规划的战略产线提供了充足的资金基础和良好的技术保障。不断延伸产品线、优化产品结构，奋达的新产品的催化能力保障了公司业绩的持续增长。此外，奋达还从制造向服务转型，打造云平台与数据中心，为客户提供包括数据存储与分析在内的数据服务。截至目前，奋达是业内少数能提供软件、硬件、云计算一体化解决方案的企业。

表14-1　2009～2016年奋达科技的产品收入构成　单位：万元

产品	2009年	2010年	2011年	2012年	2013年	2014年	2015年	2016年
电声产品	25446	36214	43665	37044	54309	54505	54207	72143
健康电器					49586	50897	55546	51315
美发小家电	20789	29121	35049	39844				
其中：苹果系列	1318	3683	6372					
其中：电推剪	67	459	37					
其中：电吹风	40	1186	1436					
其中：卷发器	650	1696	4327					
其中：直发器	20032	25780	29249					
移动智能终端金属外观件							55554	67296
其他产品	187	271	705	766	740	808	5241	2813
其他（补充）	331	599	1517	1065	1285	1835	1901	16791
电声产品线占比（%）	54.43	54.7	53.95	47.06	51.27	50.45	31.43	34.3
健康产品/美发小家电产品线占比（%）	44.47	43.99	43.3	50.62	46.81	47.11	32.21	24.39

资料来源：奋达科技招股说明书和历年年报。

对于奋达而言，多元化的产品线发展不仅是为了应对市场需求，更是为了扩大市场容量。音箱是生活的配角，不是生活的必需品。相比奋达近年来进入的金属电子结构件市场和一直正在布局的健康电器市场，奋达发家并且赖以支撑的电声产品线市场容量较小，只有1000亿~2000亿元的市场规模。小容量市场的天花板较低，当企业在细分市场成长起来，单一产品的市场容量将成为企业发展的阻碍。因此，在专业市场发展壮大，并培育起较强的技术竞争力后，企业可通过进入市场容量和潜力更大的市场以获得更大的成长空间。未来，智能穿戴和健康电器产业有望呈现爆发式增长，奋达正在培育的智能穿戴产品与健康大数据的增值服务内容也正不断逐渐丰富，未来有望支持奋达发展成为国内具有优势的可穿戴产品软、硬、云一体化服务提供商。

（三）采用“ODM+OBM”的模式，拓展市场的同时培育自主品牌

奋达的产品主要出口海外，2014年以前公司的国内销售占比不到12%。2016年奋达的海外销售占比为37.7%，主要以美洲、亚洲、欧洲为主，其中最多出口美洲（见表14-2）。2014年以前，美、亚、欧三个地区的销售收入占比约为90%。该比例在奋达进入移动智能终端金属外观件领域后有所下降。在欧美市场，由于发展阶段、文化理念的差异，当地消费者已接受当地品牌，并且具有较高的品牌忠诚度，中国品牌难以进入。例如，国内某知名音响品牌在欧美国家进行了7~8年高端音响的自主品牌探索，但效果不理想。因此，奋达吸取同行的经验和教训，根据公司主营产品在全球不同国家或地区市场的竞争程度、消费层次、增长潜力的差异性，采取ODM和OBM相结合的差异化经营模式。在全球发达地区，奋达选择与国际知名品牌商、零售商合作，自己掌握微笑曲线左端的研发、设计和制造环节，而微笑曲线右端的销售和品牌则交给在欧美市场具有渠道和品牌优势的一流品牌企业；在全球发展中地区则主要采取自主品牌进行销售，以进一步优化业务结构，实现公司在快速增长的新兴市场的品牌发展。目前，在印度、俄罗斯、乌克兰的高端音响市场，奋达品牌已有较高的市场占有率和品牌影响力；而在欧美的高端美发市场，奋达已替代韩国企业成为欧美品牌企业的首选代工企业。经过十多年的海外市场开拓，奋达核心客户的数量不断增加，客户群体优势也是奋达核心竞争力的重要组成部分。

表 14－2　　2009～2016 年奋达科技的地域收入构成

年份	2009	2010	2011	2012	2013	2014	2015	2016
国内	5414	6410	6445	4279	6027	60497	66305	79303
大洋洲地区	151	181	50	287	374	159	133	180
非洲地区	284	207	223	234	277	16500	331	396
美洲地区	29645	40359	46758	42104	62567	1835	63581	64216
欧洲地区	4177	9553	11359	16041	16288	394	19960	21058
亚洲地区（不含国内）	6750	8896	14585	14709	19102	15954	20238	28413
其他（补充）	331	599	1517	1065	1285	12705	1901	16791
国内销售占比（%）	11.58	9.68	7.96	5.44	5.69	55.99	38.45	37.7
美、欧、亚三地销售占比（%）	86.78	88.83	89.83	92.55	92.48	16.83	60.18	54.04

资料来源：奋达科技招股说明书和历年年报。

采用分区域、分步骤的“ODM＋OBM”差异化经营，奋达一方面拓展了全球市场，实现公司产品在全球范围的覆盖；另一方面通过为国际品牌商、零售商提供 ODM 产品及服务，公司能够快速掌握行业最前沿的技术和消费趋势，学习其在国际市场上品牌运营的思路和方法，有效促进了公司在全球的 OBM 业务发展。在欧美国家替代欧美的品牌也一直是奋达努力的方向。

（四）内生增长加外延并购协同增长

新形势下行业和企业的竞争格局瞬息万变，企业可通过上市撬动大笔资金迅速做大做强，充分利用资本市场能使上市企业迅速拉开与完全依靠内生增长模式发展的竞争者之间的差距，占领更大的市场份额。上市后的奋达逐步明确了向智能硬件解决方案提供商和服务商转型的方向，以及采用资本市场内生增长和外延并购同时发展的模式。因此，奋达成立了并购投资委员会和并购投资部，专门负责投资并购，主要开展标的企业的筛选、调研、联系、洽谈、并购等相关工作。

奋达的并购非常谨慎，并购的标的企业百里挑一。并购欧朋达，奋达历时3年对80家企业进行研究和分析，最终决定并购欧朋达。从奋达并购欧朋达和富诚达来看，两次并购使奋达获得了利润提升和产业延伸，目前欧朋达在奋达利润中的贡献度已超过三成。从参股奥图科技、光聚通讯等公司来看，奋达在不断提高自身研发实力的同时，通过参股的方式迅速布局移动医疗、智能芯片、虚拟现实、可穿戴设备等多个智能硬件领域。从横向的产业链布局来看，奋达自身掌握无线技术、高端制造等环节，通过并购和参股相关企业，一方面引入其拥有的客户关系，搭建起与行业内其他企业的沟通桥梁；另一方面进一步提升了制造水平，掌握核心技术。奋达智能硬件解决方案提供商和服务商的产业链布局在这几次参股和收购后基本显露雏形。此外，奋达在欧美国家的自主品牌建设也采用“两条腿”走路的模式：一方面自己培育奋达的品牌；另一方面由于中国品牌进入欧美市场的难度较大，因此，采用垂直整合的战略思路，探索尝试通过收购国际知名品牌获得品牌和渠道优势。

（五）实施股权激励，激励员工长期稳定工作

在公司上市并进一步做大做强后，奋达先后进行了两次股权激励，以此方式引进员工持股，激励员工长期稳定工作。2014年10月，奋达公布了计划实施的核心员工限制性股权激励计划，向涉及董事会秘书、中层管理人员和技术人员等在内的146名核心员工发行330万股限制性股权。2016年7月，奋达进一步向232名激励对象授予1199.06万股限制性股票，授予价格为每股7.32元，并于2016年9月5日上市。

家族企业是中国最常见的民营企业类型，家族企业在转型升级时，往往面临现代治理模式升级等问题。奋达选取净利润增长率和净资产收益率作为激励计划的解锁考核指标，且净利润增长率及净资产收益率指标的设定均高于行业平均水平，这也反映了奋达高层对公司长期持续发展的信心。通过股权激励措施的实施，能够在家族管理背景下解决一部分管理效率不高的问题，也使得员工的凝聚力和奋斗力得到加强，提升了中高层员工的稳定性，为公司未来长期战略的实施打下了坚实的基础。

四、转型升级的成果与启发

如图 14－2 所示，2013 年，作为国内高端音响行业的龙头企业，奋达营业收入超过 10 亿元，净利润突破 1 亿元。三年后，奋达的营业收入超过 20 亿元，净利润达 3 亿元。通过内生式增长和外延式并购，奋达自上市以来营业收入和净利润逐年增加，从相关财务指标来看，公司一直保持着较好发展态势，具有较好的成长性和可持续性。

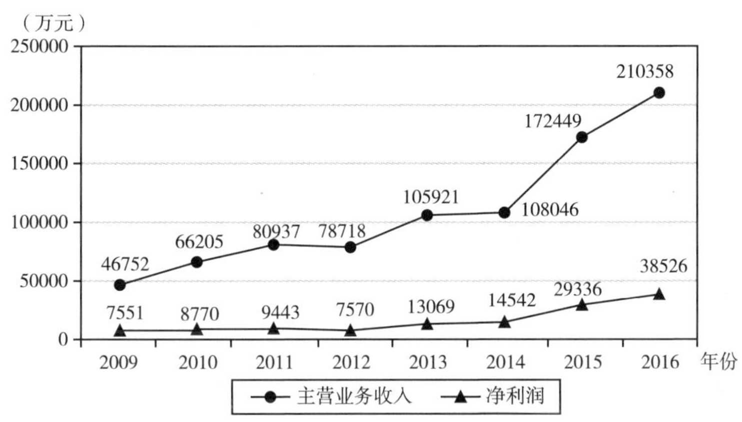

图 14－2　2009～2016 年奋达科技主营业务收入和净利润的增长趋势

资料来源：奋达科技招股说明书和历年年报。

一直保持良好发展的传统制造型企业往往具备某一方面的专业技术能力，在发展形势和市场环境不断变化的今天，如何精确捕捉并且满足市场的新需求成为企业发展的关键。对于细分领域的龙头企业，随着企业的高速成长，产品市场已逐渐饱和，继续开拓原有的产品市场难度较大。此时，开发新产品和新市场、扩大市场容量变得尤为重要。奋达是深圳宝安的本土企业。身处创新创业氛围浓厚、电子产业集群的深圳，奋达从电声行业起步，善于技术布局和把握市场切入的节点。在转型升级的每一个关键节点，奋达都探索出了适合企业发展的战略转型路径，做好企业的内部管理和现金流分配。现在，奋达更是进一步规划由电声产品龙头企业向新型智能硬件一体化解决方案的提供商和服务商转型。

从转型升级的路径来看，奋达牢牢把握了新旧产品业务的交替。奋达一方面立足于无线电声加工制造，不断创新升级电声产品的核心技术，为公司的多元化发展提供基本保障和充沛的现金流；另一方面不断捕捉市场新需求，抓住智能硬件高速发展的“风口”，利用公司在无线电声领域积累的研发优势，加大对软、硬、云一体化建设的投入，在可穿戴设备、移动医疗、虚拟现实等多个智能硬件新领域开发新产品，提前开展技术和市场布局，并且逐步由制造商向服务商转型。在转型升级的方式选择上，奋达采用“内生增长+外延并购协同增长”的模式，利用资本市场围绕主营业务开展上下游企业的兼并收购，布局未来的战略性行业，并且为开拓海外市场进行垂直整合。在品牌升级方面，奋达根据不同的市场采取 ODM 和 OBM 相结合的差异化经营模式。在一些新兴经济体市场，奋达已实现自主品牌销售。但对于欧美这一类中国品牌难以进入的市场，奋达认为 OBM 并非一定优于 ODM 或者 OEM，通过 OEM 或者 ODM 进入市场，站稳脚跟开拓市场后再打造品牌也不失为一种明智的选择。

15. 诺普信：基于农业本质进行转型升级

一、企业简介

1999 年 9 月，深圳诺普信农化股份有限公司（以下简称诺普信）正式成立，2008 年 2 月 18 日在深交所 A 股正式上市（股票代码 002215），是国内农药制剂领域第一家上市公司，其主营业务是农药制剂和植物营养等农业生物高新技术产品的研发、生产、销售。诺普信产品销量排名连续多年位居全国农药制剂行业第一位，2017 年上半年，诺普信实现主营业务收入 16.56 亿元，净利润 2.35 亿元，分别同期增长 17.63%、1875.20%。

诺普信在北京、广东、山东、陕西、四川、湖南、福建等省市建立了 30 多家子公司、控股公司和生产物流基地，形成了以深圳为中心的企业集群，打造了从农药原药和制剂的研发、生产、销售和推广到农业技术服务的完整产业链，是我国规模最大、产品数最多、品种最全、产业链最完整的农业植保生物技术的研发和产业化生产及服务的集团化企业。

诺普信以全球优质资源整合为基础，以全品种农资分销为起点，以植保技术服务为纽带，致力于建设一个遥遥领先的农资分销和农业服务区域性平台，逐步打造“大三农互联网生态圈”，努力实现“农业不再落后、农民无比幸福”的企业愿景；公司依托“田田圈”所构建的分布全国的“县级区域分销服务平台”和田田云所构建的线上信息化及互联网平台，是与农村金融、农业保险、智能农业机械、农业服务机构等相关农业机构合作，从组织结构到管理协调系统，从营销网络到互联网技术，从作物社区到技术服务，从农资分销到O2O平台，全方位为农业、农村、农民提供多元化服务的平台。由此，诺普信形成了一条完整的农业服务产业链，从农资产品生产商向综合农业服务提供商转型升级，并取得了阶段性成效，完成了相关业务的试点布局。

二、诺普信转型升级过程

（一）以农药制剂企业起步，实现了技术资源和品牌优势的积累

诺普信自成立以来，一直专注于农药制剂研发、生产与销售，以原药为主要原材料，加上分散剂和助溶剂等原辅料，根据植物保护技术和生物测定来研制、调配、加工、生产制剂产品。

通过对主要农作物病虫害的长期跟踪和多年的研发积累，诺普信建立了一个可持续的、创新的研发体系，形成了一个合理的、广泛的产品结构。公司产品覆盖大部分农用化合物和病虫草害防治领域，能够满足不同地区、不同作物对杀虫剂、杀菌剂、除草剂等多种药物的使用需求。注册产品数量、无公害农用果蔬药品数量、新型农药制剂专利申请数量均居全国同行业第一位。诺普信先后入选了2003年深圳市高新技术产业示范工程和2005年深圳市科技计划（环保除草剂），并参与承担了国家“十一五”科技支撑项目中多项研发课题，产品“克蛾宝”“30%吡虫啉微乳剂”获国家重点新产品证书，“卡霉通”获广东省重点推广农药产品证书，“高猛”获广东省名牌产品。

诺普信通过技术营销模式和全国性营销网络建立了自己的品牌优势。农资销售具有技术服务的特点，需要农民的信赖。对于农民而言，用错农药耽误一季作物就等于耽误了一年，因而在这个行业中客户对品牌的信赖非常重要。依托先进的研发技术和技术服务、全国性的营销服务体系，诺普信拥有了“诺普信”“瑞德丰”“标正”“皇牌”“兆丰年”等多个全国性品牌，可以为农民提供高效、低毒、安全的农药制剂、水溶肥料产品以及相关的技术服务，其中“诺普信”“瑞德丰”为广东省著名商标，“诺普信”作为中国驰

名商标，连续多年荣膺“中国农药制剂企业100强榜首”（中国农药工业协会评选），连续六年被农民日报社评为“中国农民最喜爱的农药品牌”第一名，销售规模及市场占有率遥遥领先。

（二）内外部压力及经营成本增加迫使企业寻求新的发展方向

在企业不断发展壮大的同时，诺普信董事长卢柏强也意识到企业生存面临着很多挑战。首先，农药制剂行业存在天花板，全国农药制剂市场规模500多亿元，而中国农药制剂企业有三四千家，市场竞争非常激烈；其次，在红海竞争中，诺普信作为上市公司必须严格规范生产流程，规范成本比小生产厂家高很多；最后，农药化合物的专利技术大部分都掌握在欧洲跨国公司手上，这些跨国公司已经有很长时间的技术投入和积累，我国民营企业仅靠自身力量很难在短时间内投入大量资金进行技术替代和超越。再加上2008年金融危机的影响，如表15－1所示，2009～2011年诺普信的营业收入虽然增长，但利润却连年下降，企业迫切需要寻求新的发展方向。

表15－1　诺普信2009～2011年营业收入与净利润情况　单位：亿元

年份	2011	2010	2009
营业总收入	15.5	14.6	13.1
归属净利润	0.81	1.09	1.39

资料来源：根据诺普信企业历年年度报告整理而得。

（三）立足相关性资源，向农业服务发展，关注产业全链条

由于内外部环境压力，诺普信从2013年开始谋求转型。包括董事长卢柏强在内的诺普信高管层前往欧洲、美国、日本等地学习先进的农业生产服务经验，发现我国的农业服务还有很大的市场空间：第一，我国农村近几年发生了巨大变化，原来家庭联产承包责任制下零散的单户慢慢少了，取而代之的是更多的大农户，因而土地变得更为集中，这便带来农药等产品销售模式的改变；第二，农村劳动力越来越匮乏，目前在农村的劳动力慢慢老去，而未来的年轻人很少会选择留在农村种田；第三，随着技术的推动，农事活动

的机械化程度越来高，比如多模式的小型收割机取代了原来的大型收割机，无人机取代了长臂式、走臂式喷药机械，自动化设备的发展为农业服务提供了农业规模化的可能性；第四，在国家经济结构调整、农业供给侧改革、土地流转快速推进以及中央强农惠农政策的强力支持下，农业服务作为国家在农业领域重点扶持的行业，行业前景十分广阔。中国农业的农业效率和社会化综合服务面临着巨大的提升空间，因此，诺普信基于在农药制剂行业积累的相关经验与资源，逐渐向农业综合服务领域转型升级，从市场容量500亿元的农药行业走进了十几万亿元容量的大三农服务行业，从仅从事农药制剂的生产销售向种植产业的全链条转型升级。

（四）创新发展“农业＋互联网”，促进农业现代化发展

2015年开始，诺普信逐步布局农村互联网，以农资商城和农业技术服务为切入点，全力构建了大三农互联网生态圈——田田圈。田田圈作为农业综合服务平台，未来可以承担四种服务：（1）农药花被种子的销售，不是仅销售自己生产的产品；（2）植保技术服务，教会农民怎样科学种田以及病虫害防治，解决农民因不懂得病虫害防治方面的专业技术而歉收的痛点；（3）农事服务，帮助农民耕种、管收、储烘；（4）农村金融服务，解决农民难从银行贷款的痛点，目前诺普信的农村金融服务发展很好，从2015年至今已经给农民贷款165亿元，且没有一单坏账，曾作为农业部试点单位。

在田田圈成立早期，诺普信也遇到了很多问题，比如怎样解决传统的农药生产销售业务与新的农业服务间出现的冲突、怎样在全国范围内分配管理人员、怎样克服因南北种植结构差异而导致的样板复制失败问题等。为了促进田田圈的稳固发展，诺普信从腾讯、阿里巴巴、京东等企业请来了很多互联网方面的专家，但是因为我国农村互联网市场的特殊性、落后性，互联网行业中经常采用的烧钱补贴战术并没有取得理想的效果。

后来，诺普信改变了发展策略，重新聚焦农业的本质，从农业的特点出发尝试“互联网＋”的发展。凭借诺普信20年来所积累的广泛的营销网络、丰富的产品资源、专业的技术服务以及数十个作物社群，田田圈已发展成为目前最具发展前景的农业互联网品牌之一，其品牌知名度、美誉度及社会影

响力日益飙升，连续两年被农业部农民日报社评为“中国农民最喜爱的农化服务品牌”。2016 年，田田圈通过数十个项目的创新和 MVP 迭代试点，不断探索与烟台顺泰植保、河南邦园植保、徐州田田圈、乐山思贝尔农资等一大批合作联盟伙伴的合作，在此过程中逐渐清晰了田田圈的发展路径：以参控股经销商构建的区域平台为基础，以优质农资产品分销为载体，以植保技术为纽带，以互联网和作物社群为手段，逐步完善“参控股区域优秀经销商（区域平台/设 PCA）+ 中心乡镇直营大店（大卖场/设 PCA）+ 村级服务站（田哥田姐）”的互联网化的发展模式。同时，公司专门设立组建了农业互联网技术运营品牌“田田云”，相关功能模块如田田云分销会员管理系统 ERP、田田云门店管理系统 Mini 版、田田云技术服务及社群运营系统（田田云微信公众号）、田田云 App 等均已调试上线，现已经服务 100 多家经销商和分销服务平台，线上会员已达 80 多万，并完成了拉新活跃及促交易的闭环，用数据证明了线上互联网平台在传播和营销超高效率、促进线上线下营收增长方面的巨大能力和战略意义。

为配合田田圈的发展，2015 年诺普信全方位布局线下优质网点、夯实线下资源，与各县级区域最优秀的经销商和零售商结盟合作，打造最优的区域运营平台，同时也积极配合当地政府和相关网络运营商，不断完善农村互联网基础设施的建设。截至 2016 年底，公司控股经销商 15 家，参股经销商 180 家，品牌授权合作 2000 多家，现已覆盖 400 多个农业县，并对全国 1389 个以种植为主的农业县做了部署安排，未来三年可实现全国覆盖。

在利用互联网转型升级的过程中，除了田田圈这一重要尝试外，2016 年，诺普信还积极布局推动“农业 + 互联网”创新业务。诺普信与创业团队设立了农泰金融、达农保险、三农盛世融资租赁等农村金融服务公司，农村金融服务体系初见成效，农金圈、农泰金融共实现了上百亿的线上交易；水肥一体化的大象肥、无人机飞防的雨燕智能、专业作物社群（如芒果群“丰芒毕露”、马铃薯群“薯你最美”等）等等 20 多个创新创业项目发展势头良好，基本上形成了“以农资分销为主体、农事（技）服务及农村金融为两翼”的“一体两翼”战略协同架构，为企业发展创造了更多的利润增长点。

三、诺普信转型升级特点

（一）始终致力于研发创新，占领行业制高点

诺普信始终把研发创新作为企业的战略重点和核心竞争力，在农药智能喷洒、种子健康、水肥一体化及作物种植综合解决方案等方面培育核心能力、做好技术与产品储备。诺普信组建了国内领先、高效务实的研发平台，形成了集生物测定、制剂研发、分析与标准、知识产权、生产工艺等为一体的总公司研究院——子公司技术中心两级研发体系，技术研发系统有技术人员近300人，总部研究院现有专职研发人员50余人，其中具有高级职称或博士学位的近20人。如表15－2所示，公司研发投入在营业收入中的占比长期稳定在4%左右，2016年研发投入超9700万元。总公司研究院被国家人社部批准建立博士后工作站。2014年底，公司被认定为深圳市级工程中心、广东省级工程中心。诺普信还先后承担了国家科技部“十一五”科技支撑计划、国家发改委行业结构调整重大专项和深圳市高新技术示范项目等重大科技项目。

表15－2　　　　诺普信2011～2016年研发投入情况

年份	2016	2015	2014	2013	2012	2011
研发投入金额（万元）	9710	8059.33	7804.18	6565.42	6122.22	6970.87
研发投入占营业收入比例（%）	4.95	3.65	3.54	3.78	3.83	4.48

资料来源：根据诺普信历年年度报告整理而得。

诺普信积极利用外部资源增强自己的研发实力。诺普信与德国巴斯夫、美国杜邦、德国拜耳、美国陶氏建立了产品合作开发、代理销售合作等全方位合作关系，进一步丰富了农药专利和品牌产品线；构建了与中国化工总院、沈阳化工院、华南理工大学等院校和科研院所密切的产学研合作关系，主持或参与了行业政策、技术标准和重大科研项目的研究工作；创立了数十个作物社群，聘请了4000多名作物专家（含当地土专家），为广大农户提供贴身的技术服务和解决方案。

近年来，诺普信取得了一系列重大科技成果，各个项目均按计划推进，

农药次新化合物制剂新产品的研发登记每年上市新产品10个以上，专利化合物新产品每年上市1～2个；水肥一体化等创新研发与相关创新业务联动开展，研发与示范推广密切结合，实现相关新技术与产品的快速市场化。截至2016年底，企业已获得300多项发明专利，能为中国95%以上农作物病虫草害的防治提供整体解决方案，“三证”产品数、发明专利数、国标/行标/企标数、生物源农药产品登记数、环境友好型农药制剂销售占比等均位列全国农药行业第一。公司科技创新引领了行业技术进步，有力地保障了农产品安全和相关生态环境保护，经济效益、社会效益和生态效益显著。

（二）构建全国性的营销服务网络，快速响应市场，并获得高附加值

鉴于我国农村家庭承包经营方式及农村基层植保系统难以及时响应市场需求的现状，诺普信逐步建立起全国性营销网络与植保技术服务体系，构建了多个区域性、全国性的品牌，包括诺普信、瑞德丰、标正、皇牌、兆丰年等。凭借最全的产品线、最优的产品质量、多层次的不同品牌，诺普信可为全国所有农业产区95%以上的农作物防虫治病等提供系统的整体解决方案。

2010年，诺普信导入新营销模式，构建了独特的“两张网”营销服务模式，将诺普信、瑞德丰、标正、皇牌、兆丰年五个主要品牌进行分类，实施不同的销售模式。诺普信、瑞德丰两个主要品牌继续实施“经销商网络”的销售模式，同时引进“厂商价值一体化”战略，加大对经销商的支持力度；标正、皇牌、兆丰年三个品牌参照华南地区的销售模式，在华东、华中13个省份实施新的销售模式，将产品直接销售到零售店终端，提高产品的定价能力，通过推进零售店销售模式加强对零售终端的把控能力和提升终端拓展能力。目前，诺普信建立了业内覆盖度最广、最密、最贴近农户的全国性营销网络以及技术服务组织。拥有近2000名专业技术营销人员，设立了9个营销中心（直属部）、92个销售大区，基本覆盖全国近2800个农业县（市），近10万家零售店，并为近万个大大小小的农场提供面对面的技术指导和服务。

2013年，诺普信开始积极推动以“试验示范推广”为核心的技术服务活动，通过聚焦大品，以多种形式深化“我们的产品、我们的推广”示范推广活动（如“农民会”“新品推介会”“对比试验”等），积极倡导“厂商价值

一体化”的经营理念，优化客情关系，提升客户价值，同时培训提升技术营销人员的农场服务能力，为农民精准提供作物的整体解决方案，让诺普信及其标正、皇牌、兆丰年等各个子品牌深入人心，公司的销售效能和经营质量得到显著提升，品牌知名度与客户忠诚度进一步提高。每年诺普信的植保专家、作物经理、技术人员及聘请的当地土专家都会走乡进村、进农场、进田间地头，通过开展田间试验示范、农民会（课堂）、农民夜校、技术观摩会（每年约60000余场），指导农户科学合理使用农药，科学种植，提高农业收益。2015年促进农业互联网化后，诺普信还与多家农业新型合作组织结盟合作，为广大农户提供配套的金融、农事以及机械化、信息化等多项服务。

（三）构建互联网运营体系，提高企业运营与服务能力

我国传统企业可以利用“互联网+”的创新工具和先进模式，提升未来发展的格局和档次，打开向中高端业务升级的前景。自2015年来，诺普信设立了田田云网络信息技术有限公司，负责互联网业务的孵化及投资；投资开发田田云ERP及田田云门店Mini版，服务80多万会员；同时上线田田云服务站App，支撑服务站的营销、管理及分佣结算处理；上线田田云互联网会员营销服务平台，推动线上线下联动运营和新零售管理，有机整合相关的农业综合服务。田田云平台帮助诺普信构建了基于大数据的精细化运营和管理能力，构建了区域化线上触达和连接用户的通道，实现了高效的信息传递和营销服务能力，帮助诺普信更好地感知客户需求，从而提升产品价值。

（四）优化供应链，建立高效的物流配送体系

诺普信建立了高效的生产组织调度系统与快捷的物流配送体系，与公司营销服务网络及产品结构相匹配，构建快速响应市场需求的产品开发及生产销售能力。

诺普信具备同时生产、销售多种制剂以适应全国各地多种农作物主要病虫草害防治需求的能力。诺普信将病虫草害预测、需求调查、配方研究、生

物测定、标准制定、产品登记、市场推广、批量生产等纳入了高效管理系统，实行系统管理。目前。诺普信拥有业界最优秀的1500多个农药、200多个肥料注册登记产品和众多的种子、农机具等产品，已形成了极为丰富的供应链体系。此外，诺普信还积极参与上游原药企业合作，参股三家上游企业，延伸产业价值链；与多家国际国内农资巨头建立了战略合作关系，拥有农资产品最强的资源整合供应能力。

由于普通物流公司无法配送农药产品，诺普信在东莞、广州、西安、昆明、济南设立了五大物流配送中心，保证绝大多数区域48小时能到货。快速物流有效地应对了农药使用的季节性、周期性强等行业特点，及时满足了农民的用药需求。诺普信还借助经销商和零售店网络，初步建成农村特有的物流配送体系，基本打通了农村市场“最后一公里”的配送。

（五）企业家精神

诺普信董事长卢柏强于华南农业大学获得硕士学位，现任深圳果树研究所所长。卢柏强具有很强的专业技术背景，且在农业技术领先的日本有留学经历。他同时具有极强的学习精神，除了专业技术外还学习营销管理专业，将农业技术营销高度契合于国内农药发展变革的时代脉搏。在公司成立早期，卢柏强根据国内果树市场的病虫害发生情况，总结研究国内防治果树病虫害规律，带领技术人员，率先对自己留学日本期间深度研究过的“喷螨灵柴油乳油”产品进行配方改良并且申请专利。专利获批后诺普信给商品取名“杀螨利果”，迅速生产出900毫升、200毫升、100毫升规格的透明塑料瓶装柴油哒螨灵乳油，投放到国内最主要的苹果和树橘果树产区。由于产品杀害螨虫在3分钟就见效，药效几乎是百分之百，1999年就实现500吨销售，纯利润达到1100万元。公司的其他创始人也分别具有财务专业背景和多年银行工作实践经验、成熟的农药工厂管理实践经验等，形成了能力强且有高度互补性的创业团队。① 卢柏强等高管层的技术背景、战略眼光和务实战术是诺普信多年来不断升级的基础。

---

① 李耕．论协同创新与企业快速成长［D］．广西师范大学，2013.

四、事实发现

（一）专而精、精而强，企业的转型升级要基于行业本质

企业现有的资源和能力对企业升级具有重要意义，聚焦本行业，立足于相关性资源进行转型升级，企业无须大范围地重新组织企业资源，减少了前期投入。同时，企业可以根据转型效果及时调整策略，大大降低了转型的风险。

诺普信十多年来始终扎根于农药制剂行业，并且已有一定积累。在农村的终端用户方面，诺普信形成了自己的品牌优势和销售优势，对于农业技术服务也有了相关沉淀，于是公司在深入调研我国农业服务市场的前景后，逐步进入农业综合服务领域。在转型过程中，特别是在“互联网 +”发展的 2016 年，早期开始转型的诺普信将战略重点放在互联网化的农业技术服务和农资深度分销，打造更为开放的互联网农资大平台，并模仿其他互联网企业采用补贴的策略。该策略实施一段时间后诺普信出现首次亏损，但公司及时发现了战略失误，意识到我国农民对于互联网的认知和农村的网络基础设施建设都远远落后于城市，即使从互联网巨头企业请人指导也都以失败告终。最后诺普信找到前期“互联网 +”探索失败的原因并且实施策略调整——回归农业服务的本质，终于在 2017 年扭亏为盈。经过几年探索，诺普信发现企业发展需要立足于企业所属的行业本质，用互联网颠覆这个行业的想法是错误的，“互联网”只是企业发展和提高附加值的一种手段，不能完全脱离农业的根基盲目发展互联网。未来，诺普信仍将专注于植物保护、植物营养及农业技术服务，以优质农资产品（农药、化肥、种子等）为载体，为农民提供全程作物解决方案以及配套的金融、农事服务，从而实现企业的不断升级。

（二）持续关注研发创新，保持技术在行业内领先

诺普信始终把研发创新作为企业的战略重点和核心竞争力。诺普信组建了国内领先的研发平台，形成了集生物测定、制剂研发、分析与标准、知识

产权、生产工艺等为一体的两级研发体系，并且不断与企业、科研机构、高校开展合作，以培育自己的研发实力。公司由此取得了一系列重大科技成果，“三证”产品数、发明专利数、国标/行标/企标数、生物源农药产品登记数、环境友好型农药制剂销售占比等均位列全国农药行业第一。公司的研发创新不仅带来了市场份额，还引领了整个行业的技术进步，有力地保障了农产品安全和保护了生态环境，实现了经济效益、社会效益和生态效益的全面发展。

（三）创新营销服务，打造自主品牌和全面的营销渠道

营销服务将产品价值有效地传递给目标客户，而良好的品牌形象则会对企业的长远发展产生长远的积极影响。诺普信构建了行业内覆盖度最广、最密切贴近农户的全国性营销服务网络。依托于全国性营销服务网络和技术服务示范体系，诺普信为农民提供高效、低毒、安全的农药制剂、水溶肥料产品以及相关的技术服务。诺普信拥有“诺普信”“瑞德丰”“标正”“皇牌”“兆丰年”等全国性品牌，针对不同品牌公司创建了独特的“两张网”营销服务模式，拓展了营销渠道，积累了更多的客户资源。在营销服务方面，公司进行积极推动创新，打造自主品牌和渠道，不断提升企业的核心竞争力。

16. 洲明科技：以产业融合为契机实现跨产业升级

一、企业简介

深圳市洲明科技股份有限公司（以下简称洲明科技）成立于2004年[①]，2011年在创业板成功上市（股票代码：300232），是全球领先的LED应用产品与解决方案提供商，营销网络遍布全球160多个国家和地区，全球总业绩连续5年位居行业前列。2016年，洲明科技实现营业收入17.46亿元、净利润1.67亿元（见图16－1），较2015年分别增长33.65%、15.56%。2017年，洲明科技各项业务持续增长，实现营业收入12.2亿元、净利润1.36亿元，分别同期增长81.71%、108.05%，其中第一季度LED显示屏出口额达20.12百万美元，位居中国LED显示屏出口商第一位[②]。

洲明科技是首批认证的国家高新技术企业，拥有完整的研发、制造、销售及服务体系和自主生产基地，独立工业园区达27万平方米，现有各类专业技能员工1500余人，旗下拥有3家全资子公司以及多家参股公司。洲明科技致力于为客户提供播控系统、视频处理器无线控制系统、智能配电管理系统等集成软件开发及解决方案，主营LED全彩高清显示屏和LED绿色节能照明两大系列产品。在LED显示业务方面，主要的LED显示产品包括LED小间距

① 2004年洲明科技前身深圳市洲磊电子有限公司注册成立，2009年改为洲明科技。

② 奥维云网（AVC）：《中国LED显示屏出口月度报告》。

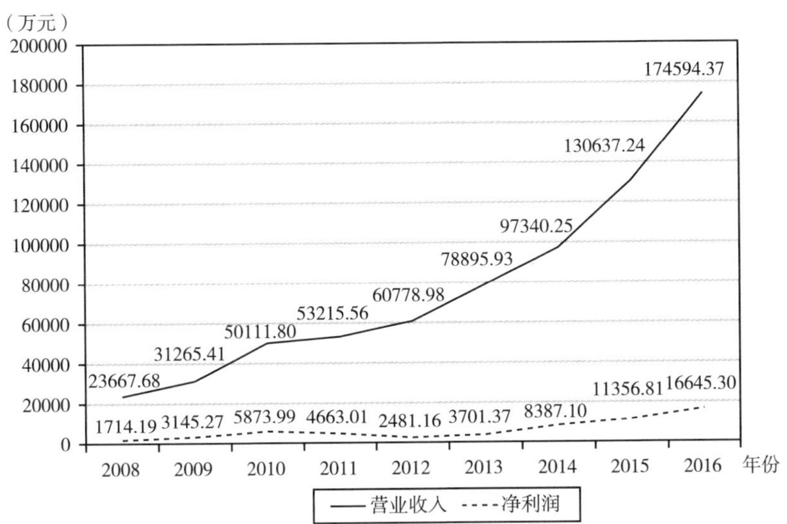

图 16－1　洲明科技 2008～2016 年营业收入和净利润增长情况

资料来源：根据洲明科技历年年度报告整理而得。

显示屏、租赁类显示屏、固装类显示屏、体育类显示屏和创意类显示屏，其显示产品及解决方案广泛应用于全球的安防监控中心、军队指挥中心、应急指挥中心、广电控制系统、能源调度系统、通信、交通、海关等领域，在国内外打造了众多经典案例，是国内 LED 显示大屏厂家中首家系列最全、应用领域覆盖面最全的企业；在 LED 照明业务方面，公司业务分为国内的户外照明业务、海外的户外照明业务和海外的室内照明业务，国内业务涵盖 107 国道、川藏公路、广深高速（创造业界“五个第一”）及“三山五岳”（黄山、庐山、雁荡山、泰山、华山、衡山、恒山、嵩山）地区的 LED 路灯改造等，国外路灯项目遍及美国、西班牙、法国、德国、意大利、瑞士、奥地利、澳大利亚、马来西亚、印度等国家和地区。

二、企业升级过程及路径

（一）通过持续创新、技术积累突破关键技术壁垒，实现技术升级

许多产业的关键部件被发达国家企业控制，突破关键技术壁垒已成为企

业升级的一条重要道路。LED 行业也不例外，整体来说，我国大陆 LED 产业起步较晚，虽然发展迅速，但是很多 LED 核心专利都被国外控制，我国企业很难获得高附加值和话语权。自创立以来，洲明科技发展迅速，2007 年洲明科技销售额已从创业之初的 300 余万元猛增至 1 亿元。然而 2008 年 2 月 19 日，美国哥伦比亚大学退休教授 Rothschild 通过美国国际贸易委员会（ITC）就有关短波长的 LED 晶片制造专利向包括洲明科技在内的全球 34 家公司提出专利侵权诉讼。洲明科技在以客户最大利益为前提的考量下，经应诉及双方协商后，最终于 2008 年 8 月 15 日与 Rothschild 教授达成和解并签署 618 及 499 专利的非专属授权合约。这次 337 案件让洲明科技意识到，企业要想实现可持续发展，必须持续创新，掌握核心自主知识产权。

洲明科技在内部建立起了有效的技术创新机制，公司分别在显示屏和照明事业部下设立了专门的研发中心。2010 年洲明科技成立“深圳 LED 技术研究开发中心”。2012 年，洲明科技中心实验室成功获得国际权威认证机构 SGS 的授权，该实验室具有安规、光学、EMC 及环境可靠性试验检测功能，主要检测设备共 60 余台，承担着各类产品研发认证试验、产品定型试验、定期抽检试验等，为洲明公司产品研发和质量控制提供了强大的技术支撑和保障。目前洲明科技形成了 LED 显示、LED 户外照明、LED 室内照明、LED 应用实验中心四大独立研发平台。洲明科技始终注重研发，研发投入常年维持在较高水平，并拥有一只稳定的设计研发人员队伍为技术创新提供支持，如表 16 - 1 所示，2016 年公司研发投入共 7562.92 万元，占营业收入的 4.33%，研发人员达 342 人，占公司员工总数的 14.49%。

表 16 - 1　　洲明科技 2008 ~ 2016 年研发投入及占比情况

年份	研发投入（万元）	营业收入（万元）	研发投入占营业收入的比例（%）
2008	1218.21	23667.68	5.15
2009	1529.78	31265.41	4.89
2010	2013.51	50111.80	4.02
2011	1981.62	53215.56	3.72
2012	3517.36	60778.98	5.79

续表

年份	研发投入（万元）	营业收入（万元）	研发投入占营业收入的比例（%）
2013	2796.86	78895.93	3.54
2014	3680.38	97340.25	3.78
2015	5202.79	130637.24	3.98
2016	7562.92	174594.37	4.33

资料来源：根据洲明科技招股说明书、历年年度报告整理而得。

通过持续的研发投入和自主创新，洲明科技在产品系统设计、结构设计、新材料应用及封装技术等方面均实现了关键技术和工艺的突破，并取得了一批具有重大突破、拥有自主知识产权的技术。

上市前，洲明科技就在两大业务上取得了一系列技术突破。在 LED 显示屏方面，洲明科技主要掌握了三方面的核心技术：一是与提高产品品质和稳定性相关的技术，包括逐点校正技术、控制电路和电源自动修复系统、散热设计技术、无缝拼接技术等；二是使公司能够在多领域、多品种提供产品及应用方案的技术，包括超薄超轻显示屏技术（屏幕厚度低于 25.4mm，屏幕重量低于 12 公斤/平方米）、异形屏技术、透明玻璃屏技术、远程控制系统、智能箱体技术等；三是与环保、节能性能相关的技术，包括节能控制技术、电磁辐射控制技术等。在 LED 照明方面，洲明科技实现了高光效的一次配光与二次配光相结合的 Molding 封装技术及批量化生产技术、空间色温均匀分布的 LED 封装技术、散热设计技术、散热材料/涂料技术、涂层保护技术、照明灯具设计技术等。

上市后，洲明科技持续投入自主研发，每年都有新产品研发成功。在 LED 显示领域，洲明科技在业界首推裸眼 3D LED 超级电视并获得“中国 LED 首创奖”，首发 16：9 黄金比例 LED 微小间距显示屏，第一家研制成功并量产 1mm 以下小间距产品，UHQ 系列首创完全智能前维护等。其全资子公司雷迪奥凭借强大创意设计与研发能力，成为全球中高端 LED 创意显示及租赁领域的领跑者，2014 年推出的“黑玛瑙（Black OnyX）”系列显示屏先后斩获中国红星金奖、日本 G-mark 大奖、亚洲最具影响力金奖、美国工业设计优秀奖、德国 IF 金奖、德国红点奖 6 项国际大奖。在 LED 照明领域，洲明科技开发出压铸筒灯不调光系列、蘑菇形吸顶灯、金属边吸顶灯、陶瓷灯、加油站灯、第四代路灯优化等一系列高性价比的产品，推出了全国首个室内灯光定位应用项目，并携手全球领先的信息与通信解决方案供应商研制出洲明公共智能照明控制系统（Unilumin1. 1），2015 年洲明 SHARK 系列 LED 路灯荣获“中国 LED 首创金奖”。洲明科技不断发掘市场需求，引领高端产品，从常规显示屏到高清显示屏、创意显示屏，再到小间距、舞台租赁、裸眼 3D，洲明科技始终领先其他企业至少半年的时间，持续的自主创新和技术积累，使得企业得以充分获取产业链价值，并在一定程度上保持成本优势，有效提高了企业的盈利能力。具体见表 16 – 2 和表 16 – 3。

表 16 – 2　　洲明科技 LED 显示屏业务部分核心技术

核心技术	内容
节能技术	采用全新封装技术和特殊控制电路设计，内置智能环境监控系统、远程智能开关等多项措施，使新一代 LED 显示屏更加环保、节能，节能效果高达 51%
独有的逐点校正技术	快速提高视觉效果和画面质量，确保颜色和亮度的一致性和均匀性；整屏或单元显示校准后，亮度偏差小于 1%，色度坐标：x、y≤ ±0. 0015
独有的低亮高灰技术	精细还原画质，保证卓越显示效果，满足广电演播厅、控制室等高端显示应用对低亮度、高灰度等级的需求
双信号、电源冗余技术	在信号电源线出现故障时，备份电源信号线路自动切换，保证屏体稳定可靠性

资料来源：根据洲明科技内部资料整理而得。

表 16 – 3　　洲明科技 2011 ~ 2016 年新产品研发情况

年份	LED 显示屏业务	LED 照明业务
2011	高端 kaka 系列显示屏	—
2012	UNIPAD 系列、小鹦鹉系列为代表的高端显示屏	压铸筒灯不调光系列、蘑菇形吸顶灯、金属边吸顶灯、陶瓷灯、加油站灯、第四代路灯优化等
2013	UTV 系列高清电视墙、UMESH 大小云雀系列及创意显示产品、裸眼 3D 超级电视	第五代路灯
2014	UTV0. 8（0. 8mm 微小间距高密度 LED 显示屏）、“黑玛瑙”系列产品	LED 照明光通信室内定位技术（LIFI 技术）

续表

年份	LED 显示屏业务	LED 照明业务
2015	—	洲明公共智能照明控制系统（Unilumin1.1）
2016	单人操作的 UPAD Ⅲ 系列租赁类显示屏、完全智能前维护的 UHQ 系列小间距显示屏、引领户内外固装屏进入压铸时代的 URM 系列固装类显示屏	升级洲明 LED 智慧路灯

资料来源：根据洲明科技历年年度报告整理而得。

除了依靠自身努力外，洲明科技还积极利用外部科研力量，与清华大学研究院、苏州纳米技术、纳米仿生研究所等多家单位进行了产学研合作，组建了公司研发队伍和外部专家研发队伍，为公司增强研发能力提供保障。

（二）创新渠道营销模式，获取品牌和渠道优势，向高附加值移动

品牌和渠道作为企业的战略性资产是核心竞争力的重要来源。对于企业而言，打造强势品牌、完善销售渠道是保持战略领先性的关键。自成立以来，洲明科技就以“追求卓越，引领行业，成就世界品牌”为企业使命，不断通过产品质量、服务和诚信打造自己的品牌。为了打造自己的品牌，洲明科技在技术研发方面持续投入以保证产品品质，并取得了一系列国际认证。

除此之外，洲明科技还在传统的终端客户营销模式的基础上，率先在行业内采用渠道营销模式。该模式的核心在于洲明科技主要从事 LED 应用产品的研发、生产及提供应用解决方案，开发和维护专业渠道客户，而业务流程后端的产品安装及售后服务则通过本地化的专业渠道客户来完成。

渠道营销模式具有很多优势：首先，通过与专业渠道客户的合作可以提高公司对市场信息的敏感度，从而及时反馈到研发部门，促进新技术、新产品的研发。洲明科技通过与专业渠道客户建立联动机制，使各渠道客户能够在第一时间向公司提供当地市场的最新动态，使公司能够更准确地把握市场动向、更敏锐地识别市场需求，促进公司产品与技术的及时跟进。其次，公司可以利用专业渠道客户本地化的优势，为终端客户提供更专业、快速、全面的售后服务。洲明科技通过向渠道客户提供各种产品、技术技能和操作培

训，提升渠道客户的服务水平，并由渠道客户通过其自身的售后服务网络为终端客户提供支持，既能为终端客户提供良好的售后服务，又能节省公司的人力和资金成本。再次，公司通过与专业渠道客户之间的利益共享，可以获得提高资金流动能力。通过利益共享，将链条上压占资金量较大、时间较长的工程安装及后续的维修服务环节交给专业渠道客户负责，这样可以提高公司的资产周转率和资金使用效率，降低流动资金占用对公司发展的限制和约束。2016 年，洲明科技应收账款周转率为 5. 10，存货周转率为 3. 34①，均保持了较好水平。最后，这种模式还能够加深公司与专业渠道客户的相互了解，有利于发掘潜在客户。利用已经建立的渠道体系，洲明科技为专业渠道客户提供了交流合作的平台，各专业渠道客户可以通过平台发布和获取全国相关产品、行业、市场等信息，实现公司与专业渠道客户之间、专业渠道客户与专业渠道客户之间的信息共享，各方通过信息共享共同发掘潜在客户，进行项目开发。

目前，洲明科技已建立起了覆盖全球 160 多个国家和地区的 700 个分销渠道，营销服务网络遍布全球。在国内，洲明科技通过与渠道商共建运营中心的模式进一步推进公司渠道下沉和专业化分工，提高市场反应速度和渠道管理水平。目前，在国内 LED 显示屏高端市场和 LED 户外照明市场中，洲明科技已获得了一定的领先优势和品牌影响力，在行业内形成了辐射效应和示范效应；在海外，洲明科技通过建立全资子公司、合资公司、全资职能海外办事处等多种形式构建全球销售体系和本地化的服务网络，以美国、荷兰、俄罗斯和中国香港的分公司分别辐射北美、欧洲、独联体等地区，以澳大利亚、墨西哥和韩国的办事处分别辐射澳洲、南美和韩国，有效缩短了与用户的距离，能够及时、有效地响应客户需求，促进了海外产品销售及品牌知名度的提升。

（三）基于行业边界模糊和产业融合，深化并拓展产品功能和应用领域，实现跨产业升级

随着信息技术和互联网的发展，行业之间技术、业务、运营和市场之间

---

① 应收账款周转率和存货周转率根据公司年报计算。

的联系增强，诸多行业之间的边界由清晰趋向模糊，进而出现了企业向其他产业的扩展和渗透，产生了跨产业的业务交叉和创新。产业融合是行业边界模糊的反应和结果，它使资源在更大范围内得以合理配置，大大降低了产品和服务成本。[①] 洲明科技立足主营业务，紧紧围绕“产业 + 互联网 + 金融”一体两翼的发展战略，通过深化跨越多重技术领域、拓展产品功能和领域，积极发展虚拟现实、增强现实与混合显示技术的应用融合，将显示硬件与内容相结合，实现了跨产业升级。

产品研发跨越多重技术领域。洲明科技在研发过程中不断深化核心技术，跨越多重技术领域，通过整合多种技术，使产品功能得以拓展。在 LED 显示方面，洲明科技在研发中结合了网络技术、视频技术、信息通信技术、多媒体技术、大数据采集和数据分析技术、数据可视化、一体化集成显控技术等，依托超高分 GIS 和 GPS 系统，使其生产的显示屏不再仅仅是简单的数据展现和图像传输，而具有采集数据信息和视频信息、环境监控系统和网络集群化控制等功能。在 LED 照明方面，洲明科技的路灯均采用远程智能控制系统，集感知系统、通信系统、云处理中心、执行系统、充电系统为一体，成为智慧城市大数据采集的入口，可以实现安防监控、智能定位、公共信息视频播放、全天候语音广播电台、WiFi 热点、应急充电等一系列功能。

产品的应用由于功能的拓展而跨越多个行业领域。洲明科技的 LED 显示业务广泛应用于全球的安防、军队、应急、广电控制、能源调度、租赁演绎、广告传媒、体育、通信、交通、海关等领域。如公司的小间距 LED 显示屏便从简单的数据呈现升级为支持决策性、模型化再现的数据集，这一功能的拓展使得公司产品实现了显示硬件与内容的结合，软件的开发可以跨越公安、交通、电力、园区管理、网络安全、航天等领域，帮助各行业领域管理者从业务管理、事前预警、事中指挥调度、事后分析研判等多个方面提升智能化决策能力。子公司雷迪奥还凭借在舞台演艺领域积累的深厚经验，积极发展与虚拟现实、增强现实、混合现实技术的应用融合，探索创意视频内容制作、

---

① 毛蕴诗，李田．行业边界模糊背景下的跨产业升级与 S—O—S 模型——基于乔布斯苹果成功实践的理论提炼［J］．中山大学学报（社会科学版），2014，54（2）：184－191.

舞台控制系统、舞台机械、舞台灯光、AR/VR 等领域。在 LED 照明方面，洲明科技研发的智能路灯跨越了传统的照明应用，延伸到了安防、通信、传媒、环境监测、天气监测、新能源汽车等领域。具体见图 16－2。

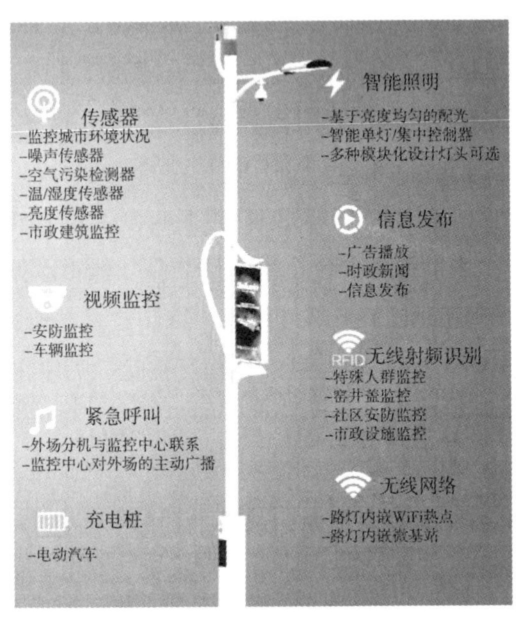

图 16－2　洲明科技智慧路灯功能与应用示意图

资料来源：洲明科技公开资料。

企业通过跨产业升级，可以实现微笑曲线叠加的整体上移，获取四大经济效率。洲明科技早期在定制化产品上一直有着较强的竞争力，但也存在成本高、相对效率较低、毛利率较低等问题。通过这种网状的升级模式，洲明科技的销售规模与市场份额不断扩大，公司生产在坚持个性化、定制化的同时也实施标准化、系列化、批量化，极大地提高了效率和毛利率，获得了规模经济性。洲明科技的两大系列产品都以 LED 为基础，跨产业升级时两大业务都围绕互联网、大数据进行产品应用功能和领域的拓展，很多部件、技术等可以实现协同共享，洲明科技由此可以获得一定的范围经济性。洲明科技通过大数据的采集与统计，可以更好地整合全球资源，更敏锐地捕捉市场需求，从而加快研发速度，缩短产品生命周期，获得速度经济性。洲明科技通过互联网实现跨产业升级，为客户提供了更多样、更完善的服务，从而提高附加价值，获得网络经济性。具体见图 16 -3。

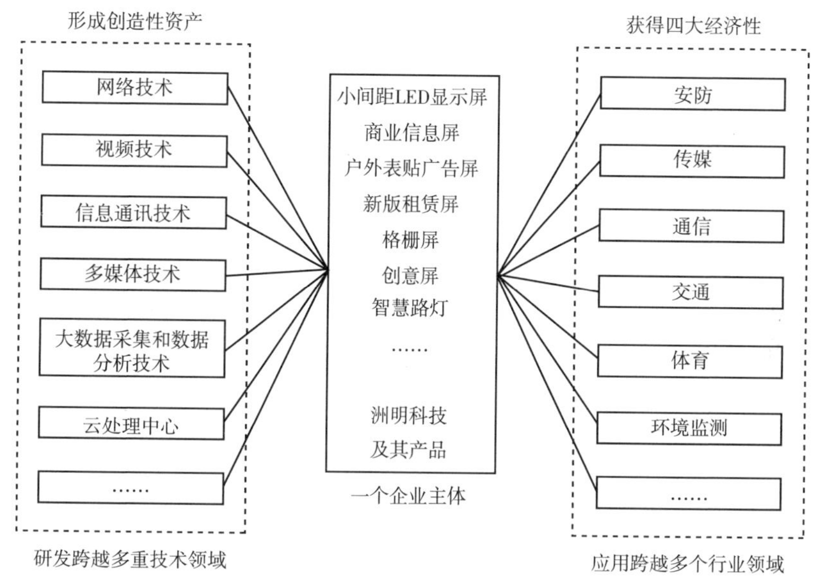

图 16 -3　洲明科技跨产业升级模型

资料来源：洲明科技企业内部资料。

（四）由“单一产品供应商”转型升级为“产品 + 方案 + 服务集成商”，进一步提升附加值

洲明科技在实践中发现，LED 显示产品是海量信息交汇与输出的集成终端，不同的应用场景对显示产品的性能与相关配备要求不一，特别是在 LED 小间距重点应用的中枢控制室场合，顾客对所在领域中整体解决方案的诉求非常迫切。同时，照明客户也不再仅限于对硬件的基本需求，更需要一套整体的智能照明解决方案。2013 年，洲明科技提出由提供单一应用产品向“产品 + 方案”的模式切换，开始由硬件向服务和内容转型。2016 年，洲明科技新设了 20 多家运营中心，构建了本地化快速响应的营销服务体系，通过为客户提供细分领域市场的整体解决方案，洲明科技由“单一产品供应商”转型升级为各细分领域的“产品 + 方案 + 服务集成商”，真正满足了不同细分领域

客户对于解决方案定制化的需求。洲明科技在为用户设计 LED 解决方案的同时，全力做好售前、售中、售后三个环节的工作：售前针对用户实际确立最合适的解决方案；售中为用户进行人员培训，并给每个用户建立产品档案，进行持续跟踪；售后对用户的售后服务做到快速响应，在全国设立了 300 多家认证服务机构，在亚洲、欧洲与北美建立了本土化的运营与服务支持团队，可及时解决用户需求。围绕为用户提供优秀解决方案的重点，洲明科技狠抓以下三方面的工作。

1. 方案突出个性化。洲明科技每承担一项工程都会认真与用户沟通，了解用户的特殊要求，然后因地制宜地制定最优方案。在仁恒置地投资管理（上海）有限公司的商场及地下车库 LED 照明改造项目中，他们根据用户追求光效、节能综合效益的特殊要求，制定了一个单项节能和双向节能并举的解决方案。在单项节能方面，他们用 14W/只的 LED 灯管替换传统 36W/只的日光灯管，用 7W/只的 LED 胆灯替换传统 50W/只的铝杯灯，在提高光效的同时，节能效率提高了 3～7 倍。在双向节能方面，他们对停车场的灯全部采用智能化控制。当车辆逐渐靠近时，LED 灯光会依次亮起来；而当车子驶过，其后面的灯光又会自动熄灭，从而实现了空间与时间上的双向节能。

2. 方案着眼综合性。每一个 LED 显示屏都是由显示屏、控制系统、电源系统、音响系统以及金属构架等一套完整的系统组成的。洲明科技每接触一个项目，都会综合考虑项目中各环节之间的衔接、匹配问题，用全景式、综合性的视角来制定解决方案。在大型音乐舞蹈史诗《复兴之路》的舞台中，洲明科技承担了国家大剧院巨型背景 LED 室内表贴三合一异形阶梯屏项目。根据舞台现场条件，洲明科技从巨型背景的整体着眼、从阶梯屏的局部着手，在设计上充分考虑项目的重要性与特殊性，针对舞台的特点，对阶梯屏采用 1000HZ 的高刷新率、亮度色度可逐点校正的高端技术和模块式封装工艺，为 63 级台阶立面安装了 LED 显示屏，使有效发光面积达到 160 平方米，成为世界首创性的异型 LED 台阶显示屏。

3. 方案追求可靠性。洲明科技会对每个解决方案中的控制系统和电源系统进行双备份，以提高使用安全可靠的保证系数。同时，洲明科技还会根据项目的具体环境，为用户量身定制高可靠性的解决方案。在设计成都世纪城内海洋乐园 LED 显示屏结构时，洲明科技考虑到该项目接近水边，空气湿度较大，金属容易生锈，于是设计使用了防腐性强的铝板材质箱体，使产品整体不易生锈，从而确保了项目的安全性和可靠性。①

洲明科技也积极探索线上业务，打造电商平台，进一步提高自己的服务能力。从 2013 年开始，洲明科技参股孵化了南电云商、洲明翰源、小明科技与万屏时代四个互联网项目。公司以互联网为工具，通过产品与客户建立联系，通过服务提高客户黏性，通过内容与客户共建场景化运营的生态链，为实现企业的升级提供保障。

目前，洲明科技已成为专业的 LED 应用产品和整体解决方案的供应商。在显示屏业务方面，洲明科技可以结合多种技术，在理解指挥决策者需求的基础上，配置国际最先进技术的大屏幕显示和控制系统，打造“能用、好用、易用”的行业可视化解决方案，如安防监控解决方案、指挥调度解决方案、会议室解决方案（含远程视频会议）、高分可视化行业解决方案、广电演播解决方案、体育赛事解决方案、户外媒体屏信息发布系统解决方案等。在照明业务方面，洲明科技可以为客户提供市政道路照明、高速（快速）道路照明、隧道照明、户外景观亮化以及室内照明节能改造等 LED 照明应用解决方案。通过制定个性化、综合、可靠的解决方案，洲明科技强化了为用户提供优质服务的理念，并顺利进入高端市场，实现了产品附加值的提升。

（五）通过并购获取战略性资产，实现企业跨越升级

在进行跨产业升级的过程中，洲明科技除了依靠内生力量，也积极利用外延手段获取技术资源、市场渠道、管理能力、服务能力等战略性资产，拓展业务、补齐短板，从单一的设备供应商不断进入其他服务细分领域，实现企业的跨越升级。

1. 小间距 LED 显示屏。2014 年 9 月，洲明科技全资收购深圳蓝普科技有限公司。蓝普科技是国内较早开始研制小间距产品的 LED 显示应用企业之一，同时也是当时国内非上市公司中最大的 LED 产品应用系统解决方案服务商之

① 范宏国．唯有创新活力来［N］．人民日报海外版，2012－12－29（008）．

一，在国内外具有独特的业务资源及渠道优势，广泛分布在广播电视、水利、监控调度等多个行业。此次收购可以实现洲明科技与蓝普科技的优势互补，有助于整合双方在LED显示行业管理人才、国内外销售渠道、产品研发、生产及供应链等方面的资源。对于洲明科技来说，此次收购可以丰富公司产品种类，扩大海外客户基础与海外市场的业务份额，强化洲明科技在小间距LED显示细分市场的竞争实力，进一步拓展小间距产品的业务发展空间，促进其独特优势和国际领先地位的实现。

2. 创意类显示屏。2012年3月，洲明科技出资3300万元收购深圳市雷迪奥光电技术有限公司（以下简称雷迪奥）60%的股权。2015年，公司完成了对雷迪奥剩余40%股权的收购。雷迪奥的主要业务是为舞台演艺、体育赛事、室内外建筑、旗舰店等领域提供LED舞台显示设备及创意类LED显示产品，是全球国际中高端LED显示市场的主流供应商及佼佼者。洲明科技在传统固定安装显示屏市场是国内的领先企业，但创意显示屏是公司的薄弱环节和短板。通过此次收购，洲明科技加速拓展了公司在创意显示屏市场的业务，提升公司在创意显示屏市场的综合竞争优势。2017年7月，雷迪奥获得了国际某知名租赁商约8000万人民币的订单用于巡回演出，体现出公司在国际舞台租赁领域的强大竞争力。

3. 智慧路灯。2014年，洲明科技联合南方电网综合能源有限公司、世联兴业资产管理有限公司、国内领先的社区O2O电商公司深圳家易通达网络科技有限公司，共同成立深圳市南电云商有限公司（以下简称南电云商），成为全国首家为智慧城市、智慧园区、社区、家庭能源提供整体节能解决方案的电商平台，开创了全新的新能源售卖及服务模式，其中洲明科技参股35%。南电云商各股东都是各自产业链中的佼佼者，通过联合成立节能电商公司有效进行资源叠加，发挥各自业务优势，共同打造国内第一个服务型电子商务平台——南度度节能服务网。南电云商平台集合了南方电网多年的能源管理经验，汇集了行业内顶尖的能源管理专家及商家。此次合作为洲明科技提供了更低的能源成本、更先进的能源管理优势，有效促进了公司智慧路灯业务的发展，提高了该业务的盈利能力。

4. LED室内照明。2017年7月，洲明科技收购东莞市爱加照明科技有限公司（以下简称爱加照明）。爱加照明是一家致力于高端建筑空间的专业照明企业，主要服务领域为：星级酒店、高端公寓住宅和精装住宅、高端精品商城 Mall、高端写字楼、精品会所、美术馆、博物馆等。其旗下的 VF Lighting 品牌是专业照明领域的领先品牌，在专业照明渠道具有较高的品牌美誉度，在高端业主客户群、照明设计公司和室内设计公司客户群具有广泛的品牌知名度和影响力。2017 年，VF 成为唯一一个与凯德集团两年度进行战略合作的品牌，为凯德集团旗下高端住宅、雅诗阁公寓、高级酒店提供照明服务。此次收购是洲明科技完成产业链条高价值部分生态整合战略的重要举措，有利于进一步整合照明行业的资源，拓展中高端照明领域的市场份额，提升公司在专业照明领域的行业地位。

5. 互联网 +。2013 年 7 月，洲明科技正式入驻天猫；9 月，洲明科技以 484 万自有现金对上海翰源照明工程技术有限公司进行增资控股，获得其 20.59% 的股权，共同创造了“洲明翰源”这一全新的高端 LED 照明品牌。上海翰源照明工程技术有限公司成立于 2005 年，早在 2009 年就正式入驻天猫，是业内最早开展电子商务的企业之一。翰源公司在天猫平台专注从事 LED 家居照明产品的生产和销售，凭借其积极进取的拼搏精神和严谨的管理方式不断发展壮大，连续三年获得天猫平台 LED 灯饰销量第一的骄人业绩，成为行业中电商发展的佼佼者。2015 年，洲明科技投资深圳市万屏时代科技有限公司（以下简称万屏时代）和广东小明网络技术有限公司（以下简称小明科技）。万屏时代旗下万屏汇从整合产业碎片化资源切入，通过移动互联网技术高效调度全网工程商，为客户提供高效、专业、性价比高的服务。洲明科技领投万屏时代，旨在以“互联网 +”的方式打造 LED 显示屏的生态服务链。小明科技搭建了标准化、模组化的智能照明产品研发平台，可以快速帮助行业客户实现产品智能化。通过搭建仓储供应链平台，实现与阿里智能的全方位对接，自主研发多款行业 SAAS 软件、灯具 ERP 系统及针对门店销售推广的增强现实 AR 软件“配灯大师”，小明科技在 B2B 电商的产业布局已完成。2016 年，小明科技成功创办中国第一个光电照明行业产业孵化器“造明公社”，旨在充分整合国内外光电照明行业的科技创新资源，全面涵盖智慧照明及相关行业的上下游产业链，为创业团队提供专业化产业孵化服务，实现传统光电行业向智能照明和智能应用的转型升级。

三、企业升级的影响因素

（一）外部因素

1. 市场需求促使企业升级。随着 LED 成本的逐年下降、行业技术的不断提升以及产品的日益成熟，LED 产品得到了越来越广泛的应用，市场价格已达到均衡状态，客户更加看重产品质量、系统可靠性、售后服务体系等因素。洲明科技早期通过自主研发和创新渠道获得了一定的竞争优势。但在实践过程中，洲明科技逐渐发现了 LED 市场的痛点。最初公司只提供显示屏硬件，但客户希望公司能提供内容服务。洲明科技刚开始尝试通过找专业公司配合的方式满足客户的需求，但随着业务规模的扩大，洲明科技发现这样的需求越来越多，而且提供内容服务可带来极大的利润，从而提升附加值。因此，洲明科技开始由单一硬件提供商向内容植入服务商转型。基于 LED 硬件可提供服务的细分领域非常多样，且各个应用细分领域都呈现出不同的特点，因此公司必须将技术研发拓宽到多重领域，才能最大限度地拓展产品功能和应用领域以满足个性化、定制化的市场需求。

2. 政府政策为企业升级提供引领和支持。LED 被称为第四代照明光源或绿色光源，具有节能、环保、寿命长、体积小等优势。世界各主要国家都出台了推广 LED 节能灯的相关政策，日本、美国、欧盟等纷纷制定了白炽灯的停产及禁用计划，LED 照明产品的推广使用也在公共照明领域率先启动。我国政府大力支持 LED 照明的发展。2008 年我国启动了“十城万盏”LED 应用试点示范项目，目标在 2011 年底前在全国 21 个示范城市点亮 600 万盏 LED 路灯，2009～2011 年分别为 100 万、200 万、300 万盏，2012 年规划建设 500 万盏 LED 路灯。2009 年 10 月，国家发改委等六部委联合制定《半导体照明节能产业发展意见》，提出到 2015 年 LED 功能性照明达到 20% 左右的目标。在当时一般室内照明市场尚未打开的情况下，LED 路灯受益于政府采购或补贴等政策扶持，成为我国 LED 产业中潜力最大的细分市场之一。政府的扶持政策对洲明科技 LED 户外照明业务的发展起到了关键的推动作用。

（二）内部因素

1. 三大生产基地和严格的品质管理为产品提供保障。洲明科技现拥有以福永总部为基点，坪山、大亚湾两大生产基地为支撑的“铁三角”架构，拥有生产基地面积 27 万平方米，并在两大制造中心配备一流的研发、生产和实验设备，现代化、规模化、标准化程度领先业界。大亚湾科技园引进先进的生产设备，结合最新的应用技术，打造了全球最大的 LED 显示制造基地，实现智慧生产，做到高效率、低耗能，不断提高产品质量。洲明科技以“精益求精、品质第一、顾客满意、追求卓越”的质量政策，持续改进产品品质，产品从来料到出货，拥有一套完整的质量管控体系，涵盖设计质量保证 DQA、来料质量保证 IQA、制程质量管控 IPQC、成品质量检验 FQC、产品质量保证 FQA 和成品包装检验 OQC。洲明科技拥有一个 CNAS 国家认可实验室，已获 SGS 和 TUV-SUD 目击实验室授权，还拥有强大而先进的测试能力，可对公司的原材料提供独立、客观、公正的第三方检验，有力保证了产品设计质量的可靠性。在来料上，公司实行严格的进货渠道管控和供应商管理，对 LED 灯珠、电源、模组、线材等原料进行严格的可靠性检验，确保来料的品质可靠。在生产中，公司严格按照 SMT、AI、后焊、三防、灌胶、模组老化、箱体装配、逐点校正、箱体测试的流程，对环境实施制程管控，确保生产的可靠性。在成品质量检验环节，公司对产品进行高温老化、震动、盐雾、冲水、风暴、耐压、其他户外产品三级测试等多项检测，保证产品工作的安全性。在出货环节，质检部门对成品进行包装检验，确保所出产品全部检验合格、满足订单要求。

2. 成立并购基金为升级提供资本支持。2016 年，洲明科技成立洲明前海基金，一方面支持企业的产业升级；另一方面为并购显示照明行业细分领域中的龙头企业提供资金支持。2017 年 1 月，洲明科技、深圳市前海洲明投资管理有限公司与时代伯乐、深圳市瀚信资产管理有限公司旗下基金共同出资设立深圳洲明时代伯乐投资管理合作企业（有限合伙）。洲明科技对 LED 应用领域的前瞻性判断和深刻理解与时代伯乐在股权领域丰富的投资经验和专业能力的相互配合，有效增加了公司并购项目的储备，提升并购的效率，助力洲明科技完善 LED 应用领域产业链的布局。

3. 积极探索新商业模式。除了渠道营销模式，在国内户外照明业务中，洲明科技还利用 EMC 和 3P 的商业模式。EMC 主要是在政府招投标后，签订人员管理服务合同，进行城市市政工程的节能改造。3P（PPP）是政府向企业融资建设基础设施，政府发展遇到资金困难的情况时，将灯杆施工、景观量化、智慧路灯等工程打包给企业，如果政府不满意工程效果也可以拒绝支付，因此，3P 项目要求企业必须进行精细化管理，同时也有一定的门槛。洲明科技采用 3P 模式在国内发展户外照明业务，也显示出洲明科技的行业地位和管理优势。为了应对 EMC 和 3P 模式的风险，洲明科技建立了完善的预警机制，例如设定 5 年回报率的标准，以广东省为腹地，从广东省往外延伸的项目根据距本省距离的增大而增加利润或体量要求。公司建立起的标准风控模型可对一般项目进行有效的风险控制；对于战略性的大项目，公司管理层会进行详细的评估以最大限度降低风险。

4. 通过股权激励、文化建设培养员工的主人翁意识。为了将股东利益、公司利益和员工个人利益有机结合，激发核心成员工作的积极性，留住核心骨干人才，洲明科技进行了多次员工激励计划。2015 年 6 月 29 日，洲明科技推出第一期员工持股计划，计划筹集资金总额不超过 4000 万元，份额为 4000 份，每份份额为 1 万元，由公司高管及正式员工认购，总人数为 110 人，其中公司高管不超过 10 人。2016 年 7 月 4 日，该计划顺利完成。员工持股计划把员工和企业利益紧密联系在一起，有效地激励了员工的工作积极性，从而有利于公司进一步提升技术创新、产品研发能力，保持领先地位。

除了股权激励外，洲明科技还非常重视员工知识技能的培养与员工幸福感、归属感的提升。为此，公司成立了洲明商学院，致力于打造员工学习和成长的平台，鼓励员工通过内外部学习培训来提升专业能力和职业素质。同时，洲明科技也不断吸取世界级优秀企业的培训模式，引进先进的网络学习平台 E-learning 学习系统，可让员工随时随地通过网络授课学习。洲明商学院还拥有一支由高级管理人员、各行各业专家、学者组成的兼职教师队伍，通过现场授课、在线教学等方式组织多场贴近企业应用的专题培训课程，课程内容涵盖营销、管理、研发、供应链、商务礼仪等多个方面。为了提高员工的幸福感，洲明科技通过开展一系列活动为员工打造积极、正向、健康、快乐、有爱的工作气氛，如洲明好声音、家庭日、运动会、“工匠洲明”之职工技能大赛等，为员工的健康成长和公司的可持续发展创造必要的人文环境。

5. 核心团队不断提升动态管理能力。洲明科技董事长林洺锋多年从事LED产品应用行业，具有丰富的研发和生产管理经验，曾荣获“2009年中国LED产业领军人物”荣誉称号。洲明科技通过自身培养和外部招聘的方式，建立了结构合理、精干高效的管理团队，公司的核心团队在技术研发、生产管理、市场营销和财务会计等方面各有所长，协同一致，为公司的可持续发展奠定了良好的基础。洲明科技管理层具有丰富的行业经验，能够及时掌握行业最新的技术发展方向，注重对市场信息的搜索和整理，在此基础上，管理层对市场发展趋势加以判断，对下一阶段市场热点产品和技术进行前瞻性研究，从而缩短了新产品的研发周期。洲明科技每年定制战略计划，每半年反省一次并及时调整，进行动态管理，并通过建立合理的绩效考核体系和激励机制，维持和不断壮大自己的管理团队，使其管理水平和应对能力与公司生产能力、员工规模的扩张保持同步提升，以适应公司的快速成长。洲明科技内部还引进了很多战略管理型咨询公司。2017年，洲明科技引入了IBM管理战略，从子公司到总公司，由点及面推广IBM的经验。在引进IBM、飞利浦、华为等企业的经验后，公司会根据自身情况辅以不同的战术，不断提高自己动态管理的能力。

四、企业升级的效果

（一）重构全球价值链，不断提升产品附加值和企业话语权

长期以来，人们普遍认为发达国家企业主要从事微笑曲线两端的技术研发、关键零部件制造、销售、品牌管理、服务等高附加值的关键环节。新兴经济体和发展中国家的企业则主要承担微笑曲线底部附加值低的加工、组装、

制造等业务。全球价值链重构是全球范围内价值与经济利益在价值链各环节重新分配的过程，其中最核心的表现是新兴经济体国家及其企业从价值链低端向价值链高端位置移动，发生地位和角色的改变。[①] 洲明科技基于技术创新、应用创新、渠道创新、服务创新，打破由发达国家企业主导的国际分工，立足全球配置资源，成功实现升级，成为在全球范围内整合资源的主导企业，具体表现为产品附加值的大大提高和企业话语权的不断提升。

在早期的升级中，通过技术积累和创新营销渠道，洲明科技在微笑曲线两端实现了上移。在跨产业升级中，洲明科技通过不断拓宽和深化技术在微笑曲线左端实现了上移；通过拓展产品功能和应用领域，公司能够为客户提供各细分领域的整体解决方案和个性化定制化服务，在微笑曲线右端实现上移；通过收购、战略合作等方式，洲明科技获得了技术资源、市场渠道、管理能力、服务能力等战略性资产，使微笑曲线与目标企业的微笑曲线整合实现整体上移。价值链地位的提升直观地表现为产品附加值的提升。如表 16－4 所示，2008～2016 年洲明科技的销售毛利率平均高达 25.66%，在行业中处于较高水平。如表 16－5 所示，2016 年，公司的两大业务在国内海外的销售收入均有明显上涨。

表 16－4　洲明科技 2008～2016 年销售毛利率情况　单位：%

年份	2008	2009	2010	2011	2012	2013	2014	2015	2016
销售毛利率	17.21	22.51	24.94	25.08	25.62	25.41	29.17	31.25	29.79

资料来源：东方财富网。

表 16－5　洲明科技 2015～2016 年两大业务销售收入情况

		2016 年（万元）	2015 年（万元）	同比（%）
显示板块	国内	49230.29	33735.14	45.93
	国外	109073.31	83710.24	30.30
	合计	158303.60	117445.38	34.79

① 毛蕴诗，王婕，郑奇志．重构全球价值链：中国管理研究的前沿领域——基于 SSCI 和 CSSCI（2002—2015 年）的文献研究［J］．学术研究，2015（11）：85－93＋160.

续表

		2016 年（万元）	2015 年（万元）	同比（%）
照明板块	国内	8837.16	5496.73	51.67
	国外	7804.91	6325.62	23.38
	合计	16642.07	11822.35	36.54

资料来源：根据洲明科技历年年度报告整理而得。

通过升级，洲明科技在技术研发、销售服务等环节实现了较高的附加值高，并且提升了企业在行业中的话语权。

在技术研发方面，截至 2016 年底，洲明科技及其子公司在国内共获得 46 项发明专利、228 项实用新型专利、103 项外观专利、11 项软件著作权，并获得 62 项国际专利。公司全系列产品通过 CQC、3C、TUV、UL、CE、ETL、GOST、CUL 品质认证及相关 ROHS 认证，是中国第一家 LED 路灯通过澳洲 AS1158.6、美国 UL、欧洲 CB、CQC 认证的企业。洲明科技持续的研发创新、技术积累，不仅使企业本身突破了外国厂商的专利壁垒，还引领了国内行业标准的规范。洲明科技积极参与国家 LED 行业技术标准、LED 道路照明标准以及多项半导体照明地方标准制定工作，助力中国 LED 企业突破了国际贸易的壁垒。

在销售服务方面，洲明科技有条件选择更加优质的客户与订单。近年来，洲明科技持续中标国内国际的重点工程项目：2009 年，洲明科技成功中标国庆 60 周年阅兵仪式天安门广场大型 LED 显示屏工程，采用 300 多万只优质 LED 显示器件和远程同步控制技术，承建了总面积达 250 平方米的高清数字 LED 显示屏；2010 年，洲明科技中标上海世博会显示屏 50 余块，覆盖 30 多个国家馆，总面积达 3500 多平方米；2011 年，承办世园会、亚运会、大运会等多个大型国际赛事中的 LED 显示屏项目；2012 年，在全程 130 公里的广深高速上顺利开展智能路灯改造项目，实现 70% 以上的节能效率，创下全世界最长的连续使用 LED 照明的高速公路、最长的 EMC 能源管理两项纪录；2014 年，为索契冬奥会开闭幕式提供 LED 显示屏创意显示应用解决方案等。

（二）企业关键资源、关键能力的提升

不同企业升级过程所获得的核心能力有所不同：在过程升级和产品升级中，企业主要表现为基于生产的核心能力提升；在功能升级中，企业主要表现为基于研发设计和营销的核心能力提升；而在跨产业升级中，上述核心能力均可能得到提升。洲明科技最早进行了功能升级，突破关键技术壁垒，创新渠道营销模式，实现了研发设计和营销能力的提升。后来，洲明科技不断深化并跨域多重技术领域，拓展产品功能和应用领域，实现跨产业升级，从而使自己的研发设计、生产制造、品牌营销、服务、动态管理的能力均得到了提升。除了核心能力的提升，企业升级也为洲明科技带来了人力资源和资本资源的提升。洲明科技关键资源和关键能力的提升情况如表 16 –6 所示。

表 16 –6　洲明科技关键资源和关键能力的提升情况

关键资源	人力资源	获得并培养了许多优秀人才，涵盖研发、生产、营销、服务、管理等各个方面，提高了人力资源的质与量
	资本资源	利润增加，资金流动性增强，通过上市、建立基金，进一步增强资本资源
关键能力	研发设计	获得了大量国内外专利、软件著作权，跨越了多重技术领域，研发设计能力得到提升
	生产制造	自动化、智能化程度不断提升的生产基地和严格的质量管理为产能的不断扩展提供了保证，产量增加
	品牌营销	营销网络健全，品牌影响度增加
	服务	成为“产品 + 方案 + 服务集成商”，可以为客户提供各细分领域的整体解决方案
	动态管理	组织效率和管理能力与公司成长同步提升

（三）社会绩效改善

洲明科技以实际行动践行社会责任。2008 年和 2013 年，洲明科技为汶川地震、雅安地震捐赠 LED 灯具等物资及款项。2010 年，在“光爱之行”活动中，洲明科技为中国边远地区增城和古田的学校、乡镇、低保家庭及军烈属、卫生机构、敬老院等捐赠大量 LED 灯具。2014 年，洲明科技为深圳西乡敬老

院捐赠和免费更换所有照明灯为 LED 灯；成立了 U 基金，捐资大别山、梅州等多地贫困生。2015 年，洲明科技公益计划“美丽乡村”来到兰考县，捐赠了焦裕禄纪念园里所有的 LED 路灯，助力兰考县脱贫致富。2016 年，“洲明公益、温暖凉山”捐赠仪式在红星乡中心小学举行；同年成立“深圳市洲明公益基金会”，基金会的宗旨是：通过多种行之有效的方式促进人心灵的成长与进步，关注社会弱势群体，热心公益慈善，谋求人、社会与环境的可持续发展与进步。洲明科技在一系列公益活动中，支持教育发展、帮助社会弱势群体、促进贫困地区发展，彰显了实干担当的责任精神。

洲明科技以“为创造绿色环境贡献力量”为企业使命，始终致力于绿色环保 LED 事业，不断创新和发展 LED 节能显示技术和 LED 节能照明技术。十多年来，洲明科技在全球多个国家和地区成功实施数万个 LED 显示屏及 LED 节能照明项目，累计节能超过 20 亿千瓦时，节约标准煤超 80 万吨，减少二氧化碳气体排放逾 160 万吨。在市政节能领域，洲明科技连续五年被中国节能协会评为中国节能十强。2016 年，洲明科技荣获“全国节能服务公司百强榜（建材行业）第二名”。

五、总结与启示

自创立以来，洲明科技不断升级。最早利用渠道营销模式实现升级；后来面对发达国家的技术壁垒开始自主创新、技术积累，再次升级；面对数字化技术、通信、计算机技术和互联网的迅速发展，洲明科技开展技术融合、产业融合，继续深化技术，不断拓展产品功能和应用领域，从“单一产品供应商”转型升级为各细分领域的“产品 + 方案 + 服务集成商”，并利用收购、战略合作等方式获取了战略性资产，帮助企业实现跨产业升级。经过升级，洲明科技获得了持续发展所需的关键资源和能力，话语权和附加值不断提升，通过践行社会责任和开发创新 LED 节能技术，洲明科技树立了良好的企业形象。

企业升级往往结合多种路径。无论采用哪种路径，企业都追求在价值链中地位的提升。最核心的是通过提高研发设计和营销服务能力向价值链两端上移，以及降低生产成本，从而实现价值链上移。近年来，随着互联网、信息技术的飞速发展，出现了行业边界模糊和产业之间的交叉融合，跨产业升级成为当前企业升级的重要趋势。在跨产业升级中，除了努力降低生产成本，企业的焦点仍要放在研发、服务这些附加值高的环节。由于技术领域和应用领域的多样性，企业可将一种技术广泛应用于多个行业，也可以将多重技术应用于单个行业，洲明科技的应用则体现了多重技术应用于多个行业的升级方式。因此，企业在升级时除了要关注自身领域的技术与应用功能外，也要积极探索新的技术与应用领域，不断向附加值更高的价值链环节跨越，从而实现企业的跨产业升级。

17. 华测检测：国内检测行业首家上市公司的专业化服务升级之路

一、公司简介

华测检测认证集团股份有限公司（Centre Testing International Group Co.，Ltd.，简称 CTI，以下简称华测检测）作为中国第三方检测与认证服务的开拓者和领先者，是一家集检测、校准、检验、认证及技术服务为一体的综合性第三方机构，在全球范围内为企业提供一站式解决方案。华测检测一直保持高速成长，营业收入从 2008 年的 2.03 亿元，增长至 2016 年的 16.52 亿元，年平均增长率达到 30.16%。

华测检测成立于 2003 年，总部位于深圳，在全国设立了 40 多个分支机构，拥有化学、生物、物理、机械、电磁等领域的 90 多个实验室，并在中国台湾、中国香港、美国、英国、新加坡等地设立了办事机构。2009 年 10 月 30 日，CTI 成功在深交所挂牌上市，成为深圳市首家在创业板上市的公司，也是国内检测行业首家上市公司。

基于遍布全球的服务网络和深厚的服务能力，CTI 每年可出具约 120 万份具有公信力的检测认证报告，服务客户 9 万家，其中世界五百强客户近百家。CTI 集团及各分公司、子公司在各领域可为客户提供检测、检验、认证、审核、培训、鉴定、咨询等服务。

2013 年，CTI 成为欧盟 NB 认证机构；2015 年，CTI 入围国家强制性产品认证（CCC）指定实验室；同年，新加坡华测成为发证/认可 NCB，深圳实验室获得 CBTL 资质。CTI 是中国合格评定认可委员会（CNAS）认可的实验室和中国质量认证中心（CQC）的合作实验室，同时通过了计量认证（CMA），完全具备出具第三方检测报告的资质。除了通过国内的认可以外，CTI 还通过了英国皇家认可委员会（UKAS），美国国家标准学会（ANSI）、美国“能源之星”、新加坡标准生产力与创新局（SPRING）等机构的认可，是美国消费者委员会（CPSC）、美国保险商试验所（UL）、美国 FCC、加拿大工业部（IC）、墨西哥 NYCE、挪威 NEMKO、德国 TUV、美国纺织品染化师协会（AATCC）、美国 WRAP 等国际权威机构授权合作的实验室，检测报告具有国际公信力。

二、华测检测的成长历程

华测检测的诞生缘于欧盟 2003 年出台的 RoHS 指令。欧盟规定，电子电气产品必须通过符合 RoHS 指令的认证才能出口到欧盟成员国，这使国内电子生产企业对 RoHS 测试的需求骤然加大，华测检测应运而生，于 2003 年 12 月 23 日成立。RoHS 指令即“关于限制在电子电气设备中使用某些有害物质的指令”，其基本内容是：从 2006 年 7 月 1 日起，在新投放市场的电子电气设备产品中，限制使用铅、汞、镉、六价铬、多溴联苯和多溴二苯醚等六种有害物质。当时，不少大企业对 RoHS 测试早有研究和准备，甚至不少产品已通过 RoHS 测试，但对于深圳大批中小电子企业而言，RoHS 指令仍是遥远而陌生的，根本不知从何下手。

在这种情况下，大批民营检验检测机构在深圳如雨后春笋般成立起来，他们为中小企业做 RoHS 测试，出具 RoHS 测试合格证书。一时间，检测行业呈现爆发式增长，最高峰时民营机构数量达到上千家。迅猛增长的检验检测机构数量导致了严重的供过于求。没过几年，深圳过半的民营检验检测机构纷纷倒闭，即使还在维持运营的，业务量也急剧缩水。市场急速衰退的现实下，华测检测却如一支傲立冬雪的梅花，悄悄绽放。十几年来，华测检测在 RoHS 测试业务上一直逆势增长，2015 年 RoHS 测试营业额超过 2 亿元，仅此一项的营业收入就超过了深圳某些检测公司全年的营业收入。华测检测发展历程关键事件如表 17 – 1 所示。

表 17 – 1　　华测检测发展历程关键事件

年份	事件
2003	公司成立
2004	组建上海分公司
2005	佛山、宁波、汕头、南京、北京、天津、青岛、厦门、中山代表处相继成立，华测检测进入迅速发展时期
2006	新开设香港、台湾、广州、温州、苏州、杭州、无锡、西安、大连、武汉、成都、芜湖、南昌等 13 处分公司和代表处
2007	北京华测成立； 获得国家级“中小企业服务平台”资格认定
2008	香港华测出资设立英国公司和新加坡公司； 苏州华测、广州华测、青岛华测、广州华德相继成立； 荣膺德勤 2008 高科技、高成长中国 50 强； 宝安区桃花源检测大楼投入使用
2009	在创业板上市，成为国内首家成功上市的检测机构； 上海华测成立； 入围福布斯中国潜力企业榜； 连续荣获“计量诚信优秀单位”称号
2010	并购深圳鹏程认证； 宁波华测成立； 上榜中国创业板上市公司 20 强； 获得“国家环境标准样品协作测定实验室”荣誉； 成为首批广东省科技服务业百强企业； 连续跻身福布斯中国潜力企业榜
2011	入股瑞欧科技，打造化学品法规服务第一品牌； 获第十届“深圳企业新纪录”荣誉
2012	获宝安区三类百强企业荣誉称号； 荣获深圳市市长质量奖、鼓励奖； 美国 CTI 公司办事处开业，亚特兰大，乔治亚州
2013	开展电子商务检测业务； 开展生物医疗检测业务； 股权收购英国 CEM INTERNATIONAL LIMITED，成为欧盟权威公告机构（NB 认证机构）

续表

年份	事件
2014	与美国加州大学洛杉矶分校健康服务系统（UCLA Health）合作成立上海华测洛加大医学检验所有限公司； 华测职安门诊部揭幕运营； 入选深圳市 2014～2016 年享受便利直通车服务企业名单； 荣获 2014 年度“中国标准创新贡献奖”和“中国机械工业科学技术奖”； 与 Bio Basic Europe 开启在化妆品、保健品及医疗器械领域的测试、法规支持、认证等领域的合作
2015	“深圳市华测检测技术股份有限公司”正式更名为“华测检测认证集团股份有限公司”； 入围国家强制性产品认证指定实验室； 成为发证/认可 NCB，获得 CBTL 资质； 入围深圳市 2015 年科技创新券服务机构入库企业； 荣获 2015 年度“中国机械工业科学技术二等奖”； 深圳市家庭服务机器人检测技术公共服务平台落户华测检测
2016	入选宝安区第一批龙头企业培育库； 荣膺当当网“2015 年最佳合作伙伴”称号； 成立华测艾普－爱基因国家级基因检测合作实验室； 获得国家食品药品监督管理总局（CFDA）GLP 资质认证，成为国家认可的药物临床前研究技术服务平台； 进军珠宝检测领域

资料来源：根据华测检测企业官网整理而得。

三、华测检测的专业化服务升级之路

（一）由提供传统、单一的检验检测服务向高端领域服务升级，扩展细分领域

1. 向生命科学领域、奢侈品领域等高端领域升级。长期以来，船舶、医学、生物、新能源等行业都是外企和公办实验室较为薄弱的环节，华测检测敏锐地关注到这个现象，连续几年加大对这些领域的研发和投入力度，主动走一条与外资机构和国资机构不同的差异化发展之路。由传统单一的工业品、消费品检验检测向生命科学领域、奢侈品领域等高端领域的服务升级，并由

此覆盖各个行业。

2014 年，华测检测投资 4000 万元在上海成立了华测艾普医学检验所，检验所拥有病理平台及基因检测平台，可提供临床检验、临床试验、临床诊断等服务。为了鼓励创新，华测还成立了华测检测研究院，研发投入也逐年增加。2015 年研发投入超过 8000 万元，检验检测的领域不再局限于消费品、工业品等，而是不断向高精尖迈进。2016 年 2 月，华测艾普与厦门基科生物科技有限公司旗下品牌爱基因成立基因检测合作实验室，5 月又与台湾慧智基因合作，正式进军基因测序领域，未来华测艾普还计划在深圳、北京、淮南、泰州、成都等五个城市设立医学实验室。

2015 年，华测检测入选河北、安徽、四川等 3 个省份的重点企（事）业单位碳排放第三方核查机构名单，为水泥、钢铁、电力等温室气体高排放行业提供温室气体排放盘查和核查服务。

2016 年，华测检测进军奢侈品检测行业，签发第一张名表鉴定证书。

2. 不断完善产品线，扩展各个细分行业领域。通过不断完善产品线，扩展细分市场，华测检测在工业品、消费品、贸易保障及生命科学四大领域，进行多产品线布局，提供有害物质检测等多项综合检测与认证服务。业务领域涵盖工业品检测、消费品检测、贸易保障、生命科学四大类服务，涉及的检测、检验服务包括电子电气有害物质、医疗器械、药品、食品、化妆品、环境安全、汽车、验货、职业卫生等 20 多个领域，形成消费品、工程、环境、电器/工业品、食品/农产品/保化、交通运输、医学/生命安全等九大事业部。具体见表 17－2。

表 17－2　　华测检测服务领域及内容

领域	服务内容
消费品	有害物质检测，可靠性与失效分析，金属材料检测，非金属材料分析，纺织品、鞋类、箱包检测，玩具、婴童产品、学习用品、家具、餐厨具等食品接触材料及杂货检测，贵金属、宝玉石检测鉴定评估，名表鉴定评估保养
工程	建材与工程检测、检验及认证，特种设备无损检测，风电机组检测及监造
环境	环境检测与咨询，环境污染治理设施运行，污染源在线监控设施委托运行
电器/工业品	安规检测，EMC 检测，CCC 认证，CB 测试，国内国际贸易货物检测鉴定评估，有害生物管理，计量校准、尺寸测量及仪器维修及相关领域检测分析

续表

领域	服务内容
食品/农产品/保化	食品、药品、日化产品、农产品、保健品、饲料、食品包装和接触材料检测及认证，工业化学品、农药等测试评价
交通运输	汽车整车及其零部件检测，金属分析，船舶及工程，货物适运鉴定
医学/生命安全	分子及基因检测、诊断，药效、毒理学，生物分析，职业安全卫生，健康体检，医疗器械代理、注册、咨询
其他技术服务	验货与合规服务，审核服务，体系咨询，产品认证，能力验证，标准物质研发和销售，法律法规注册/咨询，化学品、食品、消费品等法规咨询和产品注册，培训等

资料来源：根据华测检测企业官网、历年年度报告等公开资料整理而得。

（二）延伸服务内容，提供“一站式”综合服务及解决方案

华测检测独创了“一站式”服务模式，整合现有业务，根据客户需要，将测试服务、认证服务、检查服务、技术服务有机结合。将服务范围前推后移，不仅为客户提供检测认证服务，更提供技术咨询、分析判断、报告解读等一系列附加服务。

例如，针对电商平台，提供一站式综合服务及解决方案。从 2013 年开始，华测检测开始陆续为阿里巴巴、京东、苏宁、腾讯、当当、唯品会等电商平台提供“一站式品控质检及供应链管理”服务，在开展电子商务检测业务的基础上，针对电商平台的纺织品、电子电器、化妆品、玩具等各类产品开展质量管理和风险控制，保障平台产品质量。

（三）利用大数据优势，提升服务品质，扩展新的业务领域

华测检测抓住“互联网 ”和大数据的发展机遇，把华测十几年的检测数据集中到一起，建立了数据库，为有需求的客户提供服务。基于原有服务和产品，进行重新加工、再利用，产生新的附加值。

华测检测具有多方面的大数据优势，包括检测数据量大，每年实验室可产生 70 余万份报告，以及近千万个数据；测试项目多，测试能力清单 10000 条以上；行业分布广，涉及轻工、电子电气、食品、环境、医学、运输（汽

车、船舶）等行业；数据用途广，包括保障人类、环境安全，消除贸易壁垒等；数据可靠性强，作为第三方机构具有公正性、客观性。

因此，华测检测针对企业、政府、消费者三个方面，为检测数据开发了新的用途。具体来看，为企业提供以下五方面的支持。第一，对供应商评估提供支持。包括评估供应商的表现，如送检频次等；评估供应商的产品质量；评定供应商的产品质量风险，实施分级管理。第二，对质量成本控制提供支持。包括了解供应商的产品风险性能；规划送检产品、频次等。第三，对“定制服务”提供支持，验证产品品质与生产地的相关性。第四，为政府提供两个方面的支持。一方面，对抽检工作提供支持，评估历年来抽检产品的风险，科学安排抽检工作；另一方面，对科学决策提供支持，监控产品质量安全，及时预警；分析产品质量趋势。第五，为消费者的决定提供支持，了解产品的质量和安全（缺陷、危险等）。

（四）通过新建、并购、合资合作等多种方式，推动企业跨越式发展

1. 在不同地区设立实验室，加速业务发展。为适应检测业务“客户多、金额小、频率高”的特点，华测检测本着贴近市场、贴近客户的原则，采取在不同地区设立实验室的方式进行业务扩展。通过不断推进实验室检测网点建设，不断增大公司在全国的检测覆盖范围、开发新的资质、开发新的服务项目，在经济发达地区建成了门类齐全、布局合理的实验室检测服务网络。截至 2016 年 12 月 31 日，公司已建立 100 多个实验室，实验室网络分布于深圳、上海、苏州、北京、宁波、青岛等地，同时公司也密切关注快速发展的各个行业以及东北、中西部地区，根据各行业的产品特点，研究开发检测技术，在不同地区适时的设立实验室，并按照检测技术开发的进度，开展新的产品种类检测。新的实验室、新的产品种类检测，进一步完善了公司实验室服务网络业务模式，也成为推动公司快速发展的重要因素。

2. 采用并购、合资合作等方式，迅速进入新的检测领域。检测认证行业的市场为碎片市场，横跨众多行业，且每个市场相对独立，难以快速复制，无法通过资本进行快速扩张。采用并购手段快速切入新领域是国际的检测认证巨头通行的做法。通过并购国内外的优质标的，或与行业内优质企业合资、

合作的方式，可以迅速进入新的检测领域，延长公司的产品线宽度并产生协同效应，寻求外延扩张增速。同时，在国家提出深化改革检验检测认证机构的背景和形势下，华测检测积极抓住市场机遇，投资并购有潜力的检测服务项目，寻求新的利润增长点。

2008 年，华测检测与德国 DEKRA Certification GmbH 公司合资设立广州华德，经营化学检测试剂、环境系统电磁辐射控制技术的研究、开发，电子、电器产品开发设计，实验室检测技术和信息咨询。德国 DEKRA Certification GmbH 公司是拥有近百年历史、世界第三的检测服务公司，是德国政府认可的安全鉴定检测权威机构，其分支机构遍及欧洲 27 个国家、北美、巴西、南非及中国，集团在全球有 95 家分公司。通过合资，华测检测有效的集合 DEKRA 的国际资源和自身的本土专业服务优势。

上市后，华测检测陆续并购了多家企业，逐步积累了一些并购的经验。2010 年，华测检测并购深圳鹏程认证。2011 年，入股瑞欧科技，打造化学品法规服务第一品牌。2013 年，股权收购英国 CEM INTERNATIONAL LIMITED，成为欧盟权威公告机构（NB 认证机构）。2014 年，华测成功完成了对大连华信理化检测中心有限公司、新加坡 POLY NDT 公司、黑龙江省华测检测技术有限公司的股权收购。此外，华测检测以发行股份及现金方式购买杭州华安无损检测技术有限公司 100% 股权。2015 年，华测检测收购河南华测检测技术有限公司 100% 股权，收购广州市衡建工程检测有限公司 65% 股权。全资子公司杭州华安无损检测技术有限公司收购福州特安泉检测技术有限公司 51% 股权，收购舟山市经纬船舶服务有限公司 60% 股权，收购浙江久正工程检测有限公司 51% 股权。

2017 年，华测检测继续推进落实投资并购项目，借助上市公司的资金优势和资本运作平台，积极探索业内可持续发展的新机会，结合管理团队综合优势，紧抓与公司技术相关、行业市场相关、未来热点等可支撑公司未来持续发展的商业机会，包括自主开发、合资与收购、兼并等多种方式结合，大力推进公司的外延式扩张，使公司的检测服务走向检测产业深度延伸，确保充分发挥各投资标的协同效应，促进公司可持续发展。

四、华测检测升级的支撑

（一）重视技术研发，保持技术领先

CTI 研究院是国内民营检测机构设立最早、投入最多的专业研究机构之一，由一批富有朝气的年轻博士、硕士和资深的行业专家为核心组成，是公司技术研发的核心部门，自 2007 年成立以来已成为华测检测检测技术提高和核心竞争力形成的重要力量。华测检测为保持技术竞争力，根据市场需求，依托研究院的技术支持，积极进行新的测试方法和标准项目的研发，参与国家标准、行业标准以及企业标准的制定，提升了公司在行业中的技术影响力，从而提升了客户对公司品牌的信心。华测检测与中科院、中标院等科研院所和高等院校保持着广泛、紧密积极的合作，是多个地方的公共检测服务平台等政府公益服务项目的承担单位。

截至 2016 年 12 月 31 日，公司已取得专利 118 项，其中发明专利 35 项，实用新型专利 83 项。已成为 20 多个国家标准化技术委员会/分委会的委员，参与制定、修订国家/行业标准达 351 项，已公布标准 275 项，其中国家标准有 165 项，强制标准有 17 项。如表 17－3 所示，2016 年，华测检测研发投入 15281.92 万元，占营业收入 9.25%。研发人员 592 人，研发人员数量占比 9.42%。

表 17－3　　华测检测 2014～2016 年研发投入

年份	2014	2015	2016
研发投入（万元）	7838.48	10841.67	15281.92
营业收入（万元）	92604.55	128783.54	165226.07
研发投入占比（%）	8.46	8.42	9.25

资料来源：根据华测检测 2014～2016 年度报告整理而得。

（二）创新激励手段，加速人才建设

创新和人才总是紧密联系在一起的。在坚持创新的同时，华测检测不断加速行业人才引进，从全国各地聘请了大批各个领域的资深专家，让他们为

华测检测的发展出谋划策，同时也以优厚的政策和良好的前景吸引了许多年轻人，成为华测检测发展的新兴力量。

通过多种手段激励研发人员等公司员工，包括：开创关键管理人员参与跟投创新业务新模式、股权激励计划、员工持股计划等。2016 年，制定并通过了《华测检测认证集团股份有限公司关于加速发展创新业务项目管理办法》，旨在建立公司与员工之间“利益共享、责任共担”的新型关系，促进员工由职业人向事业人转型，以股权为纽带，以长期激励为导向，为公司快速发展保留人才。华测检测计划以投资设立创新业务子公司或并购的形式，与公司部分关键管理人员或其他投资者共同投资，公司保持控股地位，持有绝对控股权，将公司创新项目运营效益和相关人员个人收益直接挂钩，有利于更好地激励公司业务管理团队与项目运营团队的积极性，促进关键管理人员由职业人向事业人角色转变，与公司事业共成长。公司股票期权已行权 30.4 万份，经中国登记结算公司深圳分公司登记，华测检测向激励对象定向增发股份 30.4 万股。此外，2016 年度，华测检测股票增值权已行权 6.4 万份。至此，公司首期股权激励计划圆满完成。2017 年，华测检测制定《华测检测首期员工持股计划管理办法》。

（三）坚守诚信的企业文化，打造品牌声誉

公信力是检测机构发展的生命所在，是经过市场长期考验逐渐建立起来的。从成立之日起，华测检测就立志要做“受人尊敬的检测机构”，做一个国际认可的检测机构。华测检测十分重视品牌建设，打造良好的品牌声誉。当大多数检验检测机构埋头赚钱的时候，华测检测就清楚地看到，任何业务都不是一锤子买卖，只有把目光放长远，企业才有未来。在这种理念的指导下，华测检测不断加大技术创新和资金投入，摒弃当时很多机构“给钱就过”的短视做法，对每一项 RoHS 测试都严格地按照规定和流程进行，保证差错率为零。同时，华测检测还推出了在当时属于首创的“一条龙服务”，除了帮助企业做 RoHS 测试外，还为企业提供 RoHS 指标的相关规定和实施细则，为企业提供咨询服务和售后服务。

对于华测检测来说，不可复制的企业文化是重要的支撑。华测检测是靠

信誉吃饭的，坚守诚信的企业文化。华测人崇尚诚信，并将诚信放在价值观第一位；华测人保持自身的独立性，提供独立判断；华测人致力于提供科学准确的数据、报告。

（四）高效的管控制度和信息系统，保障服务品质

华测检测制定了严格的内控机制以杜绝出具虚假检测报告，加强内部控制，建立多级复核制度，确保检测质量及检测报告质量等。同时，华测检测运用全球先进、国际顶级的实验室信息管理系统（LIMS），对实验室人员、设备、物料、所用测试方法以及客户样品进行管理，实现了客户样品在实验室流转检测过程中各个环节的系统化管理。通过该系统，不仅可以完成实验过程的信息化，实验室办公的无纸化以及实验数据的组织、分析、处理、查询，更重要的是可以对实验过程中的质量活动进行控制和管理。此外，华测检测设计开发客户服务系统（MYLIMS）与 LIMS 系统对接，客户可自行查询或下载报告，提升了服务品质和效率。

2017 年是华测检测集团化管控的提升年。公司在战略转型升级过程中，随着业务规模的不断扩大，以及子公司数目的不断增加，给公司的管理与控制带来更大的挑战，公司进一步提升集团化管理水平，加强内控规范的执行力度。一方面，持续完善法人治理结构，进一步优化调整机构设置、管理流程及岗位分工，充分发挥集团垂直管控职能，结合公司全面体制改革的实施，进一步深化公司参控股公司的管控深度，强化对子公司的日常管理和规范化运营，提升公司治理水平。另一方面，持续建立、健全、优化集团规章制度及内控流程规范，在已取得的内控建设经验和成果的基础上，进一步推动内控体系的完善，实现内控体系建设标准化、精细化、可操作化。在广度上，持续扩大内控建设范围，逐步实现母子公司全覆盖；在深度上，将公司的内控成果进行固化与深化，争取在内部控制体系建设上取得更大进步。

（五）抓住深圳转型升级的有利环境，做大做强

深圳这个创新的土壤，也为华测检测的持续升级提供了重要的有利环境。华测检测是服务于制造业的企业。深圳企业众多，涉及各行各业。在中国制

造和中国创造的转型升级过程中，发挥着重要的作用。企业转型升级靠产品研发创新，离不开检测手段。比如手机，做4G到5G，产品设计出来后是否符合5G标准，如何检测就是华测的业务范围。华测检测抓住深圳的有利地形，除了自身的升级，对于整个行业的产业升级起到了一定的帮助。华测检测对很多仪器投入很大，为当地企业提供了高效、优质的服务。

五、华测检测的升级绩效

华测检测一直保持高速成长，如图 17－1 所示，营业收入从 2008 年的 2.03 亿元增长至 2016 年的 16.52 亿元，年平均增长率达到 30.16%。

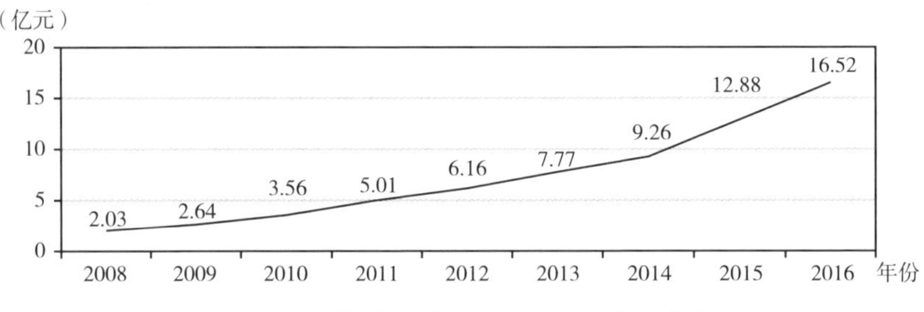

图 17－1　华测检测 2008～2016 年营业收入

资料来源：根据华测检测 2009～2016 年度报告整理而得。

在工业品、消费品、贸易保障及生命科学四大领域，华测检测提供有害物质检测，安规检测，EMC 检测，环境安全检测，电子电器产品可靠性与失效分析，材料可靠性与失效分析，金属材料、非金属材料分析，纺织品、鞋类、皮革检测，玩具产品检测，建材与轻工产品检测，汽车整车及其零部件检测，食品、药品、化妆品、饲料及食品包装和接触材料检测，验货与合规服务，审核服务，计量校准及仪器维修，半导体及相关领域检测分析，船舶有害物质管理、货物适运鉴定，认证与培训，应用软件开发及测试等多项综合检测与认证服务。

通过向生物、医学等高端行业升级，华测检测的业务领域覆盖各个行业，进一步扩大市场，并带动企业总体营业收入的增长。如图 17－2 所示，生命科学检测业务于 2013 年首次成为四大主营业务中占比最高的业务，其占营业收入的比例从2008年的15.95%上升至2016年的44.07%。2016年度，生命科学检测业务实现营业收入7.28亿元，同比增长36.45%；实现毛利额3.40亿元，同比增长33.89%。其中环境检测及食品检测业务实现营业收入同比增长均超过28%。生命科学检测业务包括食品检测、环境检测、农产品检测、医疗医学、基因检测等。

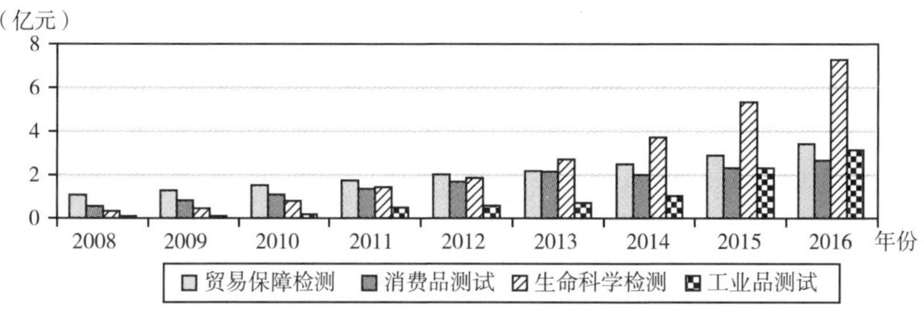

图17-2 华测检测2008~2016年主营业务分产品情况

资料来源：根据华测检测2009~2016年年度报告整理而得。

华测检测与京东、淘宝、当当网形成合作关系，促进电子商务检测业务的发展，带动了消费品检测业务的增长。2016年度，消费品检测业务实现收入2.67亿元，同比增长14.92%；实现毛利额1.39亿元，同比增长11.94%。公司受生产商和消费者委托，对消费品的使用性能、安全性、耐用性等进行测试、验证和提供技术服务，确保产品质量、安全、性能等方面达到政府或消费者需求。

公司继续推进实验室检测网点建设，加强营销网络布局，不断增大公司在全国的检测覆盖范围、开发新的资质、开发新的服务项目，同时加强对区域市场的市场支持力度，进一步增强营销力量，较大程度提升了公司品牌形象的辐射与渗透力。

在华测检测崛起之前，我国的检测市场几乎都被国家事业单位和国资检验检测机构以及外资检验检测机构占据，民营机构在资金、技术、人才、政策等方面都处于劣势，优秀的民营检验检测机构数量几乎为零。经过多年的发展，华测检测在综合检测能力、服务范围、研发能力、销售收入等多方面均在中国民营检测机构中处于领先位置，公司已成为中国规模最大、最具市场竞争力的民营检测机构之一。

18. 古瑞瓦特：从光伏逆变器隐形冠军到分布式智能能源引领者的升级之路

一、公司简介

深圳古瑞瓦特新能源股份有限公司（Growatt）成立于2010年5月，是一家专业提供光伏逆变器、光伏储能系统和用户侧智能能源管理系统解决方案的国家高新技术企业。目前拥有员工1200多人，其中研发人员200多人，核心研发人员均在光伏逆变器行业有10年以上的技术沉淀。累计获得各项专利50多项，获得9项软件著作权。公司的产品系列丰富齐全，技术领先，可广泛应用于光伏发电的各种场景，包括家用光伏发电、工商业屋顶发电、大型地面电站等并网发电系统，以及无电、缺电、电网不稳定区域的光伏离网发电系统、微电网储能系统应用等。古瑞瓦特逆变器获得了全球二十多款认证，产品已大规模销往澳、欧、美、亚、非、拉六大洲的100多个国家和地区，深受全球客户的喜爱。截至2018年9月底，古瑞瓦特逆变器全球累计出货量已经超过120万套，在国内同一领域的市场份额超过35%，成为中国家用光伏逆变器的知名品牌，全球逆变器Top10品牌。2017年营业收入约12亿元，净利润超过2亿元。古瑞瓦特发展历程关键事件如表18－1所示。

表 18－1　古瑞瓦特发展历程关键事件

年份	事件
2010	公司在深圳成立，成功推出 Growatt 3600－5000MTL 双路 MPPT 光伏逆变器； Growatt5000 获得国际权威 PHOTON 实验室 A＋评定； 仅成立半年便成为澳洲知名的光伏逆变器供应商
2011	Growatt 10000－20000UE 三相逆变器获得欧洲及澳大利亚认证； 古瑞瓦特研发中心通过 TUV 和 Intertek 认证
2012	先后成立澳大利亚、德国、美国、中国香港等分公司，完成全球市场布局； 成为红杉资本在全球投资的唯一一家光伏企业； Growatt 5000MTL 获得国际权威 PHOTON 实验室双 A 评定
2013	荣获 2012 年度中国光伏逆变器品牌排行榜组串型第一名； 荣获国家高新技术企业认证
2014	Growatt 20000TL3－HE 获得国际权威 PHOTON 实验室双 A＋评定，最高效率 99.06%； 全面推出户用和商用储能产品线
2015	光伏储能混合一体化方案助力泰国皇家空军基地电力改造项目，创始人丁永强先生获颁皇家空军荣誉勋章
2016	Growatt 30000－40000 TL3－S 系列三相组串逆变器通过 CQC 的光伏“领跑者”计划认证； 荣获广东省名牌产品
2017	推出古瑞瓦特智能管家云平台； 全年发货量突破 3.5GW，累计发货量突破 100 万套大关

资料来源：根据古瑞瓦特企业官网资料整理而得。

二、古瑞瓦特的升级路径

（一）技术积累，持续进行光伏逆变器产品升级

1. 不断完善产品系列。古瑞瓦特选择走全面技术路线，持续进行产品升级，不断完善产品系列。产品系列包含大功率逆变器、小功率逆变器，从 1kW 到 1260kW 的光伏逆变器均有涉足。通过不断研发，目前拥有单相组串型逆变器、三相组串型逆变器和集中型逆变器三大类型 47 种产品，可完全满足各种户用系统、商用系统、地面电站的各种应用场景。

2010 年 10 月，古瑞瓦特成功推出第一款产品 3600－5000MTL 双路 MPPT

光伏逆变器，成为第一个获得国际权威 PHOTON 实验室 A + 评定的亚洲逆变器。2011 年 6 月，推出 Growatt 10000 – 20000UE 三相逆变器获得欧洲及澳大利亚认证。2012 年 2 月，Growatt CP100 – 500TL 集中式逆变器获得 CGC 低电压等多项认证。2014 年 1 月，Growatt 20000TL3 – HE 获得双 A + 评定，全球在售商用机型排名第一。2015 年 8 月，古瑞瓦特 40kW 商用组串式逆变器助力南网全球单厂最大分布式光伏项目。2016 年 4 月，Growatt 30000 – 40000TL3 – S 系列三相组串逆变器通过 CQC 的光伏“领跑者”计划认证。同年 9 月，Growatt 50000TL3 – S 系列三相组串逆变器再次通过该计划认证。2017 年 11 月，古瑞瓦特隆重推出 80kW 全新组串式逆变器，光伏逆变器正式进入 3. 0 时代。2018 年 3 月，古瑞瓦特推出 MAX60 – 80kW 全新智能逆变器。这款产品为行业贡献了无数的专利技术和核心部件，从安全性能到产品体验，从产品质量到产品外观，都达到了领先级别，确保电站 25 年安全稳定运行。

2. 多点布局全球市场。根据光伏行业发展和不同市场的政策导向，古瑞瓦特采取的是“先国外市场后国内市场”的策略，迅速占领了全球主要市场。

古瑞瓦特成立于 2010 年，当时国内市场尚不成熟，海外市场则是光伏发展的黄金时期。由于澳大利亚在光伏产业的政策补贴较早，古瑞瓦特选择首先进入澳大利亚市场，以海外市场为突破口打开市场。在澳大利亚装机量曾经一度超过 SMA。2010 ~ 2011 年以海外市场为主，是完全出口，每年 6 万台的出口量。古瑞瓦特在成立的第二年便以 2. 5 亿元海外销售额成为国内同行业出口冠军。2011 年，古瑞瓦特成为首家进入美国民用市场的中国逆变器企业，并在当年便获得了批量安装，和美国排名前三的光伏企业建立了合作框架①。2012 年，古瑞瓦特进入欧洲市场，随后迅速占领市场。2013 年，古瑞瓦特成为意大利市场最大的中国逆变器供应商，荷兰市场第二大逆变器供应商。2014 年，古瑞瓦特成为英国最大的组串式逆变器供应商。同年，在泰国、印度等东南亚地区逐步打开市场，成为泰国最大的逆变器供应商，市场占有率达 45%②。自成

① 古瑞瓦特. 多面开花 着眼全球逆变器市场. 北极星太阳能光伏网，2015 – 7 – 31.

② 走进古瑞瓦特：一个 80 后企业家，如何领导公司实现 7 年蜕变？. 国际能源网/光伏头条，2017 – 3 – 28.

立至今，古瑞瓦特已累计安装在欧、美、澳、亚、非、拉六大洲近 100 个国家及地区。目前，古瑞瓦特在欧洲以荷兰、德国、英国为中心，在澳大利亚、美国等地配有分公司、仓库和本地销售服务人员。

古瑞瓦特致力于全球逆变器市场的布局，随着政策的利好以及国内光伏逆变器市场的发展，古瑞瓦特在保持国外市场布局的同时，于 2012 年开始着手进入国内市场。国内户用市场最初是从扶贫开始的，安徽金寨的第一个光伏逆变器扶贫项目就是古瑞瓦特的产品。2013 年，古瑞瓦特荣获 2012 年度中国光伏逆变器品牌排行榜组串型第一名。同年，成为深圳市 20MW 国家金太阳示范项目唯一获批单位。2013 年前古瑞瓦特 99% 的产量用于出口，主要销往澳大利亚和欧洲。2016 年 2 月，古瑞瓦特在国内光伏扶贫逆变器市场占有率超过 35%，逐步打开了国内市场。

3. 持续提高产品性能。质量和成本是体现逆变器产品性能的两大重要因素。通过持续的研发投入，古瑞瓦特不断提升机器的转换效率，最高效率已经突破 99%。古瑞瓦特的欧洲效率已经达到 98.6%，小型户用系统效率达到 97%，商用系统达到 99% 以上。同时，与消费类电子产品快速更新迭代的特点不同，逆变器作为工业用电子产品，十分注重产品的可靠性。技术更新使机器的成本降得更低，产品使用寿命变得更长。古瑞瓦特拥有最完善的分布式发电检测平台，超过 10 万台光伏逆变器得以实时监控，多次在国际权威测试中获得认可。2014 年，古瑞瓦特的高效机型在国际权威 PHOTON 测试中拿到了双 A + 的认证，综合效率全球排名第二。

古瑞瓦特引入先进算法，提升产品附加值。例如，古瑞瓦特 30kW 逆变器属于 Growatt 30000—40000TL3 系列机型之一，采用了优化设计的 3 点式 MPPT 算法，利用智能扰动法，在太阳光照瞬间变化，早晚、多云弱光照的情况下，能适应光照变化，准确追踪并获得最大功率点，动态 MPPT 效率高达 99.5%。特别是在阴影遮挡导致 MPPT 曲线多波峰的环境下，依然能够准确追踪到最大功率点，确保跟踪效果更加快速稳定，最大限度地利用太阳能电池板能量，保证发电量最大化。同时，该系列机型还采用独创的控制算法，有效解决多机并联应用问题，能够在多达50台逆变器并机的情况下依旧保持系统稳定运行①，保证客户收益最大化。

在保持产品高效率和高稳定性的同时，古瑞瓦特也持续对产品的外形设计、体积等进行改良和创新，以匹配户用系统的使用特点，进一步降低运输成本及安装成本。例如，古瑞瓦特1000-S、1500-S、2000-S系列和古瑞瓦特2500MTL-S、3000MTL-S、3600MTL-S、4200MTL-S、5000MTL-S、5500MTL-S系列，不仅继承了原有机型的高效率和高稳定性，新的产品系列还采用了全新的产品设计，结构更紧凑，体积更小，质量更轻。

（二）紧跟行业前沿，加速发展储能系统

由于对行业技术和信息的敏感性，且公司一直活跃于海外市场，对海外市场的政策导向转变较为了解，古瑞瓦特的核心团队敏锐的关注到光伏行业下一阶段的发展将由逆变器转向储能系统，2014年开始布局储能系统。十年前，海外市场在光伏逆变器方面有补贴；三年前基本已经取消了相关的补贴，转而开始对储能进行补贴。尽管目前中国市场在储能系统方面还未进入爆发期，但行业的整体走向是朝着储能系统发展的，主要源于技术问题和经济问题。从技术方面看，电网像个水库，每家每户就是一个小源泉。当水库足够大时，由于源泉小，随便注入均没问题。然而当建设到一定规模水库时，就会产生波动。新能源占比不能超过25%，若超过就需要解决，而解决的方式就是储能。从经济方面看，新能源发展了，火电厂的发电量年利用率就会降低，成为闲置资源，因此，未来火电厂和分布式能源都要求调度。

随着光伏储能技术的崛起，古瑞瓦特自2014年7月开始全面布局第一代户用及商用储能系统解决方案。采取的市场策略仍然是“先国外市场后国内市场”。首先选择耕耘欧洲市场，特别是从2016年起，50%的研发投入用于储能系统产品的开发，以储备公司下一阶段的技术优势。古瑞瓦特第一代的储能系统是分离式的，目前已开发的是第二代产品。目前，古瑞瓦特的储能系统产品主要以海外用户为主。2016年海外户用储能的营业收入占总体营业

① 古瑞瓦特．多面开花 着眼全球逆变器市场．北极星太阳能光伏网，2015-7-31.

收入的10%左右。2017年，欧洲市场储能系统产品销量约为2万~3万套。凭借出色的技术优势，户用储能方案一经推出便在欧洲以及澳洲等地区获得了广泛的应用，而商用储能方案也成功应用于新疆军区、泰国空军等多地的大型光伏储能项目中。古瑞瓦特以最快的速度成为国内最大的户用储能系统解决方案供应商。古瑞瓦特研发出可以兼容任何品牌的光伏逆变器的直流储能机，能把普通的光伏电站快速升级成光伏储能系统。白天，光伏组件所发的电力优先供应给本地负载使用，多余能量通过储能机给电池充电；晚上，电池再通过储能机放电，给家庭负载供电，最大化地提高自发自用比例。该系列产品还具备AC充电功能，即使遇到连续阴雨和下雪天气，仍然可以用交流电给电池充电，防止电池长期进入休眠状态，延长电池使用寿命。

古瑞瓦特的储能系统产品包括：户用储能和商用储能。其中，户用储能的主要产品为离网储能SPF系列，是小型户用离网系统，适用于无电地区或小容量备电场景。商用储能的主要产品包括：双向储能逆变器PCS系列和光储一体机系列HPS系列。前者适用于大容量储能系统；后者则是工商业并离网系统，适用于无电地区或需要持续备电场景。

（三）结合大数据分析，推出智能管家云平台

光伏逆变器的安装位置往往比较偏（如装在楼顶），无法方便地了解发电信息，较难进行监控。同时，也不利于对发电情况进行控制和管理。比如发达国家晚上的电价一般较贵，不同公司的电价收费标准也有所不同。如何智能用电，使用哪家公司更便宜则需要大数据分析。

在此背景下，古瑞瓦特不仅打造互联网能源“云管家”，搭建起全球开放的运维监控平台，并以此深入捕捉用户需求，推出引领行业的颠覆性创新产品。“智能管家云平台”包括建站管理、电站监控、电站运维三大功能模块，提供三种监控设备（ShineGPRS监控模块、ShineWiFi监控模块、ShineWebBox数据采集器），致力于快速高效地解决客户、集成商、代理商在建设电站、运维期间遇到的问题，目前该系统已成功监控40万余套设备。

其中，建站管理模块主要应用ShineERP系统提升建站效率，打造个性化

的光伏建站流程管理系统。该系统对光伏建站过程的人、物、事进行管理，是融合客户关系管理系统、OA办公系统、流程管理系统三大主流系统为一体的综合性事务管理平台，包括用户中心、客户管理、订单管理、工程管理、物料管理、并网管理、财务管理等模块。

电站监控模块主要采用两个系统。一是ShinePhone手机App，通过App在手机上进行电站管理和数据查看，支持手机远程配置逆变器参数，节省运维成本，实现随时随地监控电站的效果。二是ShineServer云服务器，是光伏电站远程数据监控中心系统。用户通过浏览器随时登录查看数据，不需要下载客户端，具有用户管理、电站管理、设备管理、故障管理和数据导出等功能，扩展性强，支持逆变器、环境监测仪、智能电表等设备同时监控。

电站运维模块主要应用Online Smart Service在线智能运维平台进行处理。该平台是专为分布式打造一站式运维系统，可为客户实现一键式搭建，是一个包含了分销商、安装商管理、在线智能客服、远程操作的系统。基于大数据统计和分析，可实现设备智能预警及快速扫描诊断功能；支持手机客户端和网页终端，可实现定制化设备管理服务；在线远程故障诊断，可实现远程配置，远程快速固件升级；平台化工单处理模式和系统闭环处理方式，可使售后服务效率提升60%以上；丰富的增值服务，可查询设备质保和对产品及相关服务进行发布。

（四）基于核心技术和产品，向提供系统综合解决方案升级

随着产品的不断升级、完善，围绕核心技术和产品系列，古瑞瓦特为客户提供不同的综合解决方案，提升竞争力。

1. 光伏并网解决方案。古瑞瓦特逆变器涵盖1kW～2.5MW功率范围，机型配置灵活多样，全面满足各种光伏组件和并网要求。适应高温、高海拔、风沙、盐雾和低温等恶劣运行环境，全面为客户提供设计科学、质量可靠的整体并网解决方案，保证光伏电站生命周期内的最大价值。解决方案的主要应用场景包括以下七个方面，见表18-2。

表 18－2　　光伏并网解决方案的应用场景

应用场景	基本描述	方案特点
户用电站解决方案	户用电站是针对住宅屋顶/院落设计的光伏发电解决方案，常见的装机容量一般在 3～25kW，220V/380V 电压等级接入公共电网或用户电网	高效发电、简单易用、稳定可靠、智能运维
村级电站解决方案	常见的村级电站装机容量一般在 60kW 以上，由 380V 电压等级接入公共电网	高效发电、简单易用、稳定可靠、智能运维
中小型工商业屋顶电站	屋顶结构相对复杂，可安装容量取决于屋顶面积，存在朝向不一致等问题；一般接入 380V 电网，鼓励发电就地消纳	配置灵活、简单易用、稳定可靠、智能运维
大型工商业屋顶电站解决方案	安装于大型工厂或建筑屋顶，组件朝向一致，周围无遮挡，容量一般在兆瓦级以上，接入 10kV 或 35kV 电网	高效发电、简单易用、电网友好、智能运维
山丘电站解决方案	安装在山地、丘陵等复杂地形，朝向不一致和遮挡问题较多，安装容量从几百千瓦到兆瓦级以上，接入 10kV 或 35kV 电网	高效发电、集成防护、电网友好、智能运维
地面电站解决方案	安装于平缓地面、荒漠等地区；一般地面广阔、地势平坦、组件朝向基本一致、无遮挡；由 110kV/220kV 或更高电压接入电网	高效发电、集成防护、电网友好、智能运维
水面电站解决方案	安装于湖泊、水库等渔光互补项目；组件朝向一致、无遮挡；由 10kV 或 35kV 接入电网	有效防护、集成 PID、电网友好、智能运维

资料来源：根据古瑞瓦特企业官方网站资料整理而得。

2. 光伏储能解决方案。储能系统是电力生产过程中的重要组成部分，通过储能解决方案，实现削峰填谷，能源的有效利用；实现调峰调频，优化电能质量，提高电力系统稳定性；建立微网储能系统，为孤岛等无电地区提供稳定电力。解决方案的主要应用场景包括以下三个方面：户用储能解决方案、工商业储能解决方案、微网储能解决方案。其中，户用储能解决方案主要适用于改造原有户用并网系统或无电地区，装机容量一般在 3～5kW，采用离网储能 SPF 系列设备，具有高效利用、简单易用、灵活配置、智能运维的特点。工商业储能解决方案主要适用于对电网连续性要求较高的应用场合，可用于削峰填谷和作后备电源使用，采用光储一体机系列 HPS 系列设备，具有集成设计、简单易用、安全可靠、智能运维的特点。微网储能解决方案主要适合无电地区、孤岛等独立微电网地区，应用于多种能源互补、自发自用等场景，采用光储一体机系列 HPS 系列设备，具有集成设计、简单易用、高效可靠、智能运维的特点。

3. 智慧能源解决方案。智慧能源解决方案是全面的信息化解决方案，通过多点信息监控和大数据平台，对接入系统的设备进行智能监控、智能调度、能效统计分析、节能管理等，为客户创造良好的经济效益和社会效益。古瑞瓦特主要基于家庭和工商业提供两类解决方案。其中，家庭智慧能源解决方案（MeHome）是结合太阳能发电、户用储能和智能家电的一站式智慧能源系统，具有多样化、一体化、收益高、智能化的特点。该系统直流储能机、锂电池、逆变器作为光伏储能的核心硬件，秉承智能化和人性化的设计理念，结合最新的网络技术、通信技术、云计算技术打造而成，整合了太阳能和传统能源的接入、监控、分析、调度、优化等智能管理功能。这套系统除了能让用户随时随地掌握家庭当前的发电和用电情况，云端系统还能通过分析用户的用电习惯、周边天气、电价方案等信息及时准确地为用户自动优化能源使用，配合温控器、热水控制器等智能设备，降低家庭的用电成本，延长储能系统的寿命，使太阳能系统和储能系统的收益最大化。工商业智慧能源解决方案则基于大数据分析，通过分布式光伏、储能、用电负荷和电网构建一体化智慧能源平台。该系统支持多场景、多种监控和采集设备接入，实现发电、储能、负荷和电网侧工业环境设备全覆盖；能够实现能源使用优化，能源智能调度。通过多点数据采集分析，挖掘数据资源，优化能源效率。

二、古瑞瓦特升级的支撑

公司确立了“勇于创新、精益求精、成就客户”的价值观，即技术创新引领企业发展，工匠精神打造质量精品，致力于提升客户的满意度，这三方面也成为古瑞瓦特转型升级的重要支撑。

（一）研发驱动，快速响应政策和市场

古瑞瓦特的创始人及核心团队是以技术出身的，属于技术驱动型公司。

创始团队 20 个人，采用技术入股的模式。目前，公司拥有 200 人以上的研发团队，主要由早期便涉足光伏逆变器领域的核心专家团队组成，在逆变器行业有十五年以上的技术沉淀。研发团队中 60% 以上成员有十年以上经验。自主创新能力强，拥有核心技术的自主知识产权，共获得 60 多款专利。目前每年研发的投入在 3000 万元左右，占营业收入约 12% 。

古瑞瓦特的高速发展，得益于他们对技术的敏感性，以及对不同市场政策的快速响应。一方面，由于公司高管来源于技术团队，在行业内有较长时间的沉淀，熟悉行业情况，因此能够与研发团队一起准确把握行业未来两年乃至更长远的技术发展方向，提前布局，进行相关的技术研发和积累。这也是古瑞瓦特最突出的优势。另一方面，公司高管能够准确把握全球不同市场对光伏产业的优惠政策，有选择性地进行市场的扩展。例如，首先选择澳大利市场进行发展，先发展国际市场再发展国内市场，取得了显著的成效。

（二）奋斗精神和工匠精神，打造质量精品

古瑞瓦特从创办之初就确立了“精益求精——工匠精神打造质量精品”的价值观，坚持产品是生存之本。因此，古瑞瓦特才能凭借过硬的产品质量和性能，快速进入海外市场，获得市场的认可。古瑞瓦特拥有先进尖端的全自动化、智能化生产线，结合珠三角地区独特的供应链优势，面对光伏行业的爆发性持续增长，能够确保充足的产能以及产品的按期交付。公司还引进了全球先进的国际化质量管理体系，配合严苛的产品质量管理，确保每一台产品的高品质输出。古瑞瓦特的创始人团队成员是一群有远大理想和奋斗精神的年轻人。这种敢闯敢拼的企业家精神，引领着古瑞瓦特不断突破困难，取得持续升级。

（三）全方位提供增值服务，提升客户满意度

古瑞瓦特以“客户为中心”，建立了健全的售前和售后服务体系。售前、售后服务团队的成员均由行业内资深的技术服务专家组成。他们经验丰富，训练有素，秉承以“以客户为本，为客户创造价值”的服务理念，每天都用自己的专业知识和热情为客户提供最优质、最高效的服务，永远把客户的满

意度放在第一位。

目前，古瑞瓦特拥有260人的售前和售后服务团队，分支机构遍布全国各个省、自治区和直辖市。在苏州、南京、杭州、武汉、济南、石家庄、长春、西安、太原、合肥、成都、长沙、郑州、南昌、北京建立了国内办事处。同时，针对物流响应慢的部分区域布局本地仓库，确保为客户提供快速且高效的服务响应。国内仓库包括苏州、嘉兴、济南、石家庄。

古瑞瓦特采用400热线运营平台，提供全年365天，每天24小时无间断的服务，以确保不漏掉客户任何一个电话；同时，对员工进行专业持续的技术交流和培训，举办全国授权服务工程师资格认证暨技术提升培训、古瑞瓦特光伏群英汇等活动，聚集行内精英，交流分享行业政策、技术知识及电站建设经验，共同推动光伏应用知识的普及化和实用化，目前已在全国各地成功举办了三十多场会议，影响受众超过八万人次。

特别是，公司为客户提供了两种增值服务。第一，古瑞瓦特技术团队自主研发的光伏电站设计软件Shinedesign，具有丰富的系统配置和自定义功能，让每个人都能成为光伏电站设计的专家。第二，为给客户提供最快速、最高效的服务，公司在行内率先推出了在线智能客服系统OSS，应用大数据分析和诊断技术，可直接远程发现问题并提供远程诊断和处理措施，实现对光伏电站的主动高效的远程服务和运维。问题处理效率提升60%以上，最大化提升客户满意度。

四、古瑞瓦特升级的绩效

通过持续的升级，敏锐的把握技术和市场发展趋势，古瑞瓦特以光伏逆变器行业的“深圳速度”持续发展。从成立仅用18个月成为中国光伏逆变器海外市场的领军企业。截至2017年12月底，古瑞瓦特逆变器全年发货量突破3.5GW，全球累计出货量已经超过100万套。古瑞瓦特在全球下辖7个分公司和6大仓库，其产品销往欧洲、美洲、亚洲等六大洲的100多个国家和地区。其中，古瑞瓦特的家用光伏逆变器出货量连续六年保持出口第一，在澳洲与荷兰等国产品的市场占有率超过60%，超过了欧洲企业。2016年2

月，古瑞瓦特在国内同一领域的市场份额也超过了35%，由此成为中国家用光伏逆变器第一品牌。它是第一个推出储能分体式方案的中国逆变器厂家，也以最快速度成为国内最大的户用储能系统解决方案供应商[①]。2017年古瑞瓦特营业收入约12亿元，净利润超过2亿元。

古瑞瓦特依托国内外市场的优异表现，先后荣获政府“国家高新技术企业”“广东省名牌商标”以及行内知名权威媒体颁发的“2012年度中国光伏逆变器品牌排行榜组串型第一名”“中国逆变器10大品牌供应商”“2012最具成长性企业”“2013中国最具竞争力光伏逆变器公司”“2014十大创新逆变器企业”“2014光能杯优秀组串式逆变器供应商”“2015光能杯优秀组串式逆变器供应商”“2015年度中国组串式逆变器品牌10强”“2015北极星杯年度最受欢迎十佳光伏逆变器企业”“2016光能杯优秀逆变器企业”“OFweek2016最佳户用光伏逆变器供应商奖”“2016中国光伏行业十大品牌影响力企业”“2016年度中国光伏品牌排行榜最佳分布式品牌奖”“2016年度中国光伏品牌排行榜最佳户用品牌”“2017年度中国储能产业最佳逆变器供应商”“2017年度中国储能产业最佳用户侧储能示范项目奖”“2017年度中国储能产业最具影响力企业”等多个荣誉称号，深受行业和客户的认可和青睐。2017光伏创新大会上，古瑞瓦特凭借领先的产品技术、创新的商业模式及在智能光伏逆变器领域的出色表现，荣获“2017光伏行业最具创新户用逆变器企业”和“2017光伏行业创新力企业50强”两项大奖。

① 古瑞瓦特．从“隐形冠军”到分布式智能能源引领者［N］．宝安日报，2017－11－15.

19. 亿道集团：拓宽产品应用领域向 ODM 升级

一、企业简介

亿道控股集团成立于2002年，是全球领先技术销售、应用与产业化的高科技企业，是专注于移动终端、行业应用终端、物联网系统解决方案的创新型公司。亿道集团设计五大业务板块：开发工具的代理分销、消费类产品（平板电脑、二合一、笔记本、一体机、智能音箱）、行业移动终端（三防产品、商显广告机、军工产品）、虚拟现实（VR/AR/MR）、互联云服务（微软云、ARM 云）。亿道为广大的嵌入式开发工作者提供数十家芯片厂商的数百种处理器的调试工具、多种集成开发环境、实时多任务操作系统，尤其在 XScale、X86、Mips、SmartCard、数字电视等领域，亿道提供的开发方案或开发工具在国内市场占有超过60%的份额。目前亿道已与 Intel、Microsoft、Philips 等国际知名企业结成战略合作伙伴。

亿道集团旗下有亿道电子、亿道数码、亿道信息、亿境虚拟、国科亿道、亿兆互联等六家子公司；总部位于深圳，上海和北京各设有子公司，欧洲、硅谷均设有海外办事处。在行业竞争激烈的背景下，亿道集团的营业收入每年仍以30%～40%的速度增长，2014～2016年三年复合增长率达30%，2016年实现营业收入15.35亿元。

二、企业转型升级的过程与路径

（一）不断培育研发设计能力，由代理商向 OEM、ODM 升级

在成立早期，亿道主要为嵌入式系统研发企业提供各种软硬件研发工具，这些工具绝大部分是国外厂商提供的高技术含量产品，比如澳大利亚 Altium 公司的 Altium Designer 电子设计工具，英国 ARM 公司的 RVDS 嵌入式软件开发工具，美国 Electric Cloud 公司的 EA/EC 软件加速生产工具和研发自动化系统工具，还有美国 Parasoft，日本 Sophis，爱尔兰 Ashling 等公司的产品。其中，亿道公司是 ARM 中国的独家代理商，是全球最大的代理商。亿道公司的代理分销业务致力于将全球最先进的嵌入式系统研发技术、工具和方案引入到中国并帮助客户在研发领域建立竞争优势。

由于代理销售的不稳定性，亿道逐渐向 OEM 企业转型。虽然 OEM 是后发国家企业参与国际分工的主要方式，但随着原材料价格上升、劳动力成本增加等因素，OEM 企业的利润空间日益缩小，OEM 企业必须由附加值低的制造环节向价值链两端升级。亿道通过提升自主研发能力，由 OEM 向 ODM 升级。亿道自成立伊始，就拥有了一支技术过硬、经验丰富的专业的研发团队。2004 年，亿道电子成立了自己的研发中心，为众多客户提供技术外包服务，该研发中心后演变为亿道数码。研发中心下设软件部、硬件部、结构部和测试部四个职能部门，每个部门设主管一名并配备相应员工。四个研发部门分别负责软件开发与维护、硬件设计与开发、结构设计和项目功能及稳定性测试。

2008 年 9 月开始，亿道数码全力投入平板电脑产品的开发和推广，是国内最早的平板电脑方案公司，最早建立了国内领先的 Windows/Android 系统软件开发团队。2009 年，亿道数码推出第一款 Android 平板电脑，进军日本电信市场。2010 年，亿道数码的平板电脑出货量超过了 150 万台，成为当时行业内首屈一指的方案公司。2010 ~ 2013 年，亿道数码的营业额实现了 200% 的增长率，2015 年出货量达到 800 万片，2016 年营业额接近 13

亿元。

如今，亿道已是国内最大规模并稳定出货的平板电脑厂商之一，拥有各项专利数 172 项，计算机软件著作 86 项。亿道的 800 多名员工中研发人员占比超过 50%，研发团队已基于 Intel/marvell 一系列嵌入式处理器 2555/PXA270/PXA300/PXA310/PXA320 及 Linux、Andriod、WinCE5.0/6.0、Windows Mobile 操作系统，完成了众多产品方案设计，其中 GPS 导航仪、智能手机、行业 PDA 等被国内众多企业大规模量产。亿道擅长基于英特尔处理器和 Windows/Android 操作系统的各行业专用平板电脑进行设计研发，并已经获得英特尔公司和微软的授权与支持。针对某些行业客户的特定需求，亿道可以提供从外观设计、内部构造设计、模具开发制造、软硬件开发、技术支持等定制化、综合化解决方案。现主要有采用 Intel、MTK、高通各平台的解决方案，搭载 Windows/Android 系统，覆盖 360° yoga 形态、Macbook 形态、Sureface 形态、可拆卸的 2in1 形态及平板形态的众多产品方案。亿道数码现已成为深圳顶级的平板电脑方案商，为国内外 78% 以上的数码品牌商提供 OEM 及 ODM 服务，是国内最大规模并稳定出货的平板电脑厂商之一。

（二）通过产品功能升级进一步拓展新产品，进入新市场

在市场开拓过程中，亿道将产品功能进一步拓展，成功进入新的细分市场。平板电脑很多是消费性、娱乐性产品，但实际上平板电脑的应用范围非常广，比如广告、军工、汽车等领域。亿道数码不断进行产品功能升级，从而获得高附加值，比如从平板电脑逐渐转向笔电二合一产品、和美的合作开发出带有 21 寸触摸屏的智能冰箱等。

2008 年，亿道集团子公司亿道信息成立，2016 年 5 月，获批在“新三板”挂牌（股票代码 837171）。亿道信息以平板电脑为核心，不断升级产品功能，进入不同的细分市场，使公司一直有新的增长点，保持收入和利润的高增长。当前，亿道信息主要包括广告机平板、三防类平板电脑、加固类行业平板电脑和教育类平板电脑等四条主线。广告机平板能够支持从服务器推送广告或多媒体文件自动播放，同时支持远程应用升级，可用于多种公共场合，如自助饮水机、电梯等等。军工等特殊应用行业对于防震、防水、防尘

等有严格要求，亿道信息针对这些市场需求升级产品功能，开发出一系列三防类平板电脑，这种平板电脑可用于各种恶劣环境，可应用于军事指挥、应急救援、军事物流、危险品运输、仓储管理、医疗、野外勘探等领域。加固类平板电脑机身坚固、配备防爆玻璃触摸屏，可以应用于警务行业、交通驾培、移动行政执法、物流仓储行业、医疗救援行业、酒店住宿管理行业等。教育类平板电脑配备抗蓝光防眩光屏幕，主要应用于教育培训方向、电子课堂、中小学教育、移动电子书包等。产品应用领域的拓展也将公司的 ODM 业务范围拓展到了广告传媒、航天信息、教育、执法检查、车载、医疗、金融、电力、交通、军工、通信等领域。

亿道信息是国内第一家投入工业电脑研发的企业。工业电脑对平板要求更高，比如要求耐高低温，普通消费类平板要求耐受温度为 0 ~ 45℃，但是工业电脑要求最低耐受温度为 -50℃左右，最高耐受温度为 60℃ ~ 80℃。国际上松下的三防（防尘、防水、防摔）工业笔记本全球领先，亿道信息也以松下为目标不断升级平板功能，拓展产品应用领域。经过不断的技术积累，亿道信息已经具备自主研发坚固三防平板电脑的实力，并可以嵌入北斗、GPS、NFC、RFID、一维码/二维码扫描、身份证读取、指纹识别等专业应用技术。普通消费类平板的售价可能不到千元，但是工业平板每台售价至少 2 万元，亿道依靠技术积累对产品功能进行升级，从而获得了高附加值。如表 19 - 1 所示，2014 ~ 2016 年，亿道信息的营业收入与毛利率持续提升，2016 年毛利率近 50%。

表 19 - 1　　亿道信息 2014 ~ 2016 年营业收入和毛利率增长情况

年份	2016	2015	2014
营业收入（万元）	6421.58	2074.34	1586.15
毛利率（%）	45.73	38.10	35.27

资料来源：根据亿道信息年度报告整理而得。

（三）建立合资子公司，获取市场这一战略资源，促进企业升级

研发实力与品牌渠道都是企业在市场竞争中不可或缺的关键资源。亿道

信息凭借对研发的不断投入与积累已经拥有了一定的技术优势，实现了从OEM到ODM的升级。在营销网络方面，亿道认为，建立与维护品牌成本高昂且风险很大，当前公司仍仅向技术端进行升级。亿道信息的很多产品都为军工平板，为了获得军方市场，2017年，亿道信息与中国科学院北京国科环宇空间技术有限公司共同出资成立国科亿道，后者在军方有一些特定市场，可以弥补亿道在渠道方面的短板。国科亿道凭借亿道的技术优势与国科的市场优势，为航空航天、高铁、军工等领域提供可靠性高的笔记本、平板等标准及定制化产品，为行业客户提供专业的三防产品解决方案。

（四）利用“互联网+”，促进企业升级的多元化发展

“互联网+”与现代制造业的结合，为传统企业升级打开了新的前景。我国传统产业可以借助“互联网+”的创新工具和先进模式，利用移动互联网、云计算、大数据、物联网等手段，与现代制造业结合，促进经济发展新形态。亿道也积极利用互联网技术拓展业务范围，不断升级。

随着基于智能手机的廉价AR/VR（增强现实/虚拟现实）设备陆续推出，AR/VR消费市场将迎来空前增长。IDC发布的报告预计，到2020年全球AR/VR市场营收将扩张至1620亿美元。[①] 2015年，亿道虚拟成立，致力于AR/VR的设计与研发。2016年，亿道虚拟推出了一系列成熟的VR方案，包括VR一体机、VR背包等。

物联网产业可以将产品设计、生产、销售以及售后等环节集中在一起，将极大地提高生产效率。美国市场研究公司（Forrester）预测，到2020年物联网与现有互联网业务之比将达到30∶1，物联网会成为一个极具吸引力的万亿级信息产业。[②] 物联网被视为巨大的产业蓝海，具有良好的发展前景和市场潜力。2017年，亿兆互联成立，拥有30多项国家发明专利受理通知书，为客户提供以全球开放标准LoRaWAN协议为基础的物联网云、管、端一体化解决方案（节点，协议，自主网关，自主云平台），专注从事低功耗广域网

① 杨博.IDC报告预计AR/VR市场将现高速增长[N].中国证券报，2016-08-17（A06）.

② 丛林.基于技术、应用、市场三个层面的我国物联网产业发展研究[D].辽宁大学，2016.

(LPWAN)产品及解决方案研发。亿道互联致力于成为全球领先的物联网技术提供商，其提供的物联网解决方案广泛应用于智慧医疗、智能楼宇、智能灯控、智能停车场、智能物流、智能环保、生态园林、智能家居、智能农业、食品安全等领域。

三、事实发现

（一）通过提升自主研发能力可以帮助 OEM 企业向 ODM 升级

OEM 企业在全球价值链中位于附加值最低的中间环节，产品层次低、技术水平低、进入门槛低、企业利润低。通过积累技术实力，提高企业的自主研发能力，获取自主知识产权是 OEM 企业向全球价值链左端上升的重要途径。亿道通过代理销售和 OEM 积累了一定的行业经验后设立自己的研发中心。子公司亿道信息 2016 年研发投入占营业收入比例超过 8%，拥有了 CE、CCC、FCC、IP67、MIL－STD-810G 美军标等多项相关资质认证。除了为行业客户提供平板电脑外，主要业务逐渐向相关的技术开发服务转变，升级为 ODM 企业，可以为客户提供外观设计、内部构造设计、模具开发制造、软硬件开发、技术支持等一系列定制化、综合化解决方案。

（二）拓宽产品应用领域可以有效帮助企业实现升级

企业可以根据市场环境以及自身技术能力，推动技术深化，升级产品功能，拓展产品应用领域，帮助企业进入不同的细分市场，找到新的利润增长点，从而实现升级。亿道信息通过持续的技术深化与创新，如数据智能保密技术等，拓展了产品功能应用种类，推出了代表性的三防类、加固类平板电脑，进入了军工、医疗、行政执法等新的市场，并成为公司利润的主要增长点，实现了营业收入 300% 的增长。

（三）通过战略合作等外生渠道获取战略资源可以帮助企业实现升级

企业可以通过内部积累获得技术、品牌、渠道、资本等战略性资源，也可以通过战略合作、建立合资子公司等外生渠道获取关键资源，促进企业竞争优势的建立。亿道通过对研发的持续投入，以内生方式实现了向 ODM 的升级。亿道信息与国科合资成立国科亿道，进一步打开亿道在航空航天、高铁等领域的市场，实现升级。

20. 群晖智能科技：品牌企业供应商的全球价值链嵌入与升级

一、公司简介

深圳市群晖智能科技股份有限公司（以下简称群晖）的前身是成立于2009年12月的深圳市亿威利电子有限公司，2015年更名为“深圳市群晖智能科技股份有限公司”，并在新三板挂牌上市（股票代码835060）。群晖投资总额3亿元，拥有24000平方米工业园，总部在深圳，设有韩国销售及研发中心，上海、香港办事处。公司现有员工1000多人，技术人员200人，高级工程师100人。自成立以来，群晖专注于COMS摄像头模组等光学产品的研发、生产和销售，产品包括固定焦距摄像头（FF）、自动对焦摄像头（AF）、光学防抖摄像头（OIS）、阵列式摄像头、指纹识别模组等，是集研发、生产、销售为一体的手机摄像头提供商。公司产品以自主研发为主，定位中高端手机市场，主要采取为客户专项研发的形式给品牌手机、平板电脑生产厂商提供摄像头，从而保证及时满足大客户的订单需求，实现长期有效合作。目前公司的主要客户包括TCL移动、金立、华勤、三星、闻泰、华为、联想、魅族、步步高等品牌厂商。

如表20－1所示，2016年，群晖营业收入5.16亿元。按产品划分，主营业务产品摄像头营收5.15亿元，占比99.66%，营业利润率达到11.21%；摄像头收入仅占0.16%，营业利润率高达52.1%。按地区划分，国内营收3.6亿元，占比69.81%；国外营收1.56亿元，占比30.19%，国内营业利润率较国外高。

表 20－1　　2016 年群晖的营业收入构成

分类		营业收入（万元）	占比（%）	营业利润（万元）	占比（%）	营业利润率（%）
产品	LED	83.47	0.16	43.49	0.75	52.1
	摄像头	51450.71	99.66	5767.19	99.22	11.21
	其他	92.73	0.18	1.56	0.03	1.68
地区	国内	36041.28	69.81	4301.37	74.01	11.93
	国外	15585.64	30.19	1510.87	25.99	9.69
合计		51626.92	100	5812.24	100	21.63

资料来源：根据群晖股份公开转让说明书、历年年度报告整理而得。

二、市场及行业发展趋势

（一）智能设备的爆发式增长为摄像头产业提供了发展机遇

随着智能手机、平板电脑等智能设备的快速发展，市场对摄像头模组的需求不断增加，2009 年以来全球智能设备摄像头模组市场迅速扩张。根据赛迪报告的资料，智能设备摄像头模组的全球销售额由 2009 年约 21 亿美元增加至 2013 年约 109 亿美元，复合年增长率达到 50.90%；全球销量由 2009 年约 2.75 亿件增加至 2013 年约 19.51 亿件。

在国内，一方面，由于互联网、移动通信及智能设备发展的推动政策、中国经济的快速增长以及中国城乡的购买力不断增强，中国智能手机、平板电脑等智能设备在市场中快速普及，国内的智能设备摄像头模组市场从 2009 年开始出现大幅增长；另一方面，国内下游品牌厂商如华为、小米、OPPO 等已经成长为国际知名品牌，国内智能手机产业的快速崛起也为摄像头产业带来了巨大的发展机遇。

（二）摄像模组供应商的竞争越来越激烈

中国当前的摄像模组制造商主要分为三个层级。第一层级包括舜宇光学科技（集团）有限公司、丘钛科技（集团）有限公司、信利国际有限公司及深圳欧菲光科技股份有限公司等拥有技术及市场份额优势的制造商。第二层级包括群晖在内的一批具有多年技术积淀和稳定优质客户的制造商，主要使用COB封装技术，并由低端摄像头模组市场转向中高端摄像头模组市场，扩充市场份额。第三层级主要为小型智能设备品牌制造商服务。据统计，舜宇光学、丘钛、信利及欧菲光约占中国整体智能设备摄像头模组市场销售额及销量的20%，这四家制造商亦为中国能量产800万像素或以上分辨率摄像头模组的四家主要制造商。预期未来国外摄像头模组制造商亦将进入中国摄像头模组市场，国内摄像头模组市场的竞争将日趋激烈，成本控制能力和技术能力对于中国摄像头模组制造商日益重要。

三、群晖在全球价值链上嵌入与升级

（一）获取品牌客户的供应商资格，嵌入全球价值链并不断升级

手机产业和供应链天然形成了以下游品牌商为核心的全球产业分工，因此在行业内形成苹果供应链、三星供应链、华为供应链……一台手机内的零部件不会仅来自一个国家。例如，苹果的供应链主要是来自美国、日本、韩国、中国的公司，而三星的供应链则以韩国企业为主，有少数的中国公司。其中手机中的摄像头模组制造商大部分是韩国和日本的企业。苹果的摄像头供应商是韩国的LG和日本的夏普、索尼；三星的摄像头供应商大部分是韩国企业，其中中国企业只有两家——群晖和欧菲光。换而言之，在摄像头模组领域，中国目前只能进入到世界第二梯队。每个下游品牌商都有一个供应商清单，产品制造所需的零部件都向这个清单中的企业采购。产品打入品牌商的供应链需要通过供应商资格审查。在众多品牌商中，苹果对供应商的要求最严格，随后是三星、华为、OPPO、vivo……消费类电子产品的供应具有多品种、多批次、大批量、非标准化的特点，因此供应商与品牌客户建立稳定的供应链关系的门槛较高，这些大型客户往往对供应商进入其供应链系统有着复杂烦琐的认定过程，一般要求供应商拥有健全的运营网络、高效的信息化管理系统、丰富的行业经验和良好的品牌声誉。因此，成为大型客户的供

应商本身便是对企业资质能力和产品质量的肯定，但其认证过程较复杂且周期较长。在稳定的供应系统模式下，下游客户更换供应商的成本较高、需要较长周期。若供应商的产品能持续达到其对技术、质量、交货期等的要求，下游客户愿意与供应商达成长期稳定的合作关系。因此，获取下游客户的资格认证是该行业供应商嵌入全球价值链并获得可持续生存能力的关键。

2009 年亿威利电子有限公司刚成立时，公司生产的摄像头模组主要销售给华强北的无牌手机商。2010 年，公司产品通过 ISO9001（2008 版）质量体系认证，公司顺势成为国内华勤、闻泰等方案公司的供应商，嵌入全球价值链中。2011 年，3MP/5MP AF 产品量产，公司在摄像模块封装方面取得重大技术突破，申请了多项技术专利。同年，公司注册了“JSL”商标，并且成为金立、TCL、朵唯的合格供应商。2012 年，群晖进一步成为 LeapFrog、伟易达、美泰的合格供应商。其间，公司不断投入研发资金和购买先进生产设备，生产水平和技术能力进一步提升。2013 年，公司新建无尘测试车间 1800m^2 并且成功开发出 4.2mm 高度小尺寸 8MP AF 模块，公司产品进一步升级。同年，群晖成为日本手机品牌“京瓷”的合格供应商。2014 年，工厂生产水平进一步提升，产能扩大至 9kk/月。同年，群晖取得 BBK 电教、中兴移动供应商资格，并荣获“国家高新技术企业”荣誉称号和“深圳市新一代信息技术产业专项资金”补助。2015 年，公司导入 AA 技术、filchip 技术，技术能力进一步增强。此时。群晖摄像头模组的制造能力与国际知名摄像头模组制造商之间的技术差距逐渐缩小。与日本、韩国制造商相比，群晖在产品交付、质量控制及客户管理方面更有优势。因此，群晖于 2016 年成功打入华为、魅族、三星的供应链，进入中高端手机摄像头的供应链体系。凭借优质的产品质量和出色的服务能力，亿威利于 2013 年、2014 年获得 TCL 移动和金立通讯授予的“优秀供应商”称号，群晖于 2017 年获得魅族供应商大会“卓越服务奖”。群晖的发展历程如图 20 - 1 所示。

群晖的产品一开始主要供给华强北无牌手机商，公司客户升级的第一步是成为国内电子产品方案公司的供应商，第二步是成为金立、TCL、朵唯等国内三线手机品牌的供应商，紧接着进一步升级为京瓷等国外品牌的供应商，

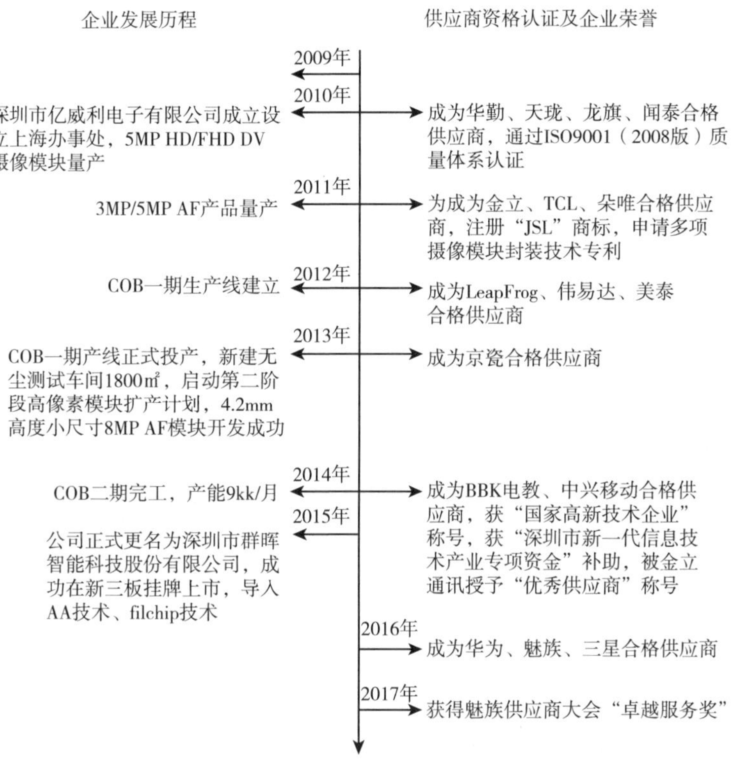

图 20－1　深圳市群晖智能科技股份有限公司发展历程

资料来源：根据群晖股份公司官网及公司内部资料整理而得。

最后是打入华为、魅族、三星等国际知名品牌手机商的供应链。在产品和客户不断升级的背后是群晖生产水平、技术能力、研发能力、服务能力的持续积累和不断提升。随着客户层次的提升，公司产品的附加值也随之提升。如图 20－2 所示，自 2013 年以来，公司的营业利润保持稳定增长。虽然公司 2015 年营业收入较 2014 年有所减少，但营业利润仍保持增长。在问到群晖是如何打入这么多品牌厂商供应链的问题时，群晖董事长李东回答道：“方法很简单：自己要把基本功练好，从要求低的客户开始做，跟打游戏一样一关一关打。这跟企业本身长期的积累有关，都是一个台阶一个台阶上来。客户分为很多层次，我们也是从小客户往大客户在做。这两年先把三星做好，过几年可能也做苹果了。”

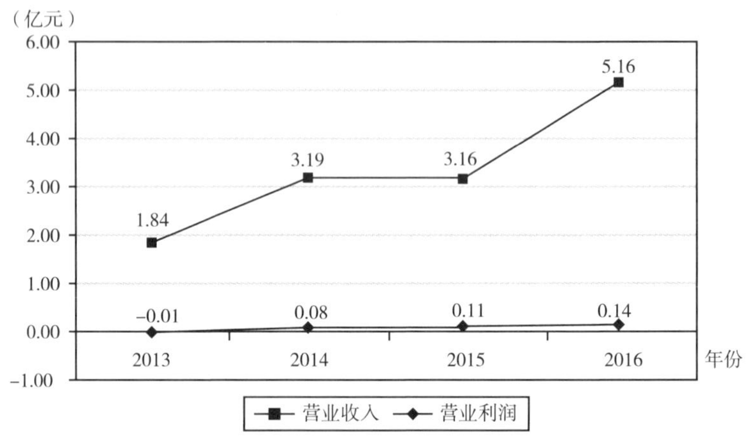

图 20－2　2013～2016 年群晖营业收入及营业利润发展趋势

资料来源：根据群晖股份公开转让说明书、历年年报整理而得。

（二）嵌入多个下游品牌商的供应链，提高公司的抗风险能力

虽然群晖已取得全球多个知名品牌的供应商资格，客户数量足够支撑一百亿以上的销售。但由于场地限制，目前群晖仅有中型规模的工厂，订单多但接不完。因此在众多客户中，群晖挑选了其中的利润率较高的优质客户合作，并且分别嵌入了低、中、高端多个品牌商的供应链，客户分布比较均匀，不存在对某一重大客户依赖度非常强的情况，这降低了群晖由于客户损失引发公司严重危机的风险。虽然产品的供应量不大，但群晖产品在品质、效率、服务等方面都较同行更有竞争力。目前，群晖的主要客户包括 TCL、华为、金立、闻泰、三星、京瓷，客户详情如图 20－3 所示。其中 TCL 所占份额最高，2016 年达到 28.02%；紧接着是华为、金立，分别占 20.96%、18%，目前国内许多摄像头模组厂商较依赖国内的客户群，群晖的海外客户相对较多。并且在三星的摄像头供应商中，群晖是两家中国企业的其中之一。

四、升级成功的促进因素

（一）较高的生产水平

群晖主要根据产品订单情况和销售情况制定生产计划并组织生产。公司

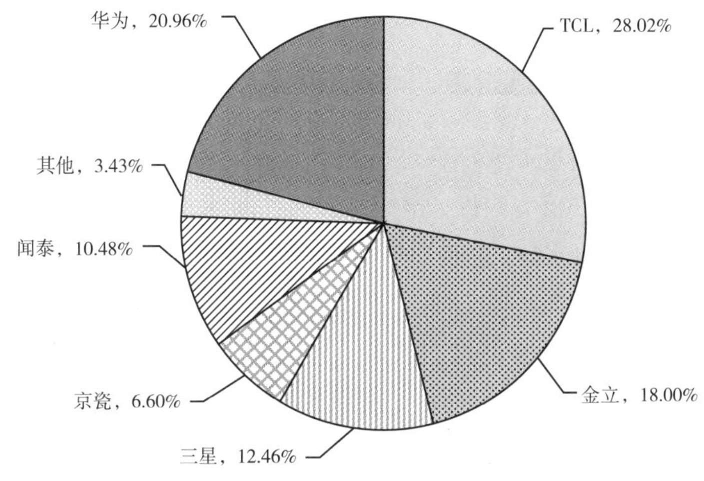

图 20－3　群晖主要客户的分布情况

资料来源：群晖股份 2017 年年报。

充分运用生产系统的数据反馈，有效组织生产计划、生产活动和资源，并及时准确地监控各工序的生产状况和物料流转，从而减少在库材料和半成品，提高交货速度。群晖还是行业内同时拥有 CSP 与 COB 产线的企业，为客户提供更多的选择方案，如低端的前置摄像头和高端的后置摄像头都可以在公司定制生产，方便客户对供应商的管理。

此外，群晖在自动化生产设备方面的投入也较大。公司现有 SMT 自动化生产线 8 条，月产能 1200 万；COB 自动产线 12 条，月产能 1000 万。产能大，但生产车间的生产工人只有 160 名。设备不停两班倒，一个车间 12 个人，一条产线只需要布局 1.5 个工人。测试的工序，在原来的手动测试阶段，一位工人仅能操作一台设备，一位工人一个小时最多能检测两百多个摄像头。现在自动化设备上，一个工人可以操作 4 ~5 台设备，一位工人的劳动成果相当于同行其他公司五位工人的劳动成果，大大降低了劳动力成本，使公司的产品更有价格竞争力。在检测精准度方面，原来人工检验阶段对劳动力的要求较高，而且检测精度较低；现在在自动化的设备上，设置好检测程序后检测结果的精确度较原来人工阶段更高，效率也更快。由于工厂的自动化程度高，公司生产的产品具有一致性高且品质稳定的特点。自动化程度较高的生产能力现已成为群晖的核心竞争力之一。

（二）严格的产品质量管理

群晖所有产品在量产前都将进行严格的小批量质量检测，严把质量关。公司检验实验室有跌落实验机、滚筒实验机、落球实验机、盐雾实验机、振动实验机、静电放电实验机、冷热冲击实验机、恒温恒湿实验机、X-RAY检验设备等一系列专业的检验设备，可以对各种环境以及可能发生的状态进行模拟，例如静电、跌落高度、风尘、极端温度等。新研发设计的产品在实验室中进行检测，一旦其中一个项目无法通过检测，产品便立刻被返回分析。产品进行改善后将再次进行检测，直到通过最终检测方能投入大批量生产。

公司还建立了元素成分标准库。灰尘是影响摄像头品质的关键因素，摄像头的制造商均投入了大量资源在灰尘控制上，如建立高标准的无尘室、高薪聘请专业人员（如芯片厂工程技术人员）、优化生产流程等。群晖拥有一批经验丰富的技术人员，建立了多种灰尘标准库（公司现已建立至少70种以上灰尘的元素库）。技术人员对生产中出现的不良品进行高技术含量的元素成分分析（EDS），一旦出现不良产品可以快速比对出灰尘的类型，这样便于生产线快速进行整改，从而降低产品的不良率。

（三）较强的技术服务能力

群晖一直致力于COMS摄像头模组等光学产品的研发、生产和销售。公司现拥有一支近百人的研发和设计团队，除了在公司内部培养优秀的研发、技术人员，同时从外部引进高层次人才。研发队伍的专家均全球招聘，目前研究团队有来自日本、韩国、菲律宾、中国台湾等全球各地的技术人员，研发出了一系列有价值的成果。公司的研发包括预研和需求研发。预研指公司领导和研究人员根据市场变化以及新技术研发新的产品和方案。需求研发是公司最主要的研发模式：第一，由业务部收集客户的产品需求，与公司设计部进行沟通；第二，设计部对结构、电子电路进行合理设计以及物料搭配，拟订开发进度；第三，研发部对新产品开发的可行性进行评估；第四，设计部样品人员开展样品生产和检验、跟踪客户的样品试用反馈；第五，研发部对项目组提交的样品进行评审，对样品制作过程中存在的问题提出改善对策。确认样品合格后，公司安排小批量试产，优化生产工艺，找出潜在问题，进行分析改善。在试产过程中，研发部对样品进行可量产评审、总结；设计部将试作图转为量产图，最后移交生产部门进行量产。公司新产品研发的主要业务流程如图 20－4 所示。

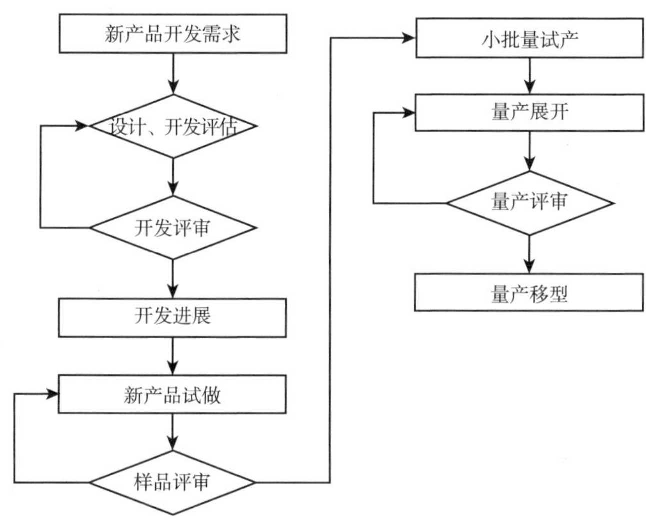

图 20－4　公司新产品研发的主要业务流程

资料来源：群晖股份 2017 年年报。

经过多年的技术积累和对行业、客户需求的深入研究，群晖目前已掌握若干摄像模组研发设计与生产环节的关键技术。

1. 开发了图像评估技术与标准库。公司拥有一批具有丰富经验的光学专业设计团队，具备较强的自主研发能力。当主流传感器厂商推出新型传感器，公司设计团队将从业内所有镜头中挑选几款进行光学性能匹配，公司的光学实验室则采用先进的设备与光学仿真软件对公司的设计方案进行光学性能的评价，找出性价比高或是性能较好的各种搭配。在为客户设计方案时，公司可制定出多种不同品质、不同价格的组合方案供客户选择。此外，标准的建立，一方面大大减少了物料的种类与库存风险，更好地控制了物料浪费从而节约成本，使公司的产品具有较好的价格优势；另一方面也减少了与客户复杂的沟通过程，从而提高与客户沟通配合的效率，赢得客户对公司的信任与订单。

2. 具备高精度的 SENSOR 与 VCM 安装监控技术。SENSOR 与 VCM 的安装是摄像头非常重要的生产制程之一，它直接影响到手机的成像品质。群晖在 SENSOR 与 VCM 的安装过程中采用国外进口的高精度设备及特有的坐标量测技术进行首件量测确认，主要确认偏移、旋转、翘曲三个参数，从而保持产品的高一致性与高良品率。

3. 掌握了全自动调焦与检测、全自动烧录。拥有全自动生产与控制能力是摄像模组企业与规模较大的下游厂商合作的门槛。通过多年的技术和资金积累，公司自主研发了全自动调焦与检测和全自动烧录机。调焦的工艺是通过不断调整镜头的角度，让模组的成像在最佳点。全自动调焦与检测是将原本的人工调整镜头与对成像清晰判断全升级为机器全自动。由于原材料与制作工艺的误差，摄像模组都存在累积误差。烧录则是将模组的特性值记录到模组自带或是外挂的 EPROM 里，让手机在调用时对不同的模组进行值的修正，从而消除误差。手机在启动手机摄像模组时会首先从 EPROM 里读取该模组的特性值信息，然后快速定位模组的最佳成像点与成像品质。由于是机器自动烧录与判断，可以减少人为误差。原人工烧录存在烧录效率低及漏作业的问题，由此会造成效率低下与产品的一致性下降，最终影响摄像成品，而全自动烧录则解决了该问题。在效率方面，一个员工可以操作多台机器，大大提升了生产效率。

（四）领先同行的设备研发能力

与一般手机摄像头工厂的核心研发能力不同，群晖的核心研发并非体现在光学、机械、电子、测试、软件、产品结构等技术服务类的研发，而是体现在设备研发方面。群晖的摄像头研发能力强，但是董事长李东认为：手机摄像头的研发对于下游品牌商而言是研发外包，对于摄像头模组生产商而言是对品牌商客户的一种服务。他还指出：“群晖有一个观念：做零部件的厂一定要有自己的设备能力。如果零部件厂完全购买商业化的设备，那各个厂做得东西都一模一样，竞争力也都一模一样。很多德国和日本的零部件厂商都是自己做设备，设备也不对外销售，这个最终会成为他们的核心能力。我们有这方面的意识，要做跟别人不一样的零件厂一定要有自己做设备的能力。”群晖认为的最重要的研发是生产过程/制程的研发，包括用什么样的机器、材料、环境，是工艺的研发，是设备的研发。目前工厂所有的调校机、部分检测设备和自动化设备都是群晖自主开发设计的，包括软件设计、光学设计、机加工设计等。许多自动化设备已经是第四第五代。早在 2011 年，群晖已设立软件部门，专门针对源代码进行研发。群晖还与中南大学、南方科技大学等有设备和测试仪器方面的合作项目。

较强的设备研发能力也成为群晖在供应商资格认证时非常重要的竞争力。最典型的事实是在 2015 年群晖进行三星供应商资格认证时，以往三星的供应商都按照三星的要求采用全套的韩国生产设备，因此三星也同样要求群晖采购韩国的全套生产设备。群晖在进行设备对比和研究后发现：韩国的设备，一方面价格高但效率低，比不上群晖自主研发的设备；另一方面在后期的设备升级换代时，采购韩国的生产设备后期升级和维护成本非常高，所需时间也较长，而采用自主研发的设备可以自行进行调整和升级。因此，在征得三星审查小组的同意后，群晖将自主研发的设备和三星推荐的韩国设备进行对比试验。实验结果显示，群晖自主研发的设备效率高，几乎是三星推荐的韩国生产设备的 4 倍！这一设备和群晖因此获得了三星总部的认可和赞扬，这也是三星选择群晖作为供应商的重要原因之一。在将群晖纳入供应商体系后，三星曾表示：在整个行业的厂商都在采购设备生产的背景下，群晖许多设备都是自主研发的，这一点很特别！

五、结语

伴随传统电子产品、全球新一代智能手机、互联网、数字化娱乐便携设备产业的兴起、成长和爆发，全球电子厂商快速成长。作为电子产品生产的参与者，电子产品品牌的供应商也随之发展和升级。通过生产水平的提高、严格的产品质量管控、产品和设备研发能力的增强，群晖智能科技实现了全球手机品牌供应链的嵌入，并且在不同等级的品牌供应链中不断地跨越和升级。从初期的为不知名的手机品牌商供货，发展成为国内手机品牌的供应商，到后来嵌入全球价值链成为国外知名品牌的供应商，群晖现已获得手机产业链中低、中、高各个等级多个品牌企业的供应商资格，并且在2017年成功进入三星的供应链。

高端品牌供应商的资质为企业和产品做了背书，它意味着在行业中具备较为出色产品质量和较高的产品技术含量，群晖的产品也由此获得了同行的认可。由于嵌入了更高端的产品价值链，群晖获得了更先进的生产管理能力，产品质量和技术能力也都得到了提升。此外，由于所服务的品牌商不断升级，其对产品的要求不断提高，迫使公司生产的产品质量更好、技术含量更高，群晖在客户升级的过程中产品的附加值也获得了提升。从2009年成立至今不到十年的时间，群晖智能科技便从华强北走向了世界，这是电子产品品牌供应商发展中非常典型的代表。像群晖智能科技一样嵌入全球产品价值链并且如“游戏打怪”般伴随客户升级的发展道路为我国现有的许多品牌供应商企业的发展和升级提供了一种可供参考的发展模式。

21. 先歌国际：反向收购实现企业的跨越升级

一、企业简介

先歌国际影音有限公司（IAG GROUP LTD. 以下简称先歌）在 1991 年创立于深圳，多年来专注于消费及娱乐电子系统设备的研究开发与产品应用，是以精湛的电声技术、知名品牌、精细化管理、精良的制造工艺和产品品质而闻名国内外的高新技术企业和行业领导品牌，在高端音响市场上排名前三位。先歌依靠卓越的产品质量和营销团队的奋力开拓，市场空间逐步扩大，营销网络覆盖 100 多个国家与地区，代理商达到 200 多家，国内外客商制定长期的销售计划，在日本、英国及中国香港和澳门等地均设有独立运营的子公司，售后服务网络也日益健全。

先歌是国内唯一的生产销售高保真音响、专业音响、乐器音响和专业灯光综合性产品并且自主拥有国际知名品牌的企业，旗下拥有多个国际知名旗舰品牌，高保真音响和电子有 WHARFEDALE（乐富豪）、QUAD（国都）、AUDIOLAB（傲立）、MISSION（美声）、CASTLE（城堡）、LEAK、LUXMAN（力仕）、EKCO（埃蔻），专业音响有 WHARFEDALEPRO（专业乐富豪）、QUADINDUSTRIAL（专业国都），吉他音响有 ALBION（傲宾），舞台电脑灯光有 COEF（高怡）、F. A. L.（飞鹰）。各品牌处于同行业领先地位，并获得音响行业和权威音响杂志的肯定和嘉奖。

先歌拥有从产品创意到工业设计、产品研发、规模化生产、自主营销的专业团队，拥有大批稳定的技术精湛的资深技术人才与经验丰富的管理人才。产品在生产过程中控制系统的每一个环节都能得到及时、有效的循环反馈，而且几乎具备生产每个产品的零部件及成品的能力，可以很好地控制每一个阶段和每一个过程的成本和质量。2017 年，先歌实现营业收入 3 亿多元。

二、先歌升级的特点

（一）收购国外知名品牌，获取持续升级的重要资源

品牌作为质量、性能、服务和企业文化的综合体现，已成为当今市场竞争的主要方式。品牌意味着高附加值、高利润、高市场占有率。拥有知名度高、竞争力强的自主品牌，成为企业获取高附加值、不断升级的重要途径。先歌通过反向收购，获取了品牌这一战略性资产，为企业持续升级奠定了基础。

成立早期，先歌代理了众多国际知名品牌，其中包括英国 ALLEN&HEATH 调音台、美国思美（Symetrix）数字音频处理、意大利 Powersoft 功放、英国 Wharfedale 专业音箱、英国 Quad 国都专业音箱、英国美声（Mission）专业音箱、美国 C 牌（Community）专业音响、美国声塔（SoundTech）专业音响、美国高峰（CREST AUDIO）功放、美国舒尔（Shure）话筒、美国依爱德（EAW）音响、英国声艺（Soundcraft）调音台、日本雅佳卡拉 OK 音响、丹麦马田电脑灯、意大利飞鹰灯光、意大利高怡灯光、英国傲宾（Albion）吉他音箱、美国勇士（WASHBURN）吉他音箱、日本 KORG 合成器、日本 Pearl 珍珠鼓等。

后来，先歌董事长认识到仅做代理商不可能实现企业的持续发展。于是在公司积累了一定的资金实力后，先歌进行了第一次反向收购：收购了英国知名品牌乐富豪（WHARFEDALE），该品牌至今已有 85 周年历史。由于当时中国的音响市场巨大，先歌成为乐富豪的代理商后，在其营业收入中的占比逐渐达到 60%，再加上乐富豪在英国的生产成本很高，本身也有降低生产成本的需要，就同意先歌进行百分百股权收购。收购乐富豪后，先歌将其国外

工厂转移到深圳，从原材料线路板、前端加工、到过程组装都由先歌自己完成，近几年公司将生产基地转移到江西吉安。1997 年，先歌国际化进程进一步加快，收购了十多个国际知名音响品牌公司，包括高端品牌 Quad，中端品牌 Mission、Castle 等，成为品牌运营公司。2010 年，先歌收购日本高端品牌 LUXMAN。

（二）不断进行研发创新，促进各品牌持续发展

先歌在每次收购完成后，都继续保持该品牌原有技术研发团队及组织架构。先歌的研发管理体系始终向国际一流企业看齐，并有针对性地进行研发和产品生产，使得收购的知名品牌在先歌旗下仍能保持技术的不断提升和产品的更新换代，长期保有品牌的原有定位与先进地位。2015 年，为顺应国际市场发展需求，先歌重启了英国研发路线，并整顿研发团队，认真研究市场，投入新产品研发，以新颖的功能作为市场增长的亮点，以更符合时代潮流以及市场需求的产品来服务顾客。2016 年 9 月，先歌展出了自有品牌乐富豪新品，从音源到音频处理器，从功放到音箱，从模拟到数字都保持了正宗的英伦风格，各款产品实现了全面提升和质的飞跃。再如高端品牌 Quad 的静电音箱，和传统喇叭不同，根据静电原理进行研发设计，还真性非常高，失真率仅为 0.03‰，而常规音响失真率都是百分之几，目前全球只有先歌一家可以设计生产该产品，在英国、美国市场非常受欢迎。

同时，先歌也积极涉足电影设备领域，目前已成功研发影院 WY 系列及多款环绕音箱。此外，在无线话筒、HIFI、音频处理器、功放、网络音频等多方面，先歌一直保持着自主研发的核心实力。2010 年，先歌建立 IAG 音乐中心，由著名的建筑师工作室/声学专家设计，满足了 IAG 音乐社区的需求，IAG 音乐中心拥有主录音室、隔音室、编程和掌控室，配备大批尖端音响设备。未来，先歌希望在深圳打造一个音频硅谷，形成产业集群，推出网络化、数字化的产品，目前其研发部门专门成立了网络音频、智能音箱的开发小组，开始了初步开发产品的规划。

在产学研合作方面，先歌与中国海洋大学、南京大学、广州大学等都有密切联系，先歌的研发团队经常与高校的教授团队等进行交流，一方面促进

高校针对性培养学生；另一方面形成了先歌的人才储备。

（三）全方位的营销服务网络，增强品牌建设，提高附加值

在反向收购后，先歌充分利用广大的经销商渠道铺开销路，采取全球市场的一体化策略，区域市场的本土化策略。第一阶段，对于自主品牌，先歌采取针对性推广，科学合理地丰富其产品线，拓展全国各地经销商、代理商，重点推广乐富豪品牌；同时为弥补自有品牌的不足，先歌也在国内代理了一些品牌，如 SGM LED 电脑灯大中华地区总代理，主要通过网络媒体、行业展会、专业技术讲座、实物展示、客户体验等方式对产品进行全方位推广，还有意大利奥思美 AXIOM 音响等品牌，但国内代理产品所占比例较低，只有5%左右。第二阶段，当主打品牌达到一定知名度时，先歌对参与项目投标，争取更多的项目参与，让广大客户对产品品质有更深的了解，达到对品牌知名度的提升。第三阶段，形成以工程应用为主的直销渠道，以批发为主的经销渠道，以网络为主的电商渠道，以外贸为主的外销渠道。同时，赋予品牌以人文特质，增加客户对品牌的忠诚度。

目前，先歌在全球范围内实行代理制的经营模式，在国内外有几百家代理商、经销商，遍布美洲、欧洲、亚洲、非洲。2016 年 3 月，为扩展国内市场，先歌取消了国内总代理模式，收回 IAG 先歌国际影音旗下所有专业民用音响及灯光品牌：英国乐富豪（Wharfedale）、英国美声（Mission）、英国国都（Quad）、意大利怡宝（Coef）及飞鹰，在减少中间环节的同时，组建新的专业团队。这样使先歌可以更直接、更准确地接触市场信息，提供更加完善的售后服务。

先歌在全国设有 800、400 热线 24 小时服务电话，提供售前、售中、售后的全方位服务。先歌在全国各地（地级市、县级市），包括港澳台都有自己的代理商、经销商、维修服务点，确保能够及时、快速地在第一时间为客户提供各种应急服务和技术保障支持。先歌也一直非常注重售后服务保障体系的建设，认为售后服务保证体系能够增强客户对公司产品的忠诚度，售后是品牌建设的重要一环。先歌拥有专业化的销售及售后服务团队，可以迅速为客户提供技术支持与售后服务。在每个工程竣工之后，先歌也会进行走访，

继续提供服务支持，帮助客户解决相关问题。先歌对代理商也会进行不定期走访，设立专门的售后服务中心，根据客户反馈及时调整、改进。

（四）企业文化

企业文化具有指导全体员工行为表现一致，引导员工、约束员工的作用，有利于员工进行企业优质产品与卓越服务的价值传递。先歌有自己的一套健康积极、富有特色的企业文化：以“拼搏进取、开拓创新、严谨务实、诚信简俭”为企业精神；以“共谋共创、共担共享”为核心理念；以“贴近生命，美化生活”为奋斗使命；以建立“世界级的音响王国”为奋斗目标。先歌人有一种“拓荒牛”精神。在规模化运作和规范化经营的发展中，先歌秉承“自主品牌、自主创新、自主研发”的企业理念，为客户创造最大的经济效益。公司创立至今，长期坚持以“品质求精”为公司主要目标，本着“诚信铸造未来”的经营理念，坚持为追求所有生产领域的“零缺点”和“完美音质”的产品而努力奋斗。

在收购国外品牌后，先歌十分尊重国内外文化差异，各品牌在前三年基本都保留了原有的管理体制，只进行财务控制，然后再根据市场等情况调整管理方式。派驻到各国子公司的人员也会优先考虑其文化背景，比如有英国留学经历的员工优先派驻到英国子公司，从而最大限度地保留品牌的原有特性。

三、先歌升级的启示

（一）收购 OBM 企业品牌，获取战略性资产，实现企业跨越升级

我国企业起步较晚，缺乏自主品牌，缺少战略性资源，技术实力相对落后，采取常规的跟随战略将始终处于被动局面。一些企业通过在某些产业或技术领域实施并购，获取战略性资产的方式实现企业跨越升级。通过获取研发、品牌等战略性资产，在并购企业的微笑曲线与目标企业的微笑曲线整合后，实现了价值链的整体上移。

自创立至今，先歌已从产品代理向自主品牌创新和文化创意整体解决方案服务提供商转型。我国有很多音响企业都在打造自主品牌，但是由于缺乏文化底蕴，国内品牌始终没有走出去。国外企业已经拥有七八十年的文化积淀，音响方面积累的技术、品牌实力等对于打造全新品牌的国内企业来说是很大的挑战。因此，先歌国际从开始就没有选择自创品牌，而是通过收购国际上的知名品牌，从而获得技术、生产、品牌等战略性资产，实现企业的跨越升级。

（二）良好的组织文化是推动企业持续升级的重要因素

为了扩大规模、降低成本、增加利润，越来越多的企业通过并购来规避风险、扩大规模从而增强竞争力，而现实中并购成功的案例却非常少。虽然并购企业战略框架的制定、业务的整合等都影响了企业并购的成功与否，但是并购企业的文化整合又是在并购后的整合过程中最困难的任务，也是影响企业合并成功与否的最根本的因素。

在本案例中，先歌通过反向收购国外知名品牌来推动企业不断升级。对于不同国家的不同品牌，先歌都对对方文化给予了极大的尊重，除进行财务控制外，各品牌的研发团队、管理团队等基本都保留原样，最大限度地传承原有品牌的特性。从国内派到国外子公司的员工也会优先考虑其背景，以便于员工适应当地文化，也更有助于维持各品牌定位，从而促进企业的整体升级。

22. 科聚新材：提升技术实力，替代进口产品

一、企业简介

深圳市科聚新材料有限公司成立于 2005 年，是专业从事高分子新材料、工程塑料、特种塑料的研发、生产和销售的国家级高新技术企业，其产品及技术解决方案广泛应用于汽车、通信、家电、电子/电气、高铁、军工、航空航天等领域。公司在深圳宝安和安徽芜湖拥有大型研发和生产基地，是目前国内外产品最齐全、产量最大的高分子新型材料、工程塑料生产企业之一。科聚新材不断自主创新，拥有了一支由博士团队领衔的高水平研发队伍，先后通过国际质量管理体系 ISO9001、国际环境体系 ISO14001 及国际汽车行业体系 TS16949 认证，产品获得 ROHS、UL、FDA 等测试认证，雄厚的技术实力和完善的体系为产品品质提供了可靠保障。公司的营销网络也日益完善，产品享誉海内外，远销欧美、中东、东南亚等多个国家和地区，在中国 16 个城市设立办事处。成立十余年来，科聚新材已成长为业内翘楚，以 50% 的年增长向前高速发展。2016 年，科聚新材营业收入约 4 亿元。

二、企业升级过程与路径

（一）持续投入技术研发、重视产学研合作，打破关键技术垄断

科聚新材原母公司亚太国际企业（香港）有限公司（AIE）早期经营代

理业务，但是对于某些垄断性的材料，AIE 很难拿到国外知名品牌的代理权，比如美国杜邦的高强纤维就不向国内销售。2005 年，AIE 创建科聚新材，并将“创新”两字作为公司发展战略。在我国，新材料研发原来多由国企、央企投入，民资注入凤毛麟角。虽然许多人意识到这个行业利润丰厚、大有前景，但前期研发所需的大量资金、时间让很多人望而却步。而科聚新材自创立以来就一直把科技创新摆在第一发展的地位，在技术研发上投入大量的物力、人力与充足的科研经费，且不断加大科研经费的比例，即使是在公司最困难的时期，也没有停止过。

为了实现技术创新，科聚新材十分重视产学研合作与科研团队建设。在国际上，科聚新材先后与全球众多知名企业和一些欧美高等学府建立了长期技术合作交流关系。在国内，先后与众多著名科研院校联合成立研发中心，通过产学研紧密结合等形式，组成了一支新材料研发的高精尖团队。2009 年 5 月，科聚新材与北京化工大学共同组建“新材料研发中心”，广泛开展新型高分子复合材料的研发和试产。2009 年 11 月，科聚新材与四川大学组建“广东省产学研结合项目”的研发平台，致力于研究新型特种材料的共聚共混技术。2011 年 7 月，科聚新材与香港理工大学联合研发“高性能热塑性结构材料”项目，该项目被列为“深港创新圈项目”。2012 年 8 月，科聚新材与山东大学签署共建复合材料研发中心约定书。2013 年，成立战略技术研究院。科聚新材还与中国科学院合作，聘请著名材料科学家为公司高级科学技术顾问，定期来公司指导研发工作，聘请数名著名高分子材料专家担任企业技术顾问、特派员，以此拓展研发思路。

一流的研发团队为科聚新材带来了一流的研发成果。到目前为止，科聚新材已先后开发了增强增韧、填充、合金化、导电导热、耐高温、无卤阻燃、功能母粒和降解塑料等八大系列的自主知识产权产品，这其中包括工程塑料、特种塑料、通用型塑料以及热塑性弹性体等产品。当前，科聚新材的工程塑料已实现批量生产，以特种工程塑料和合金工程塑料改性为主，产品主要应用于家电、汽车轻量化等附加值较高的领域。在家电方面，科聚新材早期主要产品是白色家电，比如空调壳体等。但是由于白色家电利润微薄，科聚新材现已转向生产黑色家电相关产品，比如电视机的壳体。电视机壳体主要有三部分组成：前面的边框、中间的模组材料和后壳。由于后壳利润较低，科聚新材主要生产中间的模组材料和前壳的边框材料。科聚新材与康佳、创维、海信等企业建立了长期合作关系，并且能够及时根据电视机技术的演变而配合不同的材料，以满足客户的不同需求，比如提高材料刚性以满足电视机边框变窄的需求等。在汽车轻量化方面，科聚新材研发出的工程塑料打破了国外巨头的技术垄断。发动机周边产品对材料的长期热老化、耐油性等综合性能要求非常高，科聚新材通过持续研发，研发出了发动机周边应用的工程塑料，并打破了杜邦、巴斯夫、朗盛、罗地亚等国际化巨头的垄断。科聚新材研发出的高性能聚酰亚胺也打破了外国垄断，实现了对进口产品的替代。

科聚新材产学研结合的发展思路让公司受益匪浅，做到了产品研发一代、转化一代、预研一代的良性循环发展，布局前瞻，在当下就着手未来 5 ~ 10 年有望产业化的产品预研工作。同时科聚新材坚持以市场为导向，使公司产品在市场竞争中始终处于产业化技术的前沿，并占领市场的制高点，做到了投入产出的良性循环，避免了高技术企业投入大、回收慢、市场反馈不及时的缺陷，以具体产品带动企业逐步有序地进行产品升级，成功将科聚新材从劳动密集型企业向技术密集型企业转化。截止到目前，科聚新材已申请近 500 项发明专利申请，10 项国际 PCT 专利。

（二）升级产品功能，拓展产品应用领域

聚酰亚胺纤维是高性能纤维的重要品种之一，其因极佳的耐热性能、机械性能等优点在高温过滤、特种服装、高级面料以及国防军工领域具有广阔的市场。加之其色泽金黄、价格昂贵，在业内有“黄金丝”的美称。科聚新材成功研制了高性能聚酰亚胺纤维，具有更高强度、更高耐热性能，拓展了原有聚酰亚胺纤维的应用范围，将其应用市场从耐热领域拓展到高强度纤维领域，与常规耐热纤维相比，同样成本投入可以实现经济价值翻倍。

2011 年，科聚新材董事长徐贺永，高级工程师、新材料专家姚雷博士带领公司的科研团队，依托公司自建的新材料研发中心，与四川大学展开产学研校企合作，开始研发可以商业化的高性能聚酰亚胺纤维。科聚新材将理论

技术结合实际进行改造，经过艰苦研发，成功实现了在高性能聚酰亚胺纤维研发生产上的新突破。科聚新材实现了以湿法纺丝合成工艺为基础、开发高强度聚酰亚胺纤维的领先技术，同时证明通过合理的分子设计和纺丝工艺选择（在有效改变分子结构的情况下，纤维强度可达到4GPa），开发满足于复合材料应用的高强度聚酰亚胺纤维完全可以实现。[①] 科聚新材独创了生产聚酰亚胺的两步法工艺，对于其生产工艺与专用设备拥有完全的自主知识产权。两步法首先通过缩聚反应将单体聚合成聚酰胺酸原丝纤维，原丝纤维再经过热处理得到最终的聚酰亚胺纤维，该工艺得到的聚酰亚胺纤维的耐热性、耐溶剂性等力学性能均比一步法高。目前国际与国内的聚酰亚胺生产厂家都采用一步法工艺，科聚新材的两步法实现了生产成本相同的情况下，反应条件更加温和，只需要低温常压下进行，生产过程更环保，不排放毒气且溶剂可回收再利用。两步法提高了设计自由度，可以利用二元共聚、三元共聚，微观形貌调控更加灵活，且生产的纤维拉伸强度可以达到4.2GPa，而一步法只能达到0.6GPa。高性能聚酰亚胺纤维的成功研制是国内该领域实现的零的突破，使科聚新材的产品开始替代进口产品。

科聚新材通过技术创新、产品升级将聚酰亚胺纤维的应用边界拓展到了环保领域。随着人们对环保意识的逐渐提高，国家对水泥、电力、钢铁、垃圾焚烧等领域排放标准将日趋严格，高效除尘设备的应用比例将逐步提高。高性能纤维对粉尘的捕获能力大大强于一般纤维，加之其稳定的化学性能、低吸水性、耐氧化等优良特性，已成为目前效果最好的高温烟气过滤材料，竞争优势凸显，面临极大的市场机遇，每年至少能提供500～1000吨的市场容量。

高性能聚酰亚胺纤维由于具备良好的阻燃隔温性、不熔滴、离火自动熄灭等特性，是特殊场合防护服装的绝佳材料。聚酰亚胺纤维织成的无纺布，是目前应用于国防军工领域防护服的最理想纤维材料。在军用服装、医疗卫生服装、防生化武器特种服装、飞行服、赛车防燃服，以及石油、化工、冶金等特定行业的防护服领域都有前景广阔的应用。据不完全统计，我国冶金、

---

① 詹仲良．科聚新材成功研制高性能聚酰亚胺纤维［J］．中国经贸导刊，2017（31）：77－78.

水电、核工业、地矿、石化、油田等部门每年需近40万套隔热、透气、柔软的阻燃防护用服，每年将带动高性能聚酰亚胺纤维300吨的市场需求。

此外，高性能聚酰亚胺纤维得益于其优良的综合性能，在核能工业、空间环境、高速交通工具、海洋开发、体育器材、新型建材、微电子、新能源等领域都可以得到很好的应用。

（三）通过产品功能替代或功能拓展，进入传统市场

科聚新材研发的工程塑料和复合材料可以替代原有的传统塑料或金属材料，进入家电、新能源汽车等市场。

科聚新材采用结构泡沫夹层架构，实现新能源货车轻量化。结构泡沫夹层结构是由高强度的蒙皮（表层）与轻质泡沫芯材组成的一种结构材料。如用单一的树脂基纤维增强材料制造梁板，满足强度要求时，挠度往往很大；如果按允许挠度进行设计，则强度大大超过标准要求，造成浪费；只有采用夹层结构形式进行设计，才能合理地解决这一矛盾，这也是夹层结构得以发展的主要原因。科聚新材还将高性能聚酰亚胺纤维的研发升级与公司原有的汽车轻量化解决方案完美结合，实现了蜂窝结构树脂基复合材料产品的成果转化，进一步升级公司轻量化产品技术等级，通过使用热固性复合材料和热塑性复合材料，使得汽车的外覆件和结构件都轻量化，一辆大巴可以减重一吨，从而增加汽车续航里程。科聚新材还以此为契机开拓处于上升期的民航领域复合材料市场，制定行业在国家范围内该系列产品的相关技术标准，一方面将公司市场从民用通用领域扩展至民用高端领域及军用领域；另一方面也带动了全行业的技术升级。

目前，科聚新材还研发设计出了一些复合材料的新产品，通过替代金属材料进入传统市场，新产品毛利率预计能够达到60%。一是用复合材料代替钢瓶，制作防爆煤气罐。钢制煤气罐内部的压力达到一定程度之后就会爆炸。而采用复合材料时，首先塑料的导热比较慢，热量很难马上传到瓶体内部，不会造成瓶内压力瞬间增大；其次塑料外壳在明火包围的情况下，表面受热碳化分解，瓶内气体得以释放，从而达到防爆目的。用复合材料代替钢瓶，提高了耐酸碱腐蚀性，延长了产品寿命，降低了产品的维修成本从而使产品

综合成本下降，在韩国、俄罗斯、马来西亚等地都通过产品安全认证。二是与摩拜共享单车合作，用复合材料代替金属车轮。三是轻量化楼板，用泡沫结构的复合材料代替钢筋混凝土，重量只有钢筋混凝土的1/15，并且可以按照客户要求修改产品尺寸，在现场直接拼装即可，省去了使用钢筋混凝土的现场加工程序，为客户提高效率，降低综合成本。

（四）实施“走出去”战略，开拓国际市场

我国企业在实施跟随替代转而实施走出去的战略方面已取得成功经验。我国许多优秀企业在开发替代进口的产品，形成规模，占有较大的国内市场之后，又向国外市场扩展，对国内市场国际化，对经济全球化作出了主动的战略反应。科聚新材通过不断自主创新打破了国际巨头垄断，并研发出综合性能高于国际巨头产品的新材料，这为科聚新材开拓国际市场奠定了重要基础。2009 年 6 月，科聚新材创建香港科聚新材料有限公司，拟定以此生产基地提高公司产品的生产能力，增加外贸出口，使公司产品远销海外市场。目前，科聚新材的产品已销往东南亚、中东、欧美等地区，销售比例达到了公司营业收入的 30% 。

三、企业升级的关键影响因素

（一）巨大的市场机遇

2008 年金融危机时期，大多企业一片哀鸿。对于科聚新材来说，这是千载难逢的机会，很多企业在降低材料成本上寻找出路。科聚新材积极联系国际五百强企业，并让科研人员给这些大企业进行质量定位，重新研制新的代替材料。依靠金融危机的特殊机遇，科聚新材的销售额大大提升，并与一众国际知名品牌建立了长期战略合作关系。

高分子材料市场广阔，据不完全统计，中国的市场销售量近 2 万亿元人民币。然而目前我国大部分市场仍然掌握在国外巨头手中，国内改性工程塑料市场潜力巨大，一些石化工厂只能提供低端产品，而高端市场长期被国外

品牌垄断，科聚新材供货还未占到国内市场需求的3%[①]。科聚新材研制出的高性能聚酰亚胺可以成功替代国外产品，且各方面性能更为优越，前景十分广阔。

另外随着人们对节能环保意识不断加强，汽车轻量化技术成为了解决汽车行业节能与环保的重要课题。汽车的轻量化，就是在保证汽车的强度和安全性能的前提下，尽可能地降低汽车的整备质量，从而提高汽车的动力性，减少燃料消耗，降低排气污染。实验证实，空气阻力每减少10%，油耗可减少0.15升每百公里，车重每减少100公斤，油耗可减少0.3升每百公里。实验证明，汽车质量降低一半，燃料消耗也会降低将近一半。由于环保和节能的需要，汽车的轻量化已经成为世界汽车发展的潮流，欧洲、美国、日本等主要汽车生产厂商都在推进汽车轻量化项目。科聚新材不仅研发出结构泡沫夹层以进行货车车厢及仓车轻量化改造，还以此为契机开拓民航领域复合材料市场，追求附加值更高的业务，促进企业不断升级。

（二）政府与政策

2015年5月，国务院印发《中国制造2025》，部署全面推进实施制造强国战略，明确了9项战略任务和重点，涉及十大重点领域，新材料赫然在列。2016年3月17日，新华社授权发布了《中华人民共和国国民经济和社会发展第十三个五年规划纲要》，要求促进新材料产业突破发展，引领中国制造新跨越。新材料产业的整体发展和升级攸关我国制造业的转型升级和实体经济的可持续发展。聚酰亚胺纤维就是国家重点鼓励发展的战略性新材料和民用急需高新技术纤维产品之一。

（三）营销服务模式创新

科聚新材的营销服务能够及时满足客户需求，具有明显竞争优势。2008年12月，科聚新材与国内外知名企业签订了“直供货协议”。根据协议，科聚新材在原来的供货价格基础上再给优惠5%～8%，为了帮助客户在金融危

---

① http：//info. plas. hc360. com/2014/01/171521431215. shtml

机背景下降低材料成本、增强竞争力，公司主动让利给客户。对科聚新材自身而言，由于减少了中间环节，科聚新材也能减少营销成本，且客户的采购量会增大。直供货协议让科聚新材获得了丰厚回报，而且不需要每次洽谈订单细节，对方有需要就直接电话订货。

随着企业规模的扩大，为适应全球化营销战略和服务模式，科聚新材构建了一种以客户为中心的“客服＋工程师”的营销服务模式，即通过客服了解客户的需求及客户所遇到的技术问题，工程师随时随地为目标客户提供本土化的现场咨询、恰当灵活的配套解决方案，使各个环节配合完美，真正提升客户的产品竞争力和盈利能力，助力客户成功。这一服务模式赢得了全球客户的青睐，随后一大批世界知名企业相继成为科聚新材的忠实客户。目前，科聚新材已与康佳、创维、海信、美的、格力、华为、中兴、比亚迪、马自达、长安汽车、五十铃、江淮、大众等知名品牌，形成长期战略合作关系。

（四）品质管理

科聚新材深知产品质量的重要性，创建以来一直十分重视品质管理，为此，公司内部专门制定了一套《产品品质管理标准手册》。目前，科聚新材已先后通过国际质量管理体系 ISO9001、国际环境体系 ISO14001 及国际汽车行业体系 TS16949 认证，产品获得 ROHS、UL、FDA 等测试认证，为产品品质提供了可靠保障。

四、事实发现

（一）拓展产品应用领域是实现企业升级的有效路径

专用技术深化在促进企业升级方面不仅提高了产品的技术含量和附加值，而且通过产品功能创新、创新新产品拓展了产品的应用领域从而促进企业升级。科聚新材依靠强大的研发团队与产学研合作，推动企业技术深化，通过技术创新为企业替代或拓展了产品功能，进入了家电等传统市场以及汽车、航空等附加值更高的新市场，帮助企业实现升级。

（二）突破核心技术，掌握完全自主知识产权是企业升级的有效路径

突破核心技术的限制，掌握完全的自主知识产权，能够打破国外巨头对技术与市场的垄断，降低制造成本，提高市场份额，并拓宽产品升级的空间。本案例中，科聚新材研发出的应用于发动机周边的工程塑料满足了长期热老化、耐油性等综合性能要求，打破了杜邦、巴斯夫、朗盛、罗地亚等国际化巨头的垄断；研制成功的高性能聚酰亚胺实现了国内该领域的零突破，实现了对进口产品的替代，同时拥有二步法生产工艺与设备的完全自主知识产权，进一步提高了材料性能，拓展了产品应用范围，帮助企业进入不同的市场领域。

23. 劲拓股份：智能技术驱动下的产品持续升级与拓展

一、企业简介

深圳市劲拓自动化设备股份有限公司（以下简称劲拓股份）于1996年成立[①]，2014年在深圳证券交易所上市（股票代码：300400）。公司的主营业务为研发、生产及销售电子焊接类设备、智能机器视觉检测设备、光电平板液晶显示模组生产专用设备（LCD/TP/OLED）等各类电子工业专用自动化设备，具体主营产品及功能介绍如表23－1所示。公司生产的产品广泛应用于消费电子制造业、汽车电子制造业等与移动互联技术密切相关的行业。历经14年的快速发展，劲拓股份已经成为国内电子焊接设备领域的龙头企业，而公司近年来新产品的市场拓展也初见成效。例如，劲拓股份在2017年推出新产品高温垂直固化炉、生物识别模组贴合及检测设备等，打破国外厂商在国内市场的垄断，取代进口产品，并取得主流手机生产制造商等上游企业的批量采购订单。企业也因此获得了国家高新技术企业、广东省战略性新兴产业培育企业、广东省自主创新示范企业等荣誉。

① 当时企业名称为劲拓实业，初始业务为电子生产线配件及技术服务。

表 23－1　　劲拓股份主营产品及功能介绍

<table>
<tr><th colspan="3">主要产品</th><th>主要功能</th></tr>
<tr><td rowspan="6">电子整机装联设备</td><td rowspan="4">电子焊接类设备</td><td>波峰焊</td><td>波峰焊能自动完成 PCB 板从涂覆助焊剂、预加热、焊锡及冷却等焊接的全部工艺过程，主要用于表面贴装元件的无铅焊接、短脚直插式元件及混装型 PCB 板的整体焊接</td></tr>
<tr><td>回流焊</td><td>主要应用于 SMT① 表面贴装焊接、短脚元器件的通孔焊接，通过加热对焊锡膏的熔融和冷却，形成元器件与 PCB 线路板之间可靠的电路连接</td></tr>
<tr><td>其他焊接设备</td><td>包括选择焊及 SMT 周边设备，主要应用于 SMT 或者 DIP 生产线中，通过这些小型设备将其他焊接或生产设备串联起来，实现各种设备之间的自动化生产，如上下料机、接驳台、转角机等</td></tr>
<tr><td>高温垂直固化炉</td><td>主要应用于三防漆、填充胶等的固化。通过热风回流加热产品，在某个温度范围内保持一定时间完成胶水的凝固。该机器占地面积小，生产效率高，可实现在线式生产</td></tr>
<tr><td rowspan="2">智能机器视觉检测设备</td><td>AOI</td><td>主要用于电子产品生产中 PCB 上元件的装配品质检测及工艺品质控制。目前可实现离线式及在线式 2D、2.5D 及 3D 检测</td></tr>
<tr><td>3D-SPI</td><td>主要实时检测和调整电子产品生产过程中的对焊锡膏印刷质量和工艺，以提高产品优质率</td></tr>
<tr><td rowspan="4">光电模组专用设备</td><td rowspan="3">生物识别模组生产设备</td><td>超声波指纹模组邦定设备</td><td>设备用于指纹识别 Sensor 与 FPC（柔性线路板）之间的邦定连接。将已完成 IC 邦定的显示屏面板进行 FPC 邦定制程，含 ACF 贴附、FPC 高精度对位预压、FPC 本压、点胶四个主要工序</td></tr>
<tr><td>超声波指纹模组贴合设备</td><td>超声波指纹模组 IC＋Sensor 的贴合设备</td></tr>
<tr><td>光学指纹模组封装贴合设备</td><td>主要用于光学指纹模组的贴合、贴附、封边点胶及固化</td></tr>
<tr><td>3D 贴合设备</td><td>3D 曲面贴合设备</td><td>设备是在真空状态下进行 3D 盖板的玻璃贴合，能应用于贴合装饰膜、防爆膜、Sensor 膜、光学膜等</td></tr>
</table>

① SMT（surface mount technology），称为表面贴装或表面安装技术。它是目前电子组装行业里最流行的一种技术和工艺，指的是一种将无引脚或短引线表面组装元器件安装在印制电路板（printed circuit board，PCB）的表面或其他基板的表面上，通过回流焊或浸焊等方法加以焊接组装的电路装连技术。

续表

<table>
<tr><th colspan="3">主要产品</th><th>主要功能</th></tr>
<tr><td rowspan="14">光电模组专用设备</td><td rowspan="5">3D 玻璃设备</td><td>等离子清洗机</td><td>用于喷墨工序之前的玻璃盖板清洗及 IC、FPC 邦定工序之前的显示屏面板清洗</td></tr>
<tr><td>喷墨机</td><td>依照工艺将油墨均匀喷涂到玻璃盖板表面，喷墨的材料性能、喷墨厚度、均匀性决定了盖板的质量</td></tr>
<tr><td>预烤炉</td><td>对喷涂的玻璃进行油墨均匀加热固化，加热的均匀性、空气的洁净度将影响后续的曝光品质</td></tr>
<tr><td>曝光机</td><td>通过 UV-LED 准直光源及掩膜片的共同作用，照射部分的油墨固定附着，未照射部分的油墨可显影清洗掉，玻璃盖板可呈现出图案、文字及视窗</td></tr>
<tr><td>固烤炉</td><td>喷涂曝光显影整线的最后一道工序，通过均匀加热，将呈现图案的油墨附着在玻璃盖板上</td></tr>
<tr><td rowspan="2">显示屏模组封装设备</td><td>全自动 COG 邦定机</td><td>对已清洗的显示屏面板进行 IC 邦定制程，含 ACF 贴附、IC 高精度对位预压、IC 本压三个主要工序</td></tr>
<tr><td>全自动 FOG 邦定机</td><td>对已完成 IC 邦定的显示屏面板进行 FPC（柔性线路板）邦定制程，含 ACF 贴附、FPC 高精度对位预压、FPC 本压三个主要工序</td></tr>
<tr><td rowspan="3">摄像头模组生产设备</td><td>摆料机/UV 固化机</td><td>双摄像头、三摄像头模组支架组装自动摆料、自动固化设备，和搭载机自动连线使用</td></tr>
<tr><td>搭载机</td><td>主要用于摄像头模组中音圈马达、镜头、支架、铁壳的搭载</td></tr>
<tr><td>COB 摄像头模组热压机</td><td>应用于手机摄像头线路板晶片点胶后和镜头模组组合后，修正上游设备组装后产生的上下平整度偏差，并进行加热固化</td></tr>
<tr><td>OLED 设备</td><td>AMOELD 外部补偿设备</td><td>AMOLED 外部补偿是将 AMOLED 面板点亮后通过光学 CCD 照相的方法抽取亮度信号，通过 RGB（8bit）黑白灰采集图片，计算需修补数据（DEMURA）并写入修复 Flash 中，完成缺陷修补并复检修复结果的设备</td></tr>
<tr><td>光电模组检测设备</td><td>触控显示一体模组点亮检测 AOI</td><td>触屏显示一体模组点亮检测 AOI 设备，是检测手机屏在制程中存在的漏液、异显、残影、点、线、团缺陷、MURA、漏光等问题；通过千万级主相机、多个百万级环侧相机拍摄，将手机屏幕上显示的缺陷用相机抓取形成高清晰图像，通过分析和计算图像上的异常，判断手机与之对应的缺陷问题点</td></tr>
</table>

续表

主要产品			主要功能
其他设备	激光辅助设备	激光打标机	主要用于 PCB、FPC 板材上的二维码雕刻，实现产品制程、销售可追溯
		激光分板机	主要应用于 PCB、FPC 材料的激光切割、精密切割
	高速点胶设备	点胶机	广泛应用于各电子行业中电子元器件的封装、加固、补强及保护等工序
航空专用制造设备	航空航天数字化柔性装配系统		主要应用于飞机及其他航空器的制造

资料来源：劲拓股份 2017 年年度报告。

截至 2017 年 12 月 31 日，劲拓股份拥有员工 904 人，具体专业构成如图 23－1 所示。作为国家级高新技术企业，经过多年积累，劲拓股份现已培养出一支优秀的研发团队，并且建立了较为完善的研发体系。公司拥有 174 项专利，其中包括 23 项发明专利，1 项美国发明专利，122 项实用新型专利，以及 28 项外观专利。此外，公司及其子公司合计拥有计算机软件著作权 45 项。在此基础上，公司通过不断的技术积累与产品创新，获得了良好的经营业绩。2017 年，公司实现营业收入 47776.30 万元，同比增长 45.44%；净利润 8033.68 万元，同比增长 54.17%，历年来营业收入和净利润数据如图 23－2 所示。

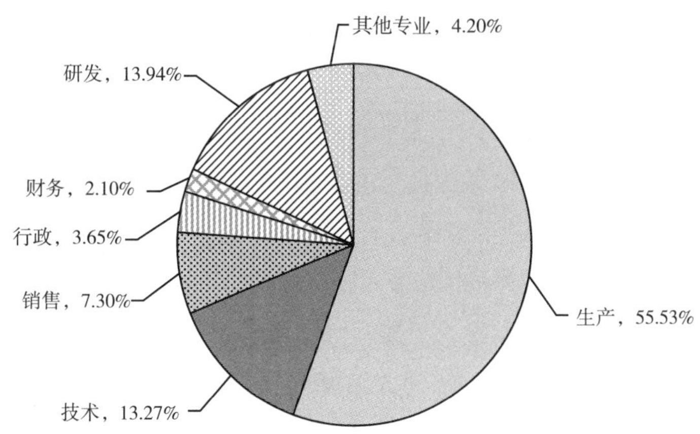

图 23－1　2017 年劲拓股份员工专业构成情况

资料来源：公司年报。

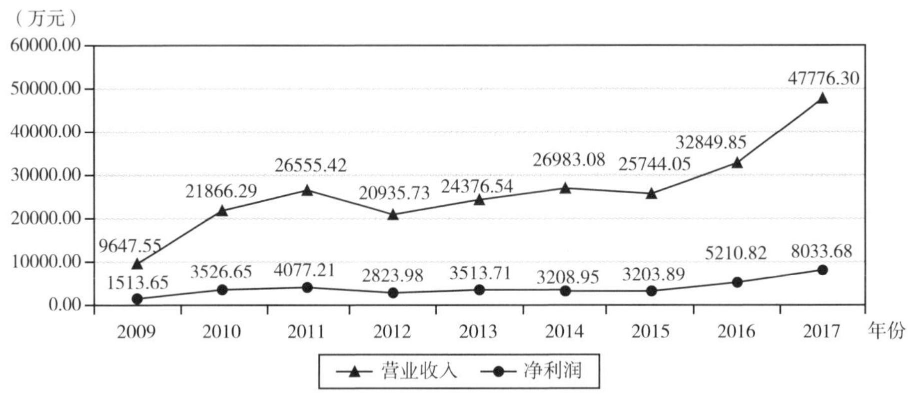

图 23－2　劲拓股份 2009～2017 年营业收入和净利润增长情况

资料来源：劲拓股份招股说明书、公司年报。

二、劲拓股份的升级路径与绩效

（一）技术引领，深耕电子焊接设备领域，不断提升产品性能

1996 年企业刚成立时，劲拓实业主要从事电子生产线配件及技术服务。1998 年开始，企业转型研发并销售较为低端的回流焊、波峰焊设备等电子焊接设备。电子焊接设备主要应用于组建电子工业中的印刷电路板组装（Printed Circuit Board Assembly，PCBA）生产线，具有广泛的应用空间。但在早期，中高端市场基本被发达国家企业所垄断。通过与行业内知名的企业进行技术交流与学习，企业不断累积自身的技术研发实力，终于在 2001 年成功进入中高端领域，并在 2003 年实现了从有铅焊接技术到无铅焊接技术的突破，推出了适用于无铅焊接技术的 GS 系列回流焊和 WS 波峰焊设备。

随后，进一步加大研发投入，提升研发团队的数量和人员素质。2005 年，企业成功推出国内首台电磁泵推动式波峰焊，打破了发达国家企业在这一领域的垄断地位。传统的波峰焊采用的是电机驱动熔融的锡料，会导致机件磨损大、焊料氧化浪费严重等不良影响。劲拓创新采用电磁泵（MHD），以电磁场驱动，不使用任何活动部件，使焊料氧化少，流动平稳，以此保障稳定

的生产效率。此后，企业了解到下游用户存在降低装备产品能耗这一需求，于是着手开展新设备的研发进程。2009 年，企业推出了新一代的低能耗产品“高端 SELEIT 系列选择性波峰焊机”以及“双轨热风回流焊机”。其中，双轨热风回流焊机（Multi-Profiles）为世界首创，是具有创新概念的产品。根据调研了解到，该设备的主要突破是在一台回流焊设备中同时运行两种完全不同的工艺制程，并通过软件对产成品进行工艺监控及优化，实现单位时间内比传统设备产量大一倍的情况下降低 30% 的能源消耗。如今，企业已经成为电子焊接装备制造领域的龙头企业，产品具备世界先进水平，企业发展历程中具体产品性能提升情况如表 23 - 2 所示。

在电子焊接设备制造过程中，企业积累了丰富的热工学知识和自动化技术。2010 年，劲拓股份以回流炉和波峰炉设备为依托，利用现有的温度控制技术和自动化技术实现产品研制范围的纵向延伸，创新研发隧道式高温炉，主要应用于太阳能电池生产线烧结环节。之后，企业通过与美国西南公司的技术合作，将高温炉的成熟技术拓展应用于温度精度要求更高的真空炉中，可应用在太阳能电池生产核心设备之一的 PECVD（氮化硅薄膜沉积设备）中。

表 23 - 2　1996 ~ 2018 年劲拓股份电子焊接设备领域不断推出的新产品

年份	电子焊接设备领域历年不断推出的新产品
1998	低端的回流焊、波峰焊设备
2001	中高端的回流焊、波峰焊设备
2003	适用于无铅焊接技术的 GS 系列回流焊和 WS 波峰焊设备
2005	国内首台电磁泵推动式波峰焊
2007	VS 热风回流焊、NSM 电磁波峰焊
2008	电磁推进式波峰焊接锡炉、热风循环加热装置
2009	新一代低能耗高效率的高端“SELEIT”系列选择性波峰焊机、世界首创的双轨热风回流焊机
2011	KT 系列高效全能热风回流焊
2012	经济型 NK 系列波峰焊机、US 系列波峰焊
2013	高速点胶机 HS-1100 及返修台 KID-R750

资料来源：劲拓股份公司年报、官网资料。

（二）技术收购，匹配下游潜在需求，借助智能机器识别技术开拓互补市场

劲拓企业自成立以来到2009年期间，一直深耕于电子焊接设备领域，但公司在2008年受到金融危机的冲击，经营状况遭受影响。企业的管理者不得不反思单一产品业务存在的风险，并且考虑到市场上焊接设备的供应商逐渐增多，市场同质化竞争将加剧，于是公司决定拓展新业务。恰逢当时国家政策支持企业进行设备智能化改造，提高生产效率。劲拓挖掘到客户对焊接的质量和其他各个生产环节进行质量监测的需求，而市面上已有AOI等较为成熟的智能机器视觉检测设备。于是，公司以在焊接设备领域积累的客户体系为基础，进行横向业务延伸，在2009年成立了AOI检测设备事业部，实现了从电子焊接单机设备销售到SMT生产线成套设备销售的业务转型（包括电子精密焊接、电子自动焊接和自动检测），丰富了企业的产品组合，形成多产品线的有效互补。

AOI（automatic optic inspection）是自动光学检测设备，是基于智能图像识别等机器视觉技术对电子装配生产中遇到的装配及焊接缺陷进行检测的机器设备。劲拓股份的客户通过利用AOI设备进行检测，不仅可以排除传统检测员工的主观因素的干扰，而且还能够实时对技术指标进行定量描述，甚至可在危险工作环境或人工视觉难以满足要求的场合中发挥作用。基于此，企业为进一步提升AOI设备的研发技术水平，收购了运英软件公司的AOI检测相关技术，并引进了核心技术人员邹英与张卫华。由此，企业AOI等相关设备的研发得到持续快速的发展，于2010年推出AOI在线产品JTA-200、JTA-400。随后，企业在2012年又推出了全新视觉检测仪在线JTA-600、离线JTA-500D，在AOI软件和算法上获得重大突破。

与此同时，随着电子贴片元件的日益微型化，许多芯片具备遮挡特性。此时，传统的AOI检测设备（二维检测）已经无法在锡膏印刷环节进行准确检测，需要引进新型的SPI[①]设备（三维检测）配合使用，通过3D立体技术等实现高效准确的检测。这两种设备分别应用于SMT生产线的不同工位，其中AOI

① SPI主要应用于电子产品生产过程中，对锡膏印刷质量和工艺进行实时检测和调整，提高产品优质率。基于白光正弦条纹PMP技术对锡膏轮廓扫描，得到3D锡膏数据，检测印刷质量。

主要应用于 SMT 生产线焊接炉前后，以 2D 方式检测 PCB 表面元件贴装情况，属于最终质量检测；而 SPI 则是采用 3D 方法对锡膏印刷质量进行检测（包含体积、高度 3D 信息），避免后续工序质量问题的发生，属于过程控制。但企业在当时对 SPI 的掌握程度较为一般，基于此，企业在 2013 年收购上海复蝶智能，引进了先进的 SPI 设备和技术。通过两款设备的搭配组合，可有效减低 AOI 的误判率，从而提高最终产品的良品率。也可实时对数据进行反馈，降低试产期间的成本损耗。

从销售经营的成果来看，由于劲拓本身电子焊接设备与检测设备的客户群体覆盖范围基本相同，基于企业本身强大的销售网络平台，公司实现了智能机器识别检测设备领域的快速渗透，近年来智能检测产品营业收入情况呈现上升趋势，具体如图 23－4 所示。将其数据与图 23－3 的传统电子焊接设备的数据进行对比，我们不难发现，尽管传统业务在市场表现上仍呈现上升趋势，但由于市场竞争逐渐加剧，产品的毛利率呈现下降趋势。而反观检测设备产品，由于智能技术的不断升级与应用，产品附加值不断提升，产品的毛利率逐步提升，提升了企业的获利能力。根据调研的情况反映，目前市场上只有 20%～30% 的 SMT 生产线装配了 AOI 检测设备，而国际领先电子制造企业的 SMT 生产线基本都配置了 AOI 检测设备。未来，劲拓股份的该产品在国内仍有巨大的市场空间。

具体如图 23－3 和图 23－4 所示。

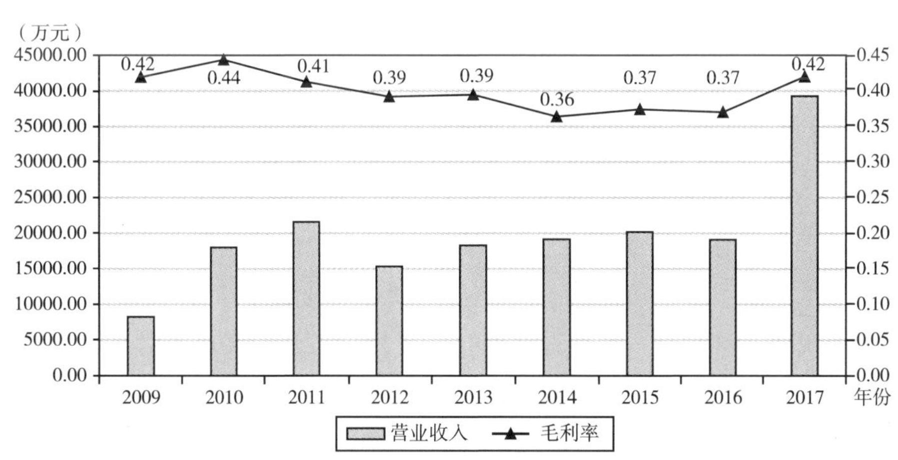

图 23－3　劲拓股份 2009～2016 年电子焊接设备营业收入和毛利率情况

资料来源：劲拓股份招股说明书、公司年报。

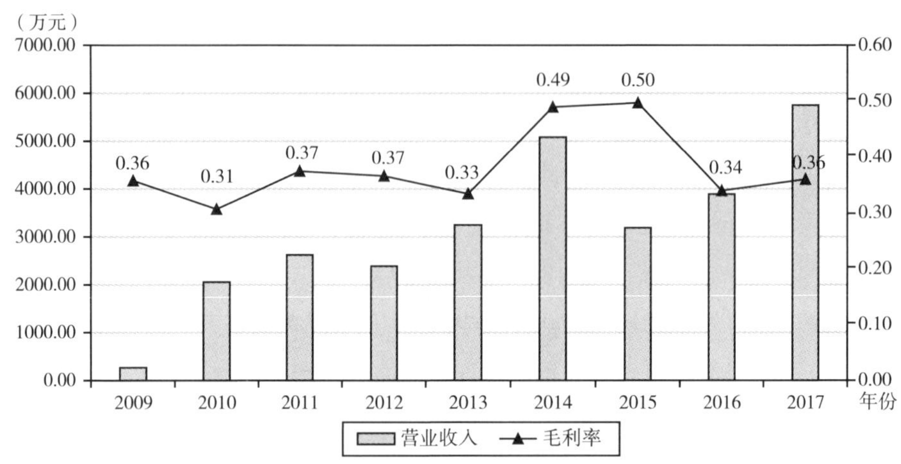

图 23－4　劲拓股份 2009～2016 年智能检测设备营业收入和毛利率情况

资料来源：劲拓股份招股说明书、公司年报。

（三）消费升级驱动下，拓展智能机器视觉技术应用领域

2012 年以来，在移动互联网浪潮中，中国消费者对电子产品终端的显示和触控等设备要求不断升级。劲拓股份瞄准了这一市场机会，希望将原有成熟的智能机器视觉技术应用到触摸屏领域。

2014 年，公司率先研制出触摸屏行业生产所需的机器视觉检测设备，即银浆和 ITO 线路自动光学检测系统。2015 下半年，公司成功推出了 SPI 的全新 ZEN 系列及 REFINE 系列、视觉检测 JTA-660B 系列等新产品。2016 上半年，公司不但将智能机器视觉技术应用于检测领域，同时也将智能机器视觉的识别、定位和测量等功能应用于公司的自动化设备，以提高这些产品的性能。同时，公司还推出高附加价值产品——基于智能机器视觉的生物识别模组贴合机。由此，公司的产品应用范围成功拓展到触摸屏领域，生产的光电平板（TP/LCD/OLED 等）液晶模组生产专用设备已经实现了对进口产品的国产化替代。例如，企业在 2016 年为镜头模组龙头企业欧菲光提供指纹识别模组设备，2017 年为其提供用于摄像头的生物识别模组贴合设备。与此同时，企业与南京航空航天大学合作研发出智能重载全向移动平台，成功进入数字化航空柔性装配系统领域。

而在2016年，个人终端在屏幕显示方面又有了新的消费突破，手机各类指纹识别的渗透率不断加强，全面屏等高级显示模组的消费需求直线提升。公司也在2017年上半年开始布局OLED的显示模组的相关技术研制。2017年11月，企业集中解决了智能手机OLED前面板大模组的制造技术和关键生产工艺，成为继韩国、日本厂商之后少数能完全掌握OLED模组加工全套工艺的装备制造商。突破的技术和设备包括：OLED封装技术解决方案、3D曲面玻璃贴合机、全面屏COP邦定、超声波指纹模组邦定全自动线、自动外部补偿设备、全自动贴合机、喷涂机、曝光机、显影机等。以OLED显示检测设备为例，该自动化生产线一方面采取柔性可调整的配置，可满足业界最高要求的生产速度；另一方面可以支持独立离线使用或拼搭自动化产线模组模块化软件，可以根据客户需求定制算法，并保证生产线在组成后避免停线设备维护与置换等。通过视觉定位后，劲拓股份的显示模组全贴合设备可在真空状态下加温加压进行贴合。同时，采用先进的自动对位系统，该设备不仅可以满足3D曲面玻璃盖板和防爆膜、保护膜等工序的全贴合加工；还可以在独立控制下实施双工位作业，使整个设备的生产效率达到行业领先水平。

三、企业转型升级的关键资源与能力支持

（一）通过制度改革与创新，保障产品生产质量与效率

企业在公司范围内推动全员质量管理，对产品生产的全过程实施严格的质量控制。在原料采购环节，采取供应商优选的原则，通过对其持续评分，筛选出优质的供应商群体。在生产制造环节，公司详细记录每件产品的生产履历，可将次品责任追溯到相关环节的负责人。此外，在工艺制定环节，企业积极调动全体技术员工的主观能动性，鼓励他们提出改善提案，并奖励被最终采纳的有效建议。企业积极推进内控标准的制定，以规范各环节的细节执行。最终，在严格的质量管理下，企业产品的一次性合格率（不需要再进行二次工序）达到97%，企业的产品也得到客户的广泛认可。

在提升生产效率方面，劲拓股份实行JIT精益生产。每天根据订单情况进

行产品生产线的实时调整，合理地进行产品的生产排单，将计划的推动生产与各车间各工序的拉动生产进行对接。在这样的运作安排下，生产计划不只是做一个简单的下达，各车间、各工序可对计划进行优化、完善，充分配置与利用资源，以快速响应各种的变化，缩短交货期。在这样有序的组织生产下，劲拓股份在仅有 20000 平方米厂房面积的生产空间下，单月产量最高可达到 140 台焊接设备，领先于全行业水平。

（二）企业保持良好的研发理念，不断吸收与拓展内外部研发智力资源

企业拥有良好的研发理念，坚持以市场需求为导向，努力实现“量产一代、开发一代、预研一代”的技术创新思路，以在变化多端的电子信息行业保持领先的技术研发水平。

在智力资源的利用上，企业在内部建立了一支专业化的研发团队，下设焊接设备、机器视觉设备及光伏设备三个研发部门。截至 2017 年底，公司研发人员 126 人，占员工总数的 13.94%。如表 23 - 3 所示，企业近年来研发投入比例维持在 5% ~8% 之间，保障了企业对研发团队的资金支持。2017 年，公司研发投入达 2，428 万元，占全年营业收入的 5.08%。在外部，企业也积极与专业院校进行合作研发。在电子焊接领域与大连理工大学展开长期合作，而在智能识别领域则与中国科学院西安光学精密机械研究所签署战略合作协议。此外，江苏中科智能院也与企业就 3D 机器人视觉的产业应用，建立战略合作关系，建立人才培养中心。企业还与南京航空航天大学合作建立应用于飞机柔性制造的重载全向轮智能移动平台。该平台是实现飞机柔性制造的基础平台，将支持双方合作研发室内 GPS、电气控制集成、工业机器人、智能机床、微型齿轮等相关系列产品。

表 23 - 3　　1996 ~ 2017 年劲拓股份研发投入及占比

年份	营业收入（万元）	研发费用（万元）	研发投入占比（%）
2009	9647.55	607.30	6.29
2010	21866.29	1192.27	5.45
2011	26555.42	1192.77	4.49

续表

年份	营业收入（万元）	研发费用（万元）	研发投入占比（%）
2012	20935.73	1684.84	8.05
2013	24376.54	1454.60	5.97
2014	26983.08	1721.45	6.38
2015	25744.05	2011.21	7.81
2016	32849.85	1922.96	5.85
2017	47776.30	2428.06	5.08

资料来源：劲拓股份年度报告。

（三）企业通过主动的收购行为，获取异质性的战略资产

通过回顾企业智能检测产品的市场开拓与升级过程，笔者发现，企业的两次收购行为帮助企业突破了智能检测识别的关键技术瓶颈。首先是在 AOI 设备的发展前期，企业收购了运英软件公司的 AOI 检测相关技术，同时引进了该公司两名经验丰富的核心技术人员。运英软件公司在 AOI 设备领域具有多年的技术开发经验，其开发的技术具备自主知识产权。企业在引入其技术后，实现了检测设备的不断升级突破。而在之后，企业则是收购了上海复蝶智能 88%的股权，成功引进了先进的 SPI 设备和技术，实现 SPI 与 AOI 两款设备的高效组合利用。此外，在太阳能业务领域的 PECVD 设备的研制过程中，公司也是通过对美国西南公司相关技术的收购，成功获取了该领域在燃烧工艺上的先进技术。基于此，劲拓股份在外界技术研发成熟的背景下，通过针对性的技术收购，有效推动了企业新建项目的进程，突破了关键技术瓶颈。

（四）持续优化服务能力，注重客户关系维护

自成立以来，劲拓股份一直以“JT/劲拓”品牌拓展海内外市场。凭借优良的产品设备性能及专业的服务，公司建立起了良好的口碑与企业形象。“JT/劲拓”品牌在国内外行业内均具有较高的知名度，在 2010 年荣获广东省著名商标，同时公司也是“深圳知名品牌”企业。

企业与客户建立了长期稳定的合作关系。例如，全球第二大 EMS 厂商 Flextronics（伟创力）焊接设备指定供应商就是劲拓股份。企业丰富的客户资源和强大的销售网络也为公司产品应用领域不断拓展提供了保障。当然，这样的客户关系来源于企业优质的服务能力以及专业的营销团队。企业的营销人员主要从公司内部的技术、生产等部门抽调，经过专业营销知识培训转型而来。这支营销队伍对专业技术理解更为透彻，能快速理解客户的技术服务要求，并联系技术支持团队（90 人的规模）迅速解决，提升客户的认同度。同时，营销团队在与顾客的交流过程中，会把顾客反馈较多的产品需求及时归纳总结，传递给设计及生产部门，指导企业下一步的研发方向。此外，营销团队甚至会与用户一起研究下一代工艺和产品的解决方案。

在具体的服务方面，公司是国内焊接设备企业中首家协助客户引入 PWI（process window index）工艺管理模式的厂商。这种模式可以将生产过程中的工艺参数不稳定的范围以量化的指标表现出来，从而协助客户更快速和更准确地调整工艺，降低生产成本。通过为用户提供高效率和高附加值的增值服务，企业有效提升了客户的满意度与忠诚度，同时也有效促进了产品的销售。

24. 中源智人：立足相关性资源向智能图像检测升级

一、企业简介

中源智人科技（深圳）股份有限公司①成立于2003年3月5日，2015年12月新三板上市（股票代码：833135）。自公司创立以来，主要业务为智能手机TFT-LCM液晶显示屏及OLED显示屏检测及装配，为客户提供的IC驱动芯片、玻璃屏等进行检测和组装，目前已成为国内最大的智能可穿戴小型OLED、TFT智能检测设备、EMS制造服务工厂。自2012年起，中源智人开始在显示屏检测及装配环节中应用智能图像机器人技术，依靠为大企业代工积累的技术实力和制造能力，进入了智能图像检测系统及智能图像机器人行业，开始向智能制造转型。

目前，中源智人已形成了智能图像机器人系统集成和新型显示器制造服务双主业协同发展的业务格局。中源智人通过了ISO9001：2008质量管理体系认证和ISO14001：2000的环境认证，拥有图像视觉处理、工业机器人控制、系统集成及新型显示器件COG、FOG等关键技术和研发团队，获得了41项机器人相关的专利及软件著作权。2016年，中源智人与清华大学自动系等单位联合申报的“新一代立体视觉关键技术及产业化”项目荣获2016年度国家科技技术进步奖二等奖。2016年，公司实现营业收入1.27亿元（见

① 原为中源科技（深圳）有限公司，2014年12月29日整体变更为股份公司。

图 24－1），同比增长 52.80%。2017 年上半年，公司实现营业收入 7592.32 万元，同比增长 79.36%。

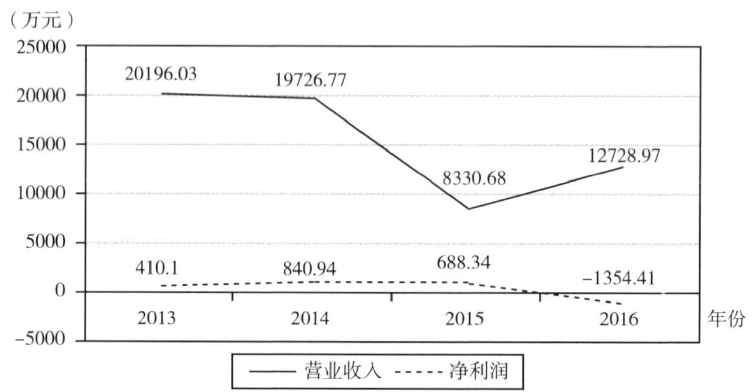

图 24－1　中源智人 2013～2016 年营业收入与净利润情况

资料来源：根据中源智人公开转让说明书、历年年度报告整理而得。

二、企业的成长历程与拓展绩效

（一）以终端显示屏 OEM、ODM 起步，实现制造经验和技术实力的积累（2003～2012 年）

中源智人成立早期是 OEM 企业，主要进行光电材料的精密模切加工，产品包括智能手机屏幕的背光源扩散膜、反射片、遮光胶带和双面胶带等。2008 年，随着技术和经验的积累，中源智人进入了智能手机 TFT-LCM 液晶显示屏及 OLED 显示屏检测及装配领域，将客户提供的 IC 驱动芯片、玻璃屏等进行检测和组装后再移交其他加工厂进行下一环节的组装，开始由简单的 OEM 企业向 OEM、ODM 并存的企业转型升级。中源智人主要服务于国外智能手机厂商的显示屏供应商和背光供应商，曾先后服务 Omron、日立、三洋及诺基亚等知名品牌的显示屏供应商，2013 年起公司的主要客户为韩国三星品牌的供应商韩国客户 DTC 及 EPIT。在深圳专门从事显示屏检测及装配服务的企业中，中源智人规模较大、设备较先进和完备。

通过为国外大客户进行 OEM、ODM，中源智人实现了制造经验和技术实力的积累。中源智人拥有了自己的核心技术：COG 技术，利用覆晶（Flip Chip）导通方式将晶片直接对准玻璃基板上的电极，利用 ACF 材料作为接合的介面材料使两种结合物在垂直方向的电极导通；FOG 工艺通过 ACF 黏合，并在一定的温度、压力和时间下热压，从而实现液晶玻璃与柔性线路板机械连接和电气导通的一种加工方式。

（二）立足相关性资源，向智能图像工业机器人领域转型升级，实现协同效应（2012 年至今）

在从事液晶显示屏检测及装配业务的过程中，为了降低传统人工肉眼检测屏幕的成本和差错率，中源智人对自己的工厂配套进行了技术改造，招聘了专门的研发团队并成功研发出智能图像检测核心技术和智能抓取检测机器人，应用于公司内部的液晶显示屏检测和组装环节。后来公司发现自行研发的智能检测机器人的效果比较理想，加上行业内其他公司也有类似需求，于是中源智人在 2012 年成立了专门的机器人研发中心。2013 年起，中源智人开始在显示屏检测及装配环节中应用智能图像装配机器人技术，开始向智能图像工业机器人转型升级。2014 年，中源智人的智能图像装配机器人成功打入全球最大精密模切商美国迈锐（Marian Inc.）。

目前，中源智人自主研发生产的智能图像检测机器人通过高速工业相机与光源组成的高精度光学系统与视觉软件的良好配合，形成了一套能够高速、准确无误地采集产品图像与数据并进行高效处理的软硬件相结合的系统，并拥有了图像检测技术、机器人本体制造技术以及智能工业机器人和智能图像检测系统集成的设计研发等核心技术。这一系列产品具备图像检测和视觉定位功能，能够智能自动检测和判断产品的好坏和瑕疵点位置，再通过中源智人自主研发的控制系统完成机械手臂的精密智能移动，防止不良品流入下一道工序或者客户端，从而提升品质，减少经济损失。具体见表 24 - 1。

表 24 – 1　　中源智人智能图像工业机器人领域的部分核心技术

核心技术	技术描述
智能图像检测与定位系统（AOI）	图像软件根据工业相机中获取的图像自动检测液晶屏的多个显示画面，快速检测判断 LCM 是否合格，区分和统计良品和不良品。
智能机器人的精密运动定位系统	把检测或定位好的工件精密准确无误地取放或装配在指定位置。
系统集成经验	把工业机器人的运动控制、伺服运动系统和智能图像检测定位有机结合，促进光机电仪一体化，最终形成有手—有眼睛—有头脑—有数据统计、能分析、会分类的智能工业机器人系统设备。

资料来源：根据中源智人公开转让说明书、历年年度报告整理而得。

得益于智能图像工业机器人的辅助，中源智人在显示屏业务方面也得到了不断发展，并实现了 OLED 后段模组的智能化、自动化。2015 年，中源智人智能可穿戴 OLED 生产线改造基本完成，并导入全球最大智能可穿戴公司 Fitbit 的小型可穿戴 OLED 试作及量产。2016 年 1 月，中源智人与日本公司技术合作的裸眼 3D 全贴合机器人开始调试，这种机器人可以提供更好的光学显示效果，实现超薄厚度以及超窄边框的全贴合，用于裸眼 3D 新型显示屏的制造；12 月，中源智人与韩国知名企业达成 3D 曲面玻璃全贴合设备制造技术合作协议，并成为深圳地区最大的新型显示器 EMS 制造服务工厂；控股子公司小智星研发成功并销售手机用新型触控一体化显示屏，实现近 3000 万元销售额。各项业务营业收入及占比如表 24 – 2 所示。

表 24 – 2　　中源智人各项业务营业收入及占比情况

产品	2013 年		2014 年		2015 年		2016 年	
	营业收入（万元）	占比（%）	营业收入（万元）	占比（%）	营业收入（万元）	占比（%）	营业收入（万元）	占比（%）
显示屏	19980.63	98.93	19151.94	97.09	7062.56	85.08	12049.03	94.66
图像机器人	191.84	0.95	348.12	1.76	485.31	5.85	252.33	2.00
其他	23.56	0.12	226.70	1.15	782.81	9.40	427.61	3.36

资料来源：根据中源智人公开转让说明书、历年年度报告整理而得。

三、企业转型升级特点

（一）持续投入自主研发、技术创新，注重人才吸引，实现能力升级

自2012年起，中源智人先后被认定为高新技术企业、市级创新型企业和省级创新型试点企业。截至2016年，中源智人拥有研发技术人员45人，占比29.61%，研发投入占营业收入比例也处于较高水平，基本维持在3%以上（见表24-3）。目前，中源智人已获得41项机器人相关的专利及软件著作权，其中发明专利7项、实用新型专利22项、外观专列2项、软件著作权2项。

表24-3　　中源智人2012~2016年研发投入情况

年份	2012	2013	2014	2015	2016
研发投入（万元）	220.74	643.9	281.75	335.08	490.14
研发投入占营业收入比例	11.14%	3.19%	1.43%	4.02%	3.85%

资料来源：中源智人公开转让说明书、历年年度报告整理而得。

2012年，中源智人在宝安桃花源科技创新园成立了智能图像机器人研发中心，加快了智能机器人视觉、3D立体图像检测及图像定位系统的研发步伐。2013年，中源智人自行成功研发带有图像辨识能力的智能装配、检验机器设备。2014年，中源智人开始研发应用于其他卷材、片材检测领域的智能图像装配机器人并对外销售，是国内率先将智能图像装配机器人应用到高精度的智能手机屏幕分层检测、薄膜检测、片材和卷材检测等细分领域的企业。2016年，中源智人完成两大机器人制造标准平台的样机设计，G8系列高精度工业机器人获得日本YKK、日东集团、伟创力等多家知名企业的测试样机订单；柔性化机器人自动化平台获得了高工机器人2016年金球奖，该平台可以实现异型插件、激光选择焊接、3D-AOI检测等多项设计，现有的卷材、片材检测及装配机器人也可在此平台上完成新的标准化设计。为吸引人才，2016年中源智人为博士、硕士等租建了人才公寓，并进一步积极筹建第二期、第三期。

中源智人一直注重科技创新和产学研合作开发。公司与中科院、清华大

学、哈尔滨工业大学、华南理工大学等高校和科研院所都开展了科研合作，并与华南理工大学签订了产学研实习基地协议。中源智人还计划在日本成立智能图像研究院，为公司后续发展积累技术和研究人员。

（二）多种升级模式相结合，多种业务协同发展

OEM 企业转型升级的一般路径是从 OEM 到 ODM 再到 OBM，OEM 企业通过向微笑曲线左上方的 ODM 或向右上方的 OBM 移动，或者向两端同时移动实现升级，实际过程中还经常存在 OEM、ODM、OBM 方式并存的情况。此外，OEM 企业在跨产业升级的过程中，通过多种业务之间相互配合，最终实现多种业务之间的协同发展。[①]

中源智人的升级结合了多种路径。首先，中源智人通过为国外知名品牌代工显示屏，从早期的 OEM 企业逐渐升级为 OEM、ODM 并存的企业，实现了技术实力和制造经验的积累。其次，中源智人利用自身的技术优势由 TFT-LCM 制造向智能图像装配机器人转型，不仅提高了自身的竞争力，还拓展了新业务，最终实现跨产业升级。一方面，多年的新型显示屏检测经验、制造经验和技术积累促进了智能化机器人核心技术的形成；另一方面，智能图像装配机器人的成功研发使用提升了公司在显示屏业务的生产效率，减少了误判，降低了生产成本。

（三）严格的质量控制，精益生产，降低成本、提升附加值

精益生产的核心就是以客户需求为拉动，消除浪费，持续改善，使企业以尽可能少的投入创造尽可能多的价值，要求企业对整个生产过程进行全面质量管理、维持良好的供应商关系并能准确预测最终产品需求。中源智人按照 ISO9001 质量认证体系和 14001 环境认证体系的要求，建立了规范的采购、生产制度，以按单（订单）生产和按测（预测）生产相结合的生产模式进行采购，进行精益生产和标准化供应链管理。中源智人的新型显示屏检测及装配业务的主要原材料均由品牌客户选定，质量和性能可以得到充分保障；智

① 毛蕴诗．重构全球价值链——中国企业升级理论与实践［M］．北京：清华大学出版社，2017：71.

能图像检测系统及智能图像装配机器人领域则根据研发部门的设计，依据用途、性能、成本和交期等选择不同的合格供应商。多年来与国际一流品牌客户的合作，也使中源智人在内部建立了规范的生产操作流程，工厂内部管理整洁有序。目前，中源智人共改造了 12 条生产线，成本降低 23%，产能提高 42%，能耗降低 40%。成本的降低和产能的提高为企业产品附加值的提高提供了有力保障。

（四）实行差异化竞争，率先进入细分市场发挥先入者优势

中源智人在自己的生产过程中发现视觉系统和工业机器人的问题具有一定的相关性，于是率先将两者结合起来，进入了一个新的细分市场。中源智人利用在新型显示屏检测、制造领域积累的经验，迅速掌握智能工业机器人控制系统和智能检测方面的核心技术，并成功将其复制、拓展应用到了 3C 等相关消费电子产品及零配件生产和检测领域，包括智能手机零部件检测、电动剃须刀安装、电子元器件紧密装配等，是国内率先将智能工业机器人及智能检测系统应用到这些细分行业的企业，具有先入者优势。

四、总结与启示

在新型显示屏领域，中源智人从简单的 OEM 企业转型升级为 OEM、ODM 方式并存的企业，这不仅提高了产品附加值，也为企业积累了技术能力。依靠研发技术和制造经验的积累，中源智人在检测机器人领域快速崛起为佼佼者，逐步摸索出一条视觉系统与工业机器人相结合的发展道路。目前，公司不仅能提供机器人的手，还能够提供机器人的眼睛和大脑，实现了产品创新和技术创新。视觉系统与工业机器人两者之间相互联动、相互促进，实现了协同效应，大大提高了企业话语权和产品附加值。此外，中源智人还积极承担企业社会责任，实现低碳运作。中源智人严格按照 ISO9001 质量认证体系和 14001 环境认证体系的要求进行采购和生产，并积极向更加节能环保的 OLED 发展。这不仅有利于保护环境、提升企业形象，而且通过降低生产成本使对偶微笑曲线下移，从而带来了企业价值的明显提升。

25. 宝嘉能源：工业设计转型与自主品牌升级

一、企业背景

（一）企业简介

深圳宝嘉能源有限公司（下称宝嘉能源）成立于2006年，是中外合资企业，宝嘉（国际）集团下属全资子公司，注册资本2000万人民币，在美国、深圳、香港等地设有分公司。成立之初，公司主要生产锂电池、锂电芯。2010年公司转型工业设计领域，创立MIPOW和PLAYBULB品牌，开始专注研发设计各种时尚实用的消费类电子产品，主打高端电子产品领域。公司产品销售覆盖欧洲、北美、亚洲等50个国家，在全球拥有10000多家销售网点，国内有3500多个网点。转型后的宝嘉能源在工业设计方面具有独特优势，现拥有多项商标、专利以及其他知识产权，并获得了众多享誉盛名的国际设计大奖。公司的使命：用设计和科技丰富人们的日常生活；公司的愿景：用创造力和热情制造奇迹，成为行业领军者。目前，宝嘉能源已成为一家涵盖自主研发、工业产品设计、市场渠道设计及品牌运营一体化的国家高新技术企业。凭借别具一格的设计理念及创新能力，公司也赢得了AUDI、SAMSUNG、Volkswagen、Panasonic等多家国际国内知名品牌青睐。产品也在BESTBUY、Macy's、TOKYU HANDS、boulanger、RELAY、Colette等高端国际零售店销售。

（二）品牌介绍

目前，宝嘉能源旗下有两个自主品牌——MIPOW 和 PLAYBULB（品牌 logo 如图 25－1、图 25－2 所示）。

PLAYBULB 魔泡

图 25－1　MIPOW 的 Logo　　**图 25－2　PLAYBULB 的 Logo**

MIPOW 品牌创立于 2010 年，是宝嘉能源手机配件领域的品牌，集研发、设计、生产于一体，主营移动电源、蓝牙耳机和音箱等。MIPOW 的 LOGO 由宝嘉能源总经理兼首席设计师杨伟榕设计，品牌 LOGO 传达着：MIPOW 将带给您无限的能量、创新的设计和智趣的产品。MIPOW 是年轻、有活力、追求真我生活态度的创意品牌，是一个追随最新的智能手机应用趋势、设计和技术整合、发展智能充电和音频的多元化品牌。将独特个性与时尚活力的风格结合在一起是 MIPOW 产品的一大特色。同时，MIPOW 秉承“MAKE IT DIFFERENT”的理念，产品设计的特点在于讲求功能性、以人为本、造型简洁纯粹，通过产品表现出消费者与众不同的生活态度，同时为消费者持续提供高质量、创新、时尚、个性化的生活体验。MIPOW 是 Apple Inc.（苹果）全球认证的核心合作伙伴，为 iPhone、iPod 和 iPad 等风靡全球的产品提供了一系列从保护（Fun Protections 系列）到后备能源（Smart Power 系列）以至连接各种影音设备（AV & Connections 系列）的配件。作为手机配件品牌，MIPOW 已从单纯的生产销售升级成为自主研发、设计、生产、销售的品牌，以极致的产品获得了市场的认可也成功实现了企业转型和产品附加值的提升。凭借别具一格的设计理念及创新能力，MIPOW 现已赢得多家国际国内知名品牌青睐，如 IBM、HP、AUDI、SAMSUNG、Volkswagen、Panasonic、HYATT、

LUFTHANSA、汇丰银行、中国银行等。

PLAYBULB品牌创立于2014年，是杨伟榕继MIPOW后打造的又一力作，杨伟榕认为PLAYBULB的品牌具有以下内涵：PLAY意味着smart或者fun，是好玩的、智能的；而BULB是照明。PLAYBULB产品专注于创新智能照明领域，主要生产魔泡智能灯泡等数码配件，是多点玩性智能照明的品牌。PLAYBULB的产品以创造力、趣味和科技重新定义家居照明系统，透过新型室内外照明设备技术的融合，利用蓝牙无线科技技术打造独具特色的户外和室内高品质照明产品和系统。全球最大的商业和市场分析机构Global Industry Analysts发布的市场调研报告“Global Smart Lighting Industry”中对2013～2020年全球119家年收入百万美元级别的智能照明企业进行全球竞争力排名，PLAYBULB赫然在列。

（三）企业创始人介绍

杨伟榕（Stanley Yeung）是深圳宝嘉能源有限公司总经理和MIPOW有限公司总裁兼首席设计师，获“2016中国设计业十大杰出青年”，并担任深圳市工业设计行业协会副会长。杨伟榕毕业于美国电子工程专业，他设计的产品从市场需求到生产、销售，力求满足消费者的需求、解决用户的消费痛点，迎合市场挑战。正因此设计理念，他设计的品牌产品获得了95项国家授权专利、74项全球注册商标，并且囊括了德国红点奖、iF奖等国际性大奖56项，成为近年来工业设计领域的“一匹黑马”，并被《快公司》评为“2015中国商业最具创意人物100”之一。

二、企业成长历程及转型升级阶段

（一）创立初期阶段（2006～2009年）

宝嘉能源成立于2006年3月，创立初期主要从事聚合物软包锂离子电池及圆柱形锂离子电池技术的研发、生产和销售，公司产品服务于蓝牙耳机、手机、PMP、DVD、GPS、数码相框、移动电视、笔记本、MP3、MP4、备用电源等常规产品及电子烟、电动玩具（航模）、电动工具等动力产品领域，并广泛应用于二次电池能源需求行业。公司拥有 1.2 万平方米的厂房，员工 800 多人，可日产聚合物软包锂离子电池 8 万只、圆柱形锂离子电池 2 万只，拥有一流的锂离子电池专家和由博士、研究生等组成的专业研发队伍。公司产品具有完全自主知识产权，在锂离子电池领域拥有多项专利。公司与中南大学、华南师范大学、深圳大学、广西师范大学、香港理工大学等国内外多家知名高等院校、科研机构也建立了密切的合作。公司严格执行质量体系管理，现已通过 ISO9001：2000 质量体系认证，CE、UL、ROHS 等产品认证。

电芯行业的技术门槛较低，缺乏较强的技术壁垒，并且铝离子电芯这些年来没有发生较大的技术突破。因此，电芯行业成熟后，产品竞争日趋激烈、市场价格开始下滑。与此同时，电芯的锂材料、石墨等原材料价格上涨，电芯制造的毛利率变得很低。创始人杨伟榕回忆，宝嘉能源刚开始从事锂电池电芯制造时毛利率约达到 30%，随后一直下降。此时他意识到：每个行业都有生命周期，企业需要考虑如何面对产品的生命周期，如何提高产品附加值，提升公司利润。

（二）工业设计转型与自主品牌升级阶段（2010~2013 年）

在创立初期的电芯制造中，宝嘉能源长期与 MP3、移动电池等电子产品厂商合作，凭借电子系统工程的工业设计专业背景，创始人杨伟榕挖掘到电池领域移动电源的商机。因此，宝嘉能源于 2010 年创立了第一个品牌——MIPOW，定位为高端电子产品，并且由传统的电芯生产企业转型为集工业设计、产品制造、品牌销售为一体的国际品牌企业。由于从事电芯制造行业四年，MIPOW 的首款产品从熟悉的电源领域开始，将电芯与创意的功能设计相结合，成为国内首批制造移动电源的厂商。此后，宝嘉能源成立了 MIPOW 事业部，其设计研发团队由国内外设计师及工程师共同组成，专注于创新移动装置配件、个人移动端及多媒体数码设备的研发及生产。

自品牌创建以来，宝嘉能源的产品销售量迅速增加，并且在全球 50 多个国家及地区铺设了销售网络，同时成为苹果（Apple Inc.）全球认证的核心合作伙伴。MIPOW 致力于移动电子产品配件设计，为 iPhone、iPod 和 iPad 等产品提供一站式的配件研发、设计、生产服务，尤其在智能电源方面颇具竞争力。作为领先的能源方案提供商，MIPOW 致力于个性化产品的研发、设计、生产和销售，为消费者提供创新环保产品的同时，突出独特的个性和高端的品质。优秀的产品质量和出色的工业设计吸引了来自国内外知名品牌的合作，如 IBM、三星、亚马逊、HP、大众等。

（三）多元化发展阶段（2014 年至今）

在产品多元化方面，MIPOW 推出后四年，自主品牌的大获成功和良好的业绩表现让宝嘉能源更加坚定了工业设计及自主品牌打造的发展道路。与此同时，移动电源行业开始进入成熟期，市场竞争愈发激烈。虽然 MIPOW 主打高端移动电源，但毛利率也出现下滑，并且考虑到高端移动电源的市场容量有限，宝嘉能源开始探索新的行业和产品。2014 年，宝嘉能源创建 PLAYBULB（魔泡）新品牌，专注智能照明。至此，宝嘉能源进入双品牌的产品多元化阶段。借助 MIPOW 的营销渠道，PLAYBULB 的全球销售非常顺利，产品辐射了全球 50000 个销售网点。由于产品创新的外观和人性化的设计，PLAYBULB 一推出便获得许多奖项和荣誉。除了外观和使用方面的创新设计，PLAYBULB 利用蓝牙技术开发了一款能控制调节照明灯的 App，PLAYBULB 的所有灯（包括射灯、户外、花园灯、草坪灯、灯带、商标等 20 多种类型的灯）都可以通过手机 App 控制和调节光的颜色和亮度，最多可以连接 20000 多支灯。实现该功能的核心是功耗较低的蓝牙技术，但随着科技的发展，WiFi 的功耗也逐渐降低，并且取代蓝牙成为新的发展趋势。因此，宝嘉能源又将开拓新的领域——空间产品，聚焦于空间范围的产品开发。宝嘉能源的空间产品高度关注提高用户的生活质量，围绕小家电、智能科技电子、3C 数码产品等领域产品进一步进行人性化的开发和设计，追求为人类创造更舒适、便捷的生活方式。

在销售渠道多元化方面，两大品牌的国内布局和线上渠道布局在这一阶段基本完成。MIPOW、PLAYBULB 产品在包括京东和天猫旗舰店在内的国内电商渠道和国外各大电商基本都有销售，销售业绩稳步提升。而且，宝嘉能源在销售模式方面有了新的思路：从原本以销售渠道为核心的销售模式转变为以粉丝用户为核心的销售模式。传统的销售模式是：门店数量×门店销售量×产品单价 = 年销售额；新的销售模式：粉丝数量×平均每年购买的次数×每次消费的单价 = 年销售额。这一变化将宝嘉能源的客户精准地定位在 MIPOW 和 PLAYBULB 的高端消费粉丝群，这部分用户有着与品牌气质相近的审美观和价值观，使得宝嘉能源能够更专注、更精准地服务客户。

三、转型升级特点

（一）创建自主品牌，重视品牌管理

公司建立之初的主营业务是代工生产锂离子电池。但随着锂电池行业的成熟，竞争日趋激烈，毛利率开始下降。宝嘉能源的创始人由此决定创建自主品牌，不再为其他品牌生产产品，而是生产自己定义的产品、设计的产品，打造自己的品牌，销往全球。公司先后创立了 MIPOW 和 PLAYBULB。两个品牌的产品从概念、研发、设计、生产、销售、运营、公关，都由宝嘉能源自行开展。公司十分重视品牌形象的树立和宣传，坚持以品牌识别的原则指导企业的营销传播活动，让每一次营销传播活动都突出品牌的核心价值、精神与追求，确保每一分的营销广告投入都为品牌形象作加法，都为提升品牌资产作积累。较高的公共关系费用使得公司成功实现了品牌打造和完成不同阶段、不同产品的广告促销计划。在宝嘉能源的大力培育下，MIPOW 成为高端移动电源领域的第一，2014 ~ 2015 年 PLAYBULB 在智能照明领域名列全球前十。

在品牌管理方面，公司非常重视 MIPOW 和 PLAYBULB 在全球的商标注册，并形成了一套持续、健全的保护机制。其中，MIPOW 品牌全球注册商标总数 74 个，涉及英国、美国、日本、俄罗斯、欧盟、巴西、韩国、泰国等多个国家或地区。公司在全球进行品牌注册的主要动因有两个方面：一是作为中国的品牌，在各国注册品牌和商标有利于品牌的国际化推广；二是由于欧美国家的知识产权保护机制完善，如不主动采取行动抢注品牌商标，容易在日后的品牌经营中发生法律纠纷，包括其他企业和品牌侵犯 MIPOW/PLAY-

BULB 的商标权或者 MIPOW/PLAYBULB 侵犯其他企业和品牌的商标权。截至目前，宝嘉能源在商标抢注方面的费用已高达数百万元，但 MIPOW/PLAY-BULB 全球商标的注册工作仍在进行中。

（二）坚持原创，凭借出色的工业设计提升产品附加值

对于锂离子电池，宝嘉能源发现：锂电池的材料和技术多年未有重大突破，技术发展已进入瓶颈阶段。因此，该领域产品的发展目前只能在配件和设计上花心思，可以给产品增加功能和趣味性，提高产品附加值。宝嘉能源的创始人指出："我们一直坚持原创，坚持创新产品本身。公司目前的每一款产品我们都认为可以再设计、再创作，创新不一样的卖点。"

自 2010 年建立了第一个品牌，宝嘉能源一直坚持用自己的设计理念重新定义产品功能，打破产品常规的使用方法，树立品牌价值。宝嘉能源的口号是：Make It Different，意味着创新和与众不同。这种创新性不仅体现在产品新颖的外观，更表现在其功能的优化及人性化、智能化的设计。例如，PowerTube 移动电源自推出以来在外观上的改变较小，每一代的产品主要在功能设计方面不断改良，增加新的功能，不断提炼创新。例如新一代的 PowerTube 解决的是忘记给移动电源充电的问题。MIPOW 的设计师们发现由于忘记将移动电源连接上电源以致需要移动电源时没电是移动电源产品的一大痛点。因此，新一代的 PowerTube 减少了电源线连接移动电源的行动步骤，将移动电源设计为直接放在"充电猫"上即可充电，方便快捷。宝嘉能源认为，现在的工业产品外观设计都非常出色，但好看的外观已不足以支撑产品。并且产品的外观具有一定的品牌代表性，经常改变外观有可能起到相反的作用，削弱了品牌产品的可辨识度。宝嘉能源的追求是：通过工业设计减少产品缺点、方便生活，不断地减少产品的使用环节，将操作简洁化，增加产品的附加值和卖点。

为了支持产品的原创性，MIPOW 拥有一支强大团结的队伍，透过各销售网络的最新市场信息迅速而精准地开展新产品调研、项目设计、研讨、产品立项、专利申请、产品生产、市场推广、市场销售等，以实现领先同行业完成新产品的设计研发并将最终产品快速地向市场铺开。此外，出色的工业设

计团队及杰出的设计成果使宝嘉能源旗下的众多产品获得了国际大奖。2012年获德国红点设计奖、Macworld 亚洲奖等；2013 年，Voxtube 500 获欧洲红点奖，Boomin 和 Boomax 获日本优良奖，Power Cube 8000 获德国 iF 设计奖；2014 年，Boomin 和 Boomax 获德国 iF 设计奖，M3 头戴式耳机获德国 iF 设计奖；2015 年，Boomin 和 Boomax 获德国 iF 设计奖；2016 年，产品荣获 2 项红点奖、1 项 iF 设计奖、1 项 IDEA 大奖、2 项台湾金点奖、3 项红星设计大奖；2017 年，PLAYBULB zoocoro、PLAYBULB candle、VoxTube 900 获德国 iF 设计奖。屡获国际大奖的出色产品设计最终给宝嘉能源带来了产品附加值的提高和品牌知名度的提升。

（三）实施高标准质量体系，进入高端细分领域市场

在产品定位方面，MIPOW 和 PLAYBOLB 定位的是高品质、高附加值的高端产品，并且实施严格的产品质量管理体系。以 MIPOW 的移动电源为例，目前中国市场上销售的移动电源价格普遍在 200 元以下，但是 MIPOW 的移动电源售价约 400～600 元。MIPOW 采用的是最优质的电芯、金属材料和外包装材料，产品制造成本约为市面上其他移动电源的两倍，而 MIPOW 的外包装成本约为市面上其他移动电源的五倍，包括产品说明书的选材和设计都致力于打造最好的用户体验、为客户提供最精致的服务。由于定位高端，产品毛利率高达 30%。在发展的过程中，MIPOW 也尝试开辟低端大众的移动电源市场，由于业绩表现不好，最终重新回到高端移动电源的产品定位。创始人提道："别人把移动电源看得很低端，但是我们要做移动电源市场中的最好。我们一直在用很好的材料制造产品，现在市场上的移动电源大多是能做多便宜就做多便宜，而我们则是能做多好就做多好。这是不一样的做法。整个移动电源的市场很大，我们的目标市场是价格 200 元以上的高端移动电源市场。MIPOW 不需要做到市场中份额最大，而是要做整个市场中最好的产品，牢牢抓住这个领域中产品的目标客户。"目前在高端移动电源领域，MIPOW 的市场占有率已高达 80% 以上。

在产品开发和质量管理控制方面，公司质量管理体系既吸收了优秀同行的管理经验，也融合了现代质量管理研究成果，并且制定了符合 ISO9001：

2015标准的质量管理体系。公司的产品开发流程：开案文件→开发可行性评估→开发设计→投模→生产验证；供应商管理控制流程：供应商资讯调查→基本资料意向问卷→调查申请→实施调查→评价→列入合格名单→采购→评价。优秀的质量管理体系为公司高质量的产品打造奠定了坚实的基础，公司因此获得了苹果公司MFI认证的授权生产企业和国家高新技术企业称号，产品也通过了许多国内外认证。由于优质的产品质量，MIPOW和PLAYBULB常作为礼品销售给客户，宝嘉能源也能为客户提供礼品订制服务。

（四）重视品牌和产品营销，为产品搭建合适的销售渠道

宝嘉能源产品的销售渠道大都为大型零售商和渠道商，主打高端定位。从自主品牌成立到现在，公司已拥有全球10000多家销售网点，国际化程度较高。在国际上主要与Bestbuy、Macy's、Mideamart、Brookstone、Coodoo、RadioShack、at&t等零售商合作，还有高端时尚店。例如法国巴黎的时尚店Colette，只有精选的品牌才能入驻，即使如Dior、Chanel一般的国际知名大品牌都只有专业定制版/特别版的产品才能入内销售，MIPOW和PLAYBULB作为专业定制的高端电子产品现已进驻。在国内，一、二线城市主要以连锁店、零售商销售为主，三四线城市和县级则与代理商合作。渠道资源也已成为宝嘉能源的关键竞争力之一。公司每年都召开代理商大会，加强与代理商的沟通与合作。宝嘉能源计划打造以商店、网店、专柜、代理柜台或是加盟商店柜台为主导的全网销售渠道。

此外，公司设定了年度、季度、月广告推广计划，依靠主流媒体进行传播，并且积极参加展览活动、行业展会、新产品发布会、各地经销商大会、全国代理商大会、工业行业协会活动。在PowerTube移动电源获iF红点奖后，产品还在纽约时代广场进行了获奖展示。

（五）创新产品组合策略，始终保持公司产品的竞争力

在电子信息时代，消费类电子产品的生命周期非常短。如图25-3所示，随着行业技术水平的提升，产品的生命周期从原来的两年缩短到半年，这意味着产品销量快速增长和获取高利润的时间大大缩短，投入产出的回报率非

常低。一款电子产品从立项开发到产品出产需 4 ~6 个月，但随着信息和技术的快速流通和普及，往往新产品开发出来 3 个月后技术便在行业内普遍推广，原创企业的竞争力被大大削弱。在此行业环境和背景下，宝嘉新能源创新了产品组合策略。

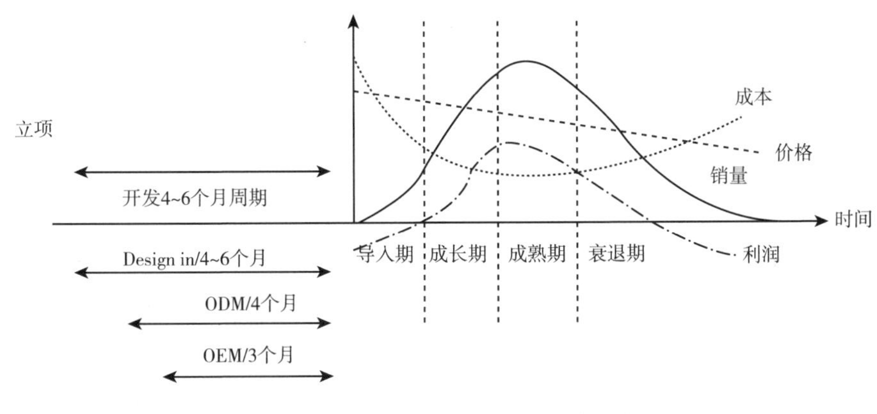

图 25 －3　消费类电子产品的生命周期

1. 不断开发新产品。投入大、回报低、周期短是目前消费类电子产品的行业特征，该领域内的企业经营难度越来越大，仅凭借一款产品无法支撑企业的长期发展。因此，宝嘉新能源主张采取多产品线发展的战略。当一款产品研发成功并投产后，较短的周期内可实现高销售和高利润。以此积累的资金可投入到下一款产品的研发和创新，争取在上一款产品进入成熟期前实现新产品的投产。这样一来，多款产品的生命周期曲线便可串联起来，在前一款产品进入边际利润递减前便有新产品的生命周期进入成长期，给公司带来新的利润增长点。如图 25 －4 所示，不断创新不同的产品，在每一款产品成熟期前的上升抛物线上进行叠加，多条小的生命周期曲线黏连成一条更长的公司产品组的生命周期曲线。只要保持产品的不断研发和创新，并且走在行业前沿，企业便能不断地成长。但是一旦旧产品进入衰落期便需进行剥离，避免对公司整体绩效产生影响。

2. 优化和改进现有产品。除了新产品开发，对现有产品进行改良升级是另外一种“延缓产品进入衰退期”的方式。即在产品生命周期到达抛物曲线最高点时推出升级加强版，以拉长产品的生命周期（见图 25 －5）。例如，

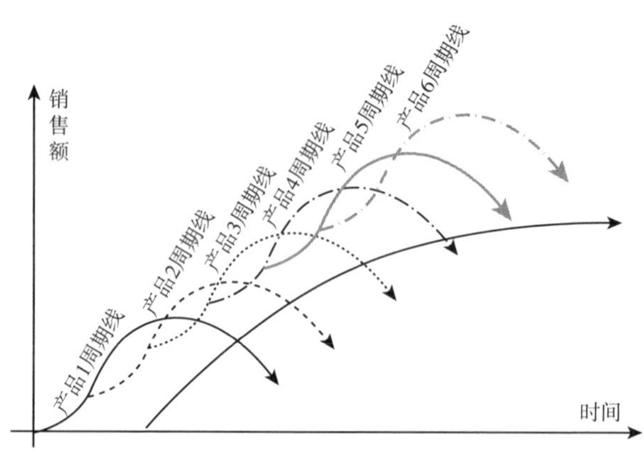

图 25－4 多产品线的生命周期曲线图

MIPOW移动电源 PowerTube 已推出许多代，每一代都在产品性能和使用方面有所改进。但这对产品线的选择具有较高要求，选择一条产品线要看到其未来 3～5 年的发展趋势以及可持续发展的空间有多大，不能仅看现有的销售和利润，要评估产品是否有被不断完善和改进的可能。有些产品在一段时间能成为“爆款”，但缺乏可持续性，很快便被市场淘汰。如果无法预测未来 3～5 年产品发展的方向和趋势，该产品未来在市场上消失的风险便无法评估，这无疑将给企业带来很大的风险。

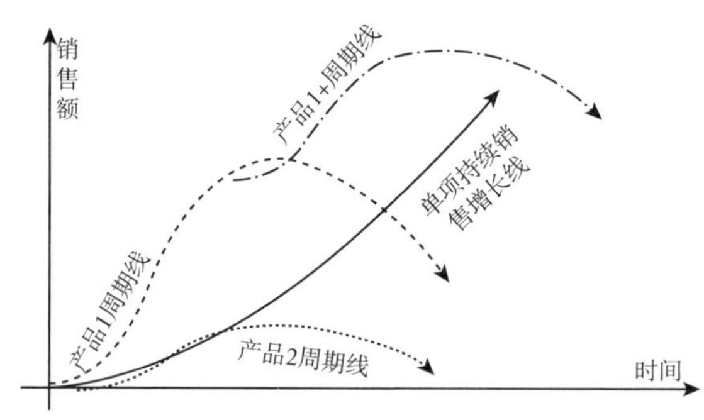

图 25－5 原产品改良后的生命周期曲线图

3. 开发辅助配件产品。除了开发新产品和改进原产品外，一些辅助产品、配件产品，或是同类型产品的开发、生产、经营、销售、服务也可为公司带来额外利润，同时可为品牌的粉丝提供一站式的销售与服务。除了公司的主打产品，可适当围绕主打产品为品牌增加一些非主营的产品和业务，这部分产品不一定由自己设计、生产，可与其他企业或者机构合作，为企业开发产品延伸的体系，拓展公司业务范围，实现多元化发展。如图 25－6 所示，在主产品的生命周期下延展出了许多“旁枝小芽”，这些“小芽”是围绕主产品的配件、辅助产品和延伸服务，它们是主打产品生命周期上的附加新产品的生命周期。未来，宝嘉能源将开拓空间产品，这意味着公司将围绕空间推出一系列的产品和服务，除了主打产品外还会有一些延伸的附件产品。

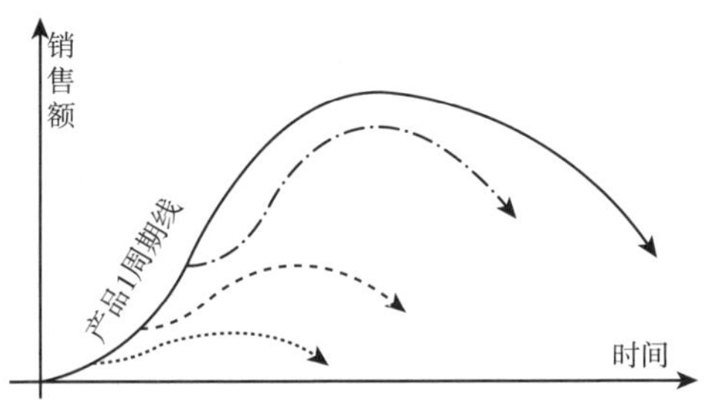

图 25－6　延伸产品的生命周期曲线图

四、转型升级绩效及结语

自 2010 年创立自主品牌和进军工业设计领域至今，宝嘉能源不断地扩大公司的创收领域，积极实施转型升级战略。对于 MIPOW 和 PLAYBULB 两个自主品牌，出色的工业设计、优质的产品、高端的品牌形象、全球化的销售渠道，这些都是公司、品牌和产品获得成功的关键。在工业设计方面，截至 2017 年 8 月，公司旗下产品获得国家授权专利 95 项，著作权 13 项。凭借出色的工业设计水平，公司产品屡获全球设计大奖。截至 2016 年 12 月，宝嘉能源已荣获美国 IDEA 奖、德国红点设计奖、德国 If 奖、日本优良设计奖、中国台湾金点设计奖、家居风尚大奖和 2016 年省长杯优秀奖等国内外知名大奖共计 56 项；在 2016 年 If 设计排名中名列第 15 名，创意排名第 57 名，公司排名第 47 名，在上榜的国内公司中排名仅次于联想和华为。凭借出色的产品设计及强大的全球销售网络，宝嘉能源 2016 年全球总营收近亿元，毛利率达到预计目标。近年来公司在全球的销售网点数量也在不断上升，每年都较上年增加3000个网点。截至2016年12月，宝嘉能源已拥有10000个销售网点（见图25－7），遍布全球50多个国家和地区。随着产品销售业绩的增长，用户数据也随之不断增加，产品的功能和App程序的不断优化也使得用户对产品的黏合度越来越高。2016年，App程序上的粉丝数量已突破100万人，并且粉丝的活跃数量还在持续增长中。

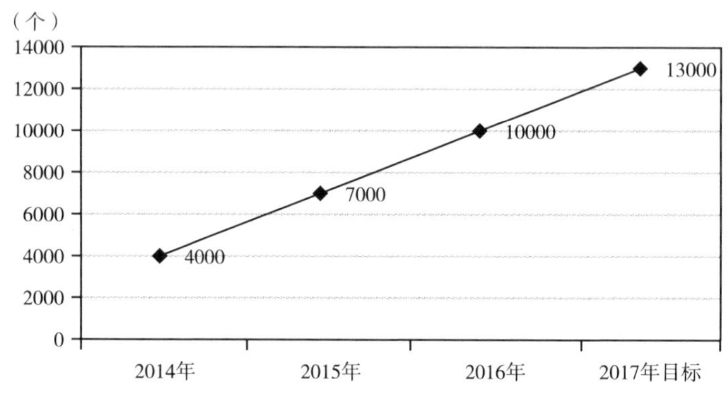

图25－7　宝嘉能源在全球的销售网点数量

资料来源：宝嘉能源公司内部资料。

宝嘉能源是中小型企业通过出色的工业设计实现自主品牌升级并谋求发展的典型代表。通过工业设计创新、自主品牌打造，实现了产品附加值的提高，这是宝嘉能源转型升级的特色和亮点。公司以锂离子电池制造发家，因为发现产业的技术瓶颈而转型，通过工业设计实现产品的差异化，并且打造了MIPOW和PLAYBULB两个品牌，最终实现了自主品牌升级。两个品牌定位高端，高质量的产品吸引了高端消费者；屡获国际大奖的出色产品设计提高了产品附加值；广布全球的销售渠道使产品销售实现了高增长。宝嘉能源的案例给我们如下启示：对于成熟的产品市场，企业可选择进入高端细分领域，以较高的产品质量、人性化的设计、贴心的服务吸引高端消费者并且获得高附加值。专注细分产品领域，走“专而精”的道路对于一些中小型企业而言不失为一种发展的选择。

26. 赛亿科技：电子设计解决方案提供商的转型升级

一、企业简介

深圳市赛亿科技开发有限公司于2005年12月成立，是深圳前海股权交易中心签约挂牌企业，在一万多家挂牌上市企业中名列第五。赛亿科技是大型的电子设计解决方案提供商，专业从事品牌电子元器件代理及消费性电子产品的开发设计服务，其设立的品牌奥芯方案是广东省电子应用软件设计行业的著名品牌商标。成立十余年来，赛亿科技现已拥有涵盖八大行业在内的800多项发明及实用新型专利。赛亿科技为客户提供理念超前的手机app开发、智能家居系统、电子技术、电子线路设计、PCB设计、电路板设计、单片机技术、智能控制、嵌入式系统、智能控制器、模拟数字电路、物联网工程、云服务、云计算、云存储的大数据管理软件设计等技术服务，包括产品研发理念创新、营销模式升级、产品更新迭代以及五星售后平台搭建，为客户提供降低成本提升效率的详细解决方案。截至目前，赛亿科技共服务过3000多家电子产品制造企业，累计开发电子产品应用设计方案5000多个。

二、企业升级的影响因素

（一）行业前景广阔，政府政策支持

赛亿科技是电子设计解决方案提供商。据2012年中国电子信息产业市场

运行情况分析，规模以上电子信息制造业实现销售产值 85044 亿元。按研发经费占销售比例约 1% 来计算，就大概有 850 亿的软件技术市场。赛亿科技作为业界最具规模的电子应用技术方案服务平台，预计能抢占全部市场的 8%，即可实现电子技术收入超过 50 亿人民币/年。

物联网将是下一个推动世界高速发展的“重要生产力”，是继通信网之后的另一个万亿级市场。物联网技术可以形成强大的网络系统，其容量巨大，可包含人与物之间的各种关系，迅速完成信息交流，从而为人们的生活和工作提供巨大的便利性。美国、欧盟等都在投入巨资深入研究探索物联网，我国也正在高度关注、重视物联网的研究。2016 年，“十三五”规划出台，助力物联网行业加速发展，不再局限于小型设备阶段，而是进入到完整的智能工业化领域。还有起到支撑作用的大数据、云计算、虚拟现实等多方位技术也一同助力支撑着整个大生态环境物联网化的变革。2017 年 1 月，工信部发布《物联网“十三五”规划》，明确了物联网产业“十三五”的发展目标：完善技术创新体系，构建完善标准体系，推动物联网规模应用，完善公共服务体系，提升安全保障能力等具体任务。根据前瞻产业研究院的预测，到 2022 年全球将有 770 亿设备连接到物联网，市场规模超万亿美元。物联网时代的到来将对电子设计产生大量需求，赛亿科技的市场预计在未来几年将呈现爆发式增长。

（二）为中小企业提供技术服务，提高附加值

赛亿科技成立之初以芯片贸易为主，提供单片机编程。单片机编程是一款低成本开发编程器，能够对 Microchip 的大多数闪存单片机编程。但是早期业务的附加值很低，且企业的议价能力有限。于是赛亿科技决定提供产品设计方案，提出建立“一个基地，一揽子技术服务”的平台，“一个基地”是指赛亿科技要成为中小企业的开发基地；“一揽子技术服务”是指客户用聘请一个工程师的薪资加入赛亿科技的平台，由赛亿科技的开发团队来提供一揽子的技术服务。“一个基地，一揽子技术服务”将赛亿科技和中小企业捆绑起来共同发展，针对所有生产智能化电子产品的中小企业提供相应的电子应用技术服务。

目前，赛亿科技的业务涉及物联网应用、嵌入式软件、智能控制等方面。物联网是新一代信息技术的重要组成部分，如空气净化器、净水器、汽车电子中车载净化器等。嵌入式软件即嵌入在硬件中的操作系统和开发工具软件，它在产业中的关联关系体现为：芯片设计制造→嵌入式系统软件→嵌入式电子设备开发、制造。智能控制是指在无人干预的情况下，能自主地驱动智能机器实现控制目标的自动控制技术。从芯片贸易到技术服务，赛亿科技的议价能力大大提高，企业话语权显著提升，附加值也得到增加。

（三）技术团队专业，研发设计能力领先

赛亿科技针对智能化项目提供一系列的软件、硬件、云服务解决方案，涉及单片机技术、控制技术、软件技术、模拟技术、数字电路等多种技术。为向客户提供可靠性高、可操作性强的设计方案，赛亿科技凝聚和组建了国内技术一流的电子应用开发工程师团队，自身又培养了专业的单片机程序及嵌入式系统设计工程师团队。公司的高层管理人员、研发技术带头人均在电子应用技术行业工作超过 30 年，积累了丰富的技术经验。除了拥有丰富的电子产品开发设计经验与严谨的科学管理系统方法之外，作为全球五大半导体厂商之一意法半导体的技术增值服务商，赛亿科技与多家国际知名公司保持长期稳定的技术合作关系，拥有多家国际品牌单片机原厂技术资源，逐步建立了与国际接轨的技术研发体系。赛亿科技将整个研发过程分为三块，30% 用于梳理客户的功能需求，30% 进行研发设计，40% 进行调试直到达到客户满意的参数。

从 2014 年一年才申请 3 个发明专利，到现在每天都申请 1 ~ 2 个发明专利，且发明专利进入二通的比率达到 40% ~ 50%，赛亿科技的技术实力不断积累。2011 年，赛亿科技荣获“中国中小企业科技创新型 100 强”，并与闽西学院共建国家创新实验室。目前，赛亿科技现已成为国家级高新技术企业，电子应用技术、嵌入式软件及单片机开发技术处于国内领先水平。拥有电子研发工程师 50 人以上，硬件设计研发水平和软件程序编写能力在行业内居领先地位。同时，利用稳定的技术模块沉淀，缩短 50% 以上的方案设计周期，全面满足客户对产品快速更新换代的技术要求。

（四）重视自主品牌建设，提高品牌影响力

赛亿科技在从事电子应用技术开发的同时，重视自主品牌的建设。经过多年耕耘，公司在电子应用技术业界具有了较高的知名度和良好的信誉度。目前，赛亿科技共服务过3000多家电子产品制造企业，其中包括美的、格力、TCL、创维集团、莱尔德、沁园集团、飞毛腿、西顿照明、海川科技股份、正泰集团、联创电器集团、恒洁卫浴集团、九安医疗、拓璞集团、安吉尔集团等100多家上市企业及行业高端企业。同时，中小客户由于自身规模限制，很容易对公司形成技术依赖。“一个基地，一揽子技术服务”为赛亿科技积累了众多的中小企业客户资源，赛亿科技在中小企业客户中形成了很强的品牌影响力。

（五）创新商业模式，布局未来发展

2018年，赛亿科技计划将设计方案免费化，利用供应链获取利润。赛亿科技将基于现有客户的资源，挖掘客户的产品需求，同类型需求的客户达到一定数量后，赛亿科技就可以得到批量订单，形成规模效应，从而增强了面向供应商时的议价能力。以电源为例，所有电子产品都需要用到电源，假定电源部分的一个器件一个客户每月采购1万套，1000个客户就有1000万套的需求，在面向供应商进行采购时，1万套和1000万套的价格会相差很大，赛亿科技通过规模采购为顾客降低采购成本，同时为自身带来利润。采用这样的方式，还可以将没有资源渠道的创客排除在外，降低了公司的风险。

三、事实发现

（一）由产品制造商向方案解决商转变可以帮助企业实现升级

当企业提供的产品技术含量较低时，企业往往无法获取高额利润，围绕产品提供增值服务是企业升级的有效途径。赛亿科技成立之初以芯片贸易为主，提供单片机编程，附加值很低。后期赛亿科技提供技术服务即产品设计

方案，建立“一个基地，一揽子技术服务”平台。当前智能化电子产品种类繁多，针对不同产品不同项目专门建立技术研发团队的成本高昂，有些中小微企业想要发展智能化产品却很难承担前期的研发费用。赛亿科技看准这一市场，向生产智能化电子产品的中小企业提供相应的电子应用技术服务，向中小企业提供自主研发设计方案或者与合作企业共同研发，并且可以将专利卖给这些中小企业。围绕电子产品向中小企业提供技术服务，大大提高了赛亿科技的利润，促进了企业升级。

（二）增强研发设计能力是企业得以持续升级的重要路径

技术创新是企业实现可持续发展的有效途径，人才是企业实现技术创新的重要资源。赛亿科技拥有国内技术一流的电子应用开发工程师团队，并从2007年开始自己培养专业的单片机程序及嵌入式系统设计人才；公司的高层管理人员、研发技术带头人均在行业内工作超过30年，积累了丰富的技术经验，建立了严谨的科学管理系统；公司还与多家国际知名公司保持长期稳定的技术合作关系，拥有多家国际品牌单片机原厂技术资源。目前，赛亿科技已申请获得包括八大行业在内的350多项发明及实用新型专利。研发设计实力的不断积累，使赛亿科技能够缩短50%以上的方案设计周期，更好地满足客户需求，提高了企业的盈利能力。

（三）品牌渠道是企业核心竞争力的重要来源

在现代经济中，品牌和渠道作为企业的战略性资产，已成为核心竞争力的重要来源。对企业而言，打造强势品牌和完善销售渠道，是保持战略领先性的关键。品牌能够为企业带来持续的竞争优势，品牌的建立过程也代表着消费者对生产者信任关系的形成。品牌形象一旦建立，消费者由于购买习惯和客户忠诚度不会轻易变动。品牌的建立也会扩大产品知名度，从而拉动市场需求，扩大公司份额。品牌一旦形成，便有了排他性，尤其是强势品牌建立之后，在行业内便铸起了隐形壁垒，其他企业要想再次进入，就需要替代品牌在消费者心中的位置。赛亿科技十分重视自主品牌与销售渠道的建设，在行业中建立了较高的知名度和客户忠诚度，不仅为多个知名品牌提供服务，同时也积累了众多的中小企业客户资源，为企业的未来发展奠定了基础。

（四）创新商业模式帮助企业更好地整合优质资源，促进企业升级

商业模式创新的成功实践为企业的发展开辟了新的道路。彼得·德鲁克指出，当今企业之间的竞争不是产品和服务之间的竞争，而是商业模式之间的竞争。随着技术的快速发展，不断创新商业模式的企业能够在竞争中获取利润，保持持续增长。IBM 商业价值研究院调查发现，全球有 69% 的 CEO 都在关注或实施商业模式创新，成功的商业模式创新能够显著地提高经济效益。① 实施创新驱动发展战略不仅仅是技术创新，企业在商业模式、管理模式、资本模式等方面均可以实现创新突破。通过创新商业模式，企业可以重新分配现有资源，全面整合优质资源，从而获取新的盈利机会，获取更高附加值。赛亿科技未来将通过免费提供设计方案打造采购平台，挖掘现有客户的产品需求，进行批量采购，增强议价能力，找到新的盈利点，促进企业升级。

---

① 田庆锋，张银银，杨清．商业模式创新：理论研究进展与实证研究综述［J/OL］．管理现代化，2018（1）：123 - 128［2018 - 03 - 11］．https：//doi. org/10. 19634/j. cnki. 11 - 1403/c. 2018. 01. 034.

27. 五鑫科技：商业模式创新推动企业转型升级

一、公司简介

深圳市五鑫科技有限公司（以下简称五鑫公司）成立于2004年，主营塑胶模具设计和加工，以及塑胶制品的成型加工。经过多年积累，技术和市场能力都获得了快速发展，目前已经通过ISO14001环境管理体系认证。目前公司拥有10余家合作子公司，可提供精密模具、大型模具、嵌件模具和小型金属冲压等服务。营销方面，约20%为国内客户，销售额的70%为日系客户，在日本的关东、关西地区都设立本土化服务中心，另外10%为欧美客户。

2014年，五鑫公司敏锐地觉察到商道公司提出的内部市场化管理模式的先进性，即投资商道软件，并进行“内部市场化”变革。次年，创办Mould Lao众创空间，为创客提供创新创业平台，并吸纳创客和小微企业入驻。五鑫公司积极探索“共享制造”新模式，开放自身的厂房、办公、设备、技术、服务等方面资源，截至2017年11月，Mould Lao众创空间已吸引18家企业成功入驻，聚集各种类型创客100余人。将来，Mould Lao众创空间计划打造多个共享主题的工业园区，主要以模具相关行业为主，以资源共享的合作模式邀请模具配套企业入驻。入驻的企业共享平台的品牌、厂房、设备办公和物业等资源，提升资源的利用率和产出效率。得到了政府、研究机构和媒体的关注和支持。

未来“共享制造”模式成熟后，计划在珠三角地区和长三角等地区建立多个共享中心，甚至从模具行业辐射到其他行业。对未来的规划，Mould Lao众创空间划分为两个阶段。

（一）第一阶段：2017 年 ~2018 年 6 月

引入投资 1.5 亿到 2 亿元，以塑胶模具制造和注塑加工为切入点，引导相关中小微企业抱团取暖，集中优势资源，建设“共享制造”的产业平台，打造产业新 IP。并不断帮助更多的制造技术人才创业创新，提高技术人才的收入。计划入驻小微企业 100 ~200 家，创客团队 300 ~400 个，创客空间总人数 2000 人以上，平台园区总产值 15 亿 ~20 亿元。

（二）第二阶段：2018 年 6 月 ~2018 年 12 月

2018 年 6 月 ~8 月完成第二期融资，专注深圳和东莞地区的塑胶模具和注塑行业。后期，将依托当地其他制造产业资源及政府的帮助，加大力度引入相关产业资本，并切入其他相关制造行业和地区，扩大共享制造的基础平台，不断完善平台上的创新设计更优化、物流信息化、原材料采购的合理化、生产设备升级常态化等主体生态，最终做成供给侧改革的试点项目。

二、企业发展历程

2004 年，五鑫公司只是一家普通的小规模模具厂，技术设备水平一般，客户基本分布在东莞深圳周边城市。经过多年积累，到 2013 年，五鑫公司已经初具规模。2014 年，五鑫公司对企业进行“内部市场化”变革，把原来归属公司内部的模具设计、模具组装、注塑等生产部门独立出来，自负盈亏。公司原来聘用的技术工人变成独立的技术工匠，技术工匠自主报价，通过适度竞争获得订单/任务，租用五鑫科技自有的厂房和大型加工设备完成订单/任务。这样的模式使得生产部门的工人们的积极能动性得到了极大提升，成本得到了很好的控制；公司则将主要精力集中在客户服务、生产服务和产品设计研发上，通过改造，公司近两年营业额和利润率大幅提高。

国内小型模具厂数量众多，而这些企业的精密模具开发需要依赖拥有技术实力的企业的技术支持，基于这一客观情况，为进一步整合外部资源，提升企业设备和人员生产效率，五鑫科技将目光转向行业内企业间的合作，并在 2015 年下半年创办了 Mould Lao 众创空间，开始了平台化运营模式的改革。作为企业服务平台，Mould Lao 众创空间将自己的生产链、创新链与服务链对外开放，已吸引了一批 18 家小微企业，创客团队 12 个和外部 100 多人的创客加盟入驻。这些企业和创客涵盖模具生产的各个环节和软件开发等配套技术，主要依托于五鑫科技对外开放的生产链、创新链与服务链抱团开展产品生产。

2016 年，五鑫公司积极探索“共享制造”新模式，优化平台资源，向外开放厂房、办公、设备、技术、服务等方面资源。平台订单的分包流转都在统一的市场规则下完成，主要的业务数据和财务数据集成到平台的 ERP 系统中，按周期统一对账结算。通过各个单位间的亲密合作，可以有效地监控加工品质，同时大大降低交易成本，避免各个合作单位之间的呆账坏账的产生。这一模式得到了国家科技部认证。

2017 年，已入驻企业总产值 4000 万 ~5000 万元，Mould Lao “共享制造”模式得到了政府、研究机构和媒体的关注和支持。

改革前后营运指标如表 27 -1 所示。

表 27 -1　　五鑫公司在改革前后运营指标对比

时间	员工数（人）	总产值（万元）	利润（万元）
2013 年（改革前）	120 多	2500	250
2016 年（改革后）	30 多	5000	1000

资料来源：根据公司内部资料整理而得。

三、转型升级路径

（一）商业模式创新，众创空间，共享制造，提高资源效率

奥斯特瓦德（2004、2007）认为，在企业经营过程中，任何环节的改变都可能成为一个新的商业模式，目标客户、分销渠道、顾客关系、关键活动、关键资源、收入流和成本结构等任一因素的创新都可能带来商业模式创新。

五鑫公司实施内部市场化改造，将公司的业务和生产环节分包到部门，搭建 Mould Lao 创客空间，自内而外分步开放自身生产链、创新链与服务链，共享厂房设备、人员、品牌资源，与企业的成本共担、收益共享，逐渐形成了生产领域的新型共享模式。通过共享制造，众创空间的目标客户不再是传统的客户，其商业模式的因素都发生了改变，实现了商业模式创新。在此模式下，众创空间为入驻企业提供全链条服务支撑以及法律、政策等领域支持，解放了人的积极性和创造性，采用数字化平台降低了交易成本，提升了生产效率。具体而言，目前众创空间主要提供以下共享服务。

1. 塑造统一知名品牌，助力入驻企业获优质订单。品牌战略对于我国企业参与市场竞争、实现市场跨越、稳固和强化市场地位，特别是参与和赢得国际市场竞争具有重要作用。在现阶段，品牌战略的实施效果对推进我国制造业转型升级具有极为重要的影响。对于模具行业而言，有良好的公司资质和可信度高的品牌形象是获得国内外的优质订单的重要因素。在“共享制造”平台，不仅加强了资源的整合和利用率，更可以打造强大的可共享的平台品牌形象，让入驻和加盟的小企业和创客都能通过共享品牌获益。五鑫公司打造共享型的品牌主要从以下五个方面入手。

（1）强化品牌的意识，所有平台个体共同打造并维护平台品牌。

（2）品牌定位，整体赋予共享共建的内涵，同时每个共享园区可以创建子品牌，专注某一个具体行业的共享共建。

（3）标准化的 VI 品牌标识，围绕平台品牌内涵，打造企业品牌新形象，提高市场知名度和识别度。

（4）品牌策划和传播部门，全面负责品牌战略的制定、执行和反馈。保障品牌传播的持续性和统一性，并及时处理各种与之有关的品牌公关和危机处理。

（5）品牌的传播，通过各种传播渠道，包括媒体、网络、广告等方式宣传，突出在“共享制造”维度的差异化。

客户入驻 Mould Lao 众创空间后，可以共享平台品牌形象，以平台的名义对外接单，这样客户的信赖度和认同感提高，从而有利于客户接到更优质的订单，同时，订单的后续跟进和交付，也因为有了平台内的各个协作单位的合作变得更加快速畅通。另外，平台有资深业务谈判专家，可以帮助企业进行商务洽谈；专业的业务团队定期参加各种国内外大型行业展会，不断吸引客户，获得更多优质订单。

2. 内部市场化的公平交易规则，降低交易成本。共享制造模式下的参与主体包括共享平台、资源提供方、小微企业、创客以及工业园区的房东等，他们各自独立，又相互合作，这些主体之间通过资源共享的形成一个新的行业生态圈。平台的市场交易体系正是遵循简单而有效的原则，最大限度地减少信息不对称，保障交易透明化，参与各方的正当权益，减少彼此之间的交易成本。

以业务为中心，用市场化机制推动共享制造发展。共享制造以平台为资源整合中心，以业务为运转纽带，互通互联，调动中央后台。公司决策不再依赖高层指挥和拍板，小团队之间、团队和平台之间通过共同的使命、利益分配机制和信息共享机制确保围绕用户需求有效衔接，让共享网络各个节点有序高效运作。

平台接到订单后，会将订单进行项目拆解，然后以市场竞价的方式分包给入驻的企业或创客团队，承接设计项目和加工项目的各个成员间也可以进行相互转包或协作。这一系列的操作都会在统一的平台规则下运行，并将主要的业务数据和财务数据集成到平台的 ERP 系统中，按周期统一对账结算。各个单位间的紧密合作，不仅可以降低交易成本，还可以有效地监控加工品质，同时避免呆账坏账的产生。具体如图 27－1 所示。

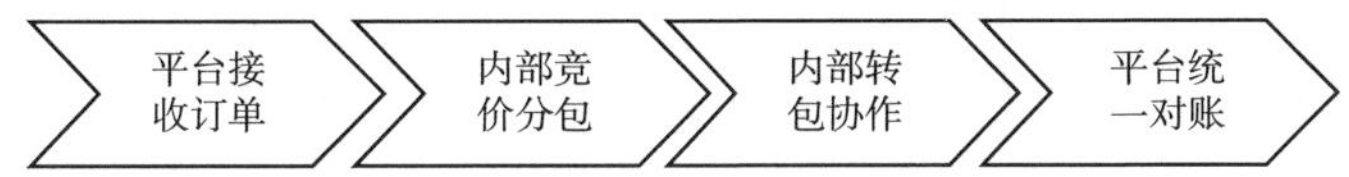

图 27－1　五鑫公司平台内部订单交易流程

资料来源：根据公司内部资料整理而得。

3. 共享高端的加工设备及检测设备。高端精密设备资源的整合是模具行业共享的重要组成部分。但这些设备价格高昂，小企业是没有能力采购的，即便花重金买了，其利用率也是非常低，容易造成资源的闲置和浪费。Mould Lao 众创空间提供大量的模具配套加工设备给加盟的创客和企业共享租赁使用，这些设备部分为五鑫公司自身添置，部分是加盟的优秀企业提供。目前园区设备可以满足各类模具生产的需求，各入驻企业需要的时候可以租赁使用，计时收费，使用方不需要出资购买昂贵的设备即可使用高端设备资源，而设备租赁方的机器设备则大大提高了使用率和产值。这种共享制造模式下，参与的各企业利润率均获得大幅提升，平均超过20%，约高于整体行业平均水平一倍。

以加入众创空间的深圳市星河精密科技有限公司为例，在成立之初，由于缺乏资金购置高端设备，只能接收低端业务，盈利能力差，人才流失严重，只剩下几个人。2015 年 10 月公司入驻众创空间后，可以共享使用空间内各种高端设备，具备了接收高层次订单的能力，截至 2017 年，其人员增加到 20 多人，年产值 500 万元。

4. 共享设计人员和技术顾问。Mould Lao 作为一个行业集成式的众创空间平台，里面有很多行业经验丰富的企业和创客，每个入驻的单位都有各自的行业特长和优势，平台会定期开展各种专业技能的培训和交流，入驻的企业可以通过自身学习，便捷找到外部合作方，从而快速攻克研发难题，低成本、高效率、高品质地完成客户订单。

5. 共享信息化系统。共享平台的参与方众多，一个统一的信息入口，对于平台进行统一的有效管理至关重要。平台持续加大投入，打造完善的平台共享系统，将平台、客户、供应商、入驻企业、创客团队之间的业务往来信息、客户评价和其他主要的共享数据集成到信息化系统里，提供实时查询、业务流转、数据统计和对账结算等功能，从而实现平台的高效同意管理服务。

6. 其他增值服务，构建一站式的集成性资源共享平台。共享空间不断更新和增加其母体制造工厂的生产性资源，还与周边的优秀模具配套企业强强联手，整合厂房设施、办公场所、生产设备、技术人才等产业链上下游资源，构建资源共享平台，提供创业辅导，人力、财务、法务和政策咨询，资金扶持，创意孵化等一系列服务。

以厂房和办公室共享为例，根据入驻的创客和企业的规模要求进行合理划分区域，并由平台提供统一的装修方案。共享的区域按照面积大小、位置和时间进行计费。平台提供免费的公共办公区域、休闲娱乐区域等区域。具体如表 27－2 所示。

表 27－2　　增值服务具体列表

增值服务类型	服务说明
创业培训辅导	定期邀请技术能手和管理顾问对创业团队和个人进行专业技能和企业管理等方面的培训和辅导，帮助其解决创业过程中的各种难题
人力资源服务	为入驻的企业和团队提供人才招聘、专业培训、人才托管及人才派遣等人力资源方面的服务
财税咨询服务	有专门的财务公司，可以提供全方面的财税服务，包括会计服务、出纳服务、税种申报、年检申报、财务风险规避，以及公司注册、优惠政策咨询等
资金扶持	平台将设立专项资金用于入驻企业和创客的资金扶持，帮助其顺利完成创业期
创意孵化	帮助各个入驻单元完善创意，将先进的理念和技术转换为生产力
软件资源	平台自主研发了基于共享制造的共享型平台 ERP 系统，可以实现各个入驻单元间的相互信息共享和对账结算。同时，平台还引进了商道 ERP 系统，可以帮助单个小微企业进行内部的信息化管控
协同共享	Mould Lao 众创空间第一期工业园以模具行业为主，重点吸纳模具上下游的供应链，以及模具相关厂商，协同采购，协同生产，基本实现模具周边配件的一站式采购，模具零部件的一站式加工

资料来源：根据公司内部资料整理而得。

（二）产品升级，技术领先，替代跨国公司产品，提升企业技术实力

五鑫公司重金引进日本、欧美等国家的自动化程度高、精密度高的先进机械加工设备，同时设立检测室、长寿命试验室，配备齐全的检测、试验设备，为产品提供了优质化的保障，构建自身技术壁垒，具体而言，总结为以下四个方面。

1. 高精度、高精密模具加工检测设备和专业人才。随着国外各种高档自动化程度和精度的设备的引进，以及软件一体化、智能化的信息集成生产技术的进步，以及人才战略实施，人才素质的整体提升，公司具备了高精度的产品制造的能力，构建了竞争壁垒。

2. 高效率即高自动化生产能力。具有多套业界先进的模具生产的自动化设备，模具内部标准件的智能化程度提升，对模具设计人员的要求是对自动化设备不仅了解，还要参与到设计中，这形成了公司的竞争优势。

3. 开发新型模具，突破原有技术壁垒。高新技术成为企业的核心竞争

力，赢得更多的客户资源。

4. 整合产业链，增强价值链的控制能力。将产品研发与模具融合，即将模具设计和产品设计研发融合，贯穿产品从外观设计到模具加工、模具生产、产品组装全过程。

（三）重视品牌建设，国际市场开拓，实现企业升级

五鑫公司定位中高端，从早期只限于本地市场，慢慢提高自身实力，开拓国际市场，目前海外市场主要是日本，也有美国、英国、德国等，在国外享有良好的声誉。在创办众创空间后，市场开拓是平台和入驻企业双管齐下，共同发力。

从园区共享平台层面来说，不断完善园区品牌形象，同时不断拓宽业务渠道。首先，成立专门的市场开拓部门，制定配套的业务开拓制度，包括业务利润分配制度、项目跟进制度、品质跟踪制度、客户服务制度、售后服务制度等，明确岗位职责和分工。其次，采用多种营销渠道，以平台的名义对外承接订单，如互联网平台发布供应信息，通过各种行业展会参展获得订单，也可以采取电话营销、上门拜访等方式主动寻找客户。

在共享园区建立初期，入驻的企业和创客的业务量很少，平台主动帮助他们寻找客户和订单。当订单稳定后，平台协助其提升自主接单能力，对其业务人员进行专业的营销培训。

从入驻的企业和创客层面来说，提升自身的业务水平的同时，提高产品研发和生产的能力，以品牌吸引客户，以过硬的质量、高效的生产效率和优质的服务留住客户，形成良好的行业口碑，提升园区的整体品牌形象。

四、转型升级措施

（一）全面升级管理思维，构建资源共享平台

我国已进入产业深度调整的时期，粗放式的发展已经不能适应时代的要求，企业必须要升级为创造性、集约化的发展，这也是生产领域的资源共享

的思维基础。企业领导和管理团队的管理理念需要从传统粗放式转变为精细化管理理念及模式，才能实现“共享制造”。

推行共享制造模式，需要企业管理者进行思维革新。政府机构、学术机构和媒体舆论是管理思维的变革的重要推动者，同时，共享制造平台的组织者也应积极培育市场，可以通过组织行业论坛、专家座谈会等方式向有意向加盟“共享”的企业和创业者传达。

2014 年后，公司引入商道 ERP 信息化，通过精细化的成本核算，聚焦企业的核心优势，瞄准海内外中高端模具市场，企业利润逆势上升。Mould Lao 众创空间在打造“共享制造”平台初期，就非常重视帮助入驻企业和创客提升管理理念，协助他们进行各种经营活动。定期组织各种行业研讨会，邀请周边的模具企业，以及上下游配套厂商探讨资源整合的相关事宜，阐述生产领域共享的各种利好。同时，聘请资深管理专家开展主题讲座，对入驻加盟的企业进行管理培训，包括企业家精神、创新、营销、内部机制变革，以及平台如何运转和入驻的相关事项。

（二）打造人才战略，培养工匠精神

五鑫公司从创始以来一直重视人才，引进人才，打造留住人才和打造人才发挥能力的平台，在创立众创空间前就已经拥有几十名有着丰富经验的产品研发、模具设计、制造技术工程师，且在 2013 年，公司还引入了有着 40 年模具工作经验的日本技术者来参与公司的管理与技术指导。众创空间的发展，也必须依靠相应的经营管理人才、专业技术人才和高技能人才这样一支从上而下的人才团队，才能获得良好的发展。因而五鑫公司逐步完善内部人才培养机制，保障足够的人才数量、合理的人才结构和合适的人才梯度。

人才引进、培养、内部流动和晋升等方面，众创空间制订了完善的制度。加大资金投入，优化园区的工作、生活和学习环境，营造以人为本的企业文化，增强人才的认同感；同时为园区人员提供创业培训、管理咨询、研发设计等服务，增强人才的吸引力。

平台运营的管理人才战略方面，包括战略规划、品牌传播、业务拓展、

技术顾问、财务管理、人力资源、后勤运维等方面的专业人才，负责整个共享平台的运营管理，为入驻的企业提供各种咨询和顾问服务。同时为跨行业和跨区域扩展共享园区提供人才储备。

专业技术人才战略方面，着重培养工匠精神。五鑫公司创造性地参考我国80年代初分田到户的做法，拒绝大锅饭，让付出和回报对等，通过多种举措来提高工人变成工匠的积极性和可行性。首先，众创空间协助各入驻单元完成单个企业的人才选聘和培养，倡导其推行内部市场化机制，让技术工匠从传统的薪酬制度中摆脱出来，以自由工匠的身份直接参与市场竞争，使技术水平直接与收入持钩，进一步释放技术工匠的积极性和创造性，为客户提供更优质的服务和产品。其次，众创空间“共享智造”，提供了一个产生工匠的平台，让工人共享平台、拥有自己的生产资料和设备，让他们为自己工作，创造价值。在多劳者、多能者、技高者多得的价值体系下促使工人们精益求精地提高自己的技艺，成为真正的工匠。

五、结语

五鑫公司从一个普通的小模具厂成长为行业优秀水平，再创造性地开始“共享制造”模式探索，依靠的是技术和商业模式的不断创新。首先，通过技术积累，突破技术壁垒，从低端模具业务进入高端模具业务，提升附加值；其次，加大对厂房、生产设备等生产性资源的投入，进行内部市场化改革，提升生产效率，降低成本，实现升级；最后，进行商业模式创新，开放自身资源，建立共享制造平台，进一步提高资源利用效率，降低成本，大企业带动小企业，实现整体升级。

企业升级往往是企业根据自身的资源能力，结合外部的市场和竞争对手环境做出选择，因为企业的资源能力和外部环境是不断变化，这个选择也是动态发展的。五鑫公司的升级路径选择也是这样一个动态的过程，每次升级都伴随着生产效率的提升，附加值的提升。可见，企业转型升级最终体现为企业产品和服务附加值的提升，因此，企业升级应不断提升自身技术能力、生产效率，降低生产成本，提高附加值。